Thomas Pfister

Wortschatz
Französisch
Oberstufe

Bibliographische Information der deutschen Bibliothek

Die deutsche Bibliothek verzeichnet diese Publikation in der Deutschen Nationalbibliographie; detaillierte bibliographische Daten sind im Internet über http://dnb.ddb.de abrufbar.

1. Auflage 2009
© 2009 Chresto Verlag
Sonnenstraße 8
91220 Schnaittach
ISBN 978-3-941364-02-8

Printed in Germany

Wortschatz Französisch Oberstufe

Remerciements
Vorwort
Abkürzungsverzeichnis

1. Politique................................1
1. La forme de gouvernement
2. Le rôle du Président
3. Les partis politiques
4. Les élections
5. Centralisme *vs.*
   régionalisme/fédéralisme

2. Géographie................................18
1. Les régions et la diversité régionale
2. Ville *vs.* campagne
3. Infrastructure

3. Histoire................................34
1. De la monarchie à la veille de la Révolution de 1789
2. Liberté – égalité – fraternité – les droits de l'Homme
3. De Napoléon à la République de Weimar
4. Résistance et collaboration – la Seconde Guerre mondiale

4. Environnement................................52
1. Environnement et pollution
2. Environnement et circulation
3. Protection de l'environnement et conscience écologique

5. Économie/monde du travail................................68
1. Les conditions de travail
2. Le chômage et la candidature
3. Les syndicats et la grève
4. La mondialisation et ses conséquences

6. La France dans le monde................................89
1. La France et l'Allemagne – le couple franco-allemand
2. La France et l'Europe
3. La francophonie

7. Société................................103
1. Le système scolaire
2. Les médias (presse/télé/radio)
3. La drogue, l'alcool et le tabac
4. Criminalité et tribunal
5. La pauvreté
6. Les religions
7. Les sports
8. Voyages, vacances et tourisme
9. Le troisième âge
10. Minorités et immigration – société multiculturelle
11. La santé

8. Culture................................174
1. Cinéma
2. Littérature
3. Chansons/musique
4. Théâtre

9. Technologies modernes................................196
1. Ordinateur
2. Internet
3. Télécommunication

10. Structurer son discours................................208
1. Ordonner et ajouter des idées
2. Restreindre son point de vue
3. Expliquer
4. Faire une transition
5. Résumer, récapituler, conclure

Index................................218

Remerciements

Je tiens tout d'abord à remercier mon frère Andreas pour m'avoir, autant que faire se peut, encouragé, épaulé et secondé avec un engagement sans faille et une passion débordante. Sans lui, cet ouvrage n'aurait jamais vu le jour.

Je remercie tous ceux sans qui cet ouvrage ne serait pas ce qu'il est : aussi bien par leur aide précieuse, leurs suggestions ou corrections. Je pense ici en particulier à Ines Huberth, qui de plus a enrichi le projet dès le début avec une pléthore d'idées sensées, et Martina Roßner, enseignante de français au lycée, qui m'a prodigué de nombreux conseils judicieux du point de vue pratique, qui ont marqué décisivement l'ouvrage dans son ensemble. Je pense par ailleurs à mes amis de l'École normale supérieure Lettres et sciences humaines : Annette Falk, avec qui, en outre, j'ai eu le plaisir d'avoir de nombreuses discussions captivantes et fructueuses, Doris Brossard, qui a apporté une multitude de corrections fort utiles et avisées, et Olivier-Sylvain Le Tarn à qui je dois également des remerciements particuliers.

Mes remerciements vont également à Katharina Eckstein et Miriam Heitz pour la conception graphique et leur engagement sans relâche.

Lyon, ENS LSH, en août 2009
Thomas Pfister

Chresto — Lernen was nützlich ist

Mit den Wortschatzkenntnissen steht und fällt – und das nicht immer zur Freude der Lerner – jegliche Sprachkompetenz (lesen, schreiben, hören, verstehen). Der nach Themen angeordnete **Wortschatz Französisch Oberstufe** ermöglicht ein konsequentes, ökonomisches Lernen und ist in seiner Konzeption einzigartig. Er zeichnet sich insbesondere durch folgende Punkte aus:

1. Thematische Wortschatzanordnung

Die aufgeführten Vokabeln sind nach **Themen** geordnet. So ist es möglich, die Wörter der im Unterricht oder an der Universität behandelten Thematik gezielt vorzubereiten und zu erarbeiten oder sich mit einem Themengebiet aus Interesse näher vertraut zu machen.

2. Durchsichtigkeit des Wortschatzes (Phänomen der Transparenz)

Wer *élire qn* = *jn. wählen* kennt, kann leicht einen Zusammenhang zu *élection* = *Wahl*, *électeur* = *Wähler*, *électoral* = *Wahl-* sowie *électorat* = *Wählerschaft* und *élu* = *Volksvertreter* herstellen. Diese Verbindung unter zusammengehörigen Wörtern derselben Sprache fällt unter das Phänomen der Durchsichtigkeit (**Transparenz**) des Wortschatzes. Der **Wortschatz Französisch Oberstufe** fasst konsequent inhaltlich miteinander verbundene Wörter in **Wortfamilien** zusammen, um diese Zusammenhänge zu verdeutlichen. Denn zum einen ermöglicht die Transparenz die Verständlichkeit eines unbekannten Wortes dank seiner teilweisen Gleichheit mit einem bereits bekannten Wort. Zum anderen ist sie ein Zeichen der Sprachökonomie und erleichtert dank des mnemotechnischen Elementes, das alle Vokabeln einer Wortfamilie gemeinsam haben, das Lernen und langfristige Behalten. Vertreter einer Wortfamilie wie *élire* – *élection* – *électeur* – *électoral* – *électorat* – *élu* sollten daher immer gemeinsam gelernt werden, denn hierdurch entsteht ein **geringerer Lernaufwand**. Des Weiteren gewährt die Transparenz vertiefte Einblicke in Struktur und Aufbau des Wortschatzes. Dass *rapetisser* = *verkleinern* heißt, wird unmittelbar einleuchtend, wenn man erkennt, dass es *petit* enthält. Manche Wörter sind zwar inhaltlich miteinander verbunden, jedoch ist dieser Zusammenhang anhand des Schriftbildes nicht erkennbar: *impôt* = *Steuer*, *fiscal* = *steuerlich*. Auch solche Vokabeln sind in einer Wortfamilie zusammengefasst, denn hier ist besondere Vorsicht geboten.

Die Transparenz findet sich nicht nur in derselben Sprache, sondern auch unter verschiedenen Sprachen (Stichwort **Mehrsprachigkeitsdidaktik**). Wer *engl. election*, *span. elección* oder *ital. elezione* kennt, wird leicht erschließen können, dass *élection* im Französischen *Wahl* heißt und das entsprechende Wort mit einem geringeren Aufwand behalten können. Der **Wortschatz Französisch Oberstufe** verzeichnet stets, wenn solche « **Transferbasen** » zu anderen Sprachen bestehen. Leicht verständliche Internationalismen oder französische Wörter, die sich auch im Deutschen wiederfinden, sind ohne deutsche Übersetzung aufgeführt (*communisme, communiste*). Die Übersetzung kann selbst eingetragen werden.

3. Idiomatische Wendungen und Wortverbindungen (Kollokationen)

Ein besonderer Schwerpunkt liegt auf von Muttersprachlern bevorzugten Wendungen und Wortverbindungen wie bspw. *ein blinder Passagier, die Wirtschaft ist auf Talfahrt, ein Tor schießen*. Solche Wortverbindungen, die man **Kollokationen** (lat. collocatio = Anordnung, zu collocare = (an)ordnen) nennt, bestimmen zu einem Großteil den Sprachgebrauch und stellen den fehlerträchtigsten Bereich beim Fremdsprachenlernen dar. Kollokationen bestehen i.d.R. aus zwei Teilen, wovon einer wörtlich in die Fremdsprache übersetzt werden kann (*ein Passagier = un passager; die Wirtschaft = l'économie; ein Tor = un but*), der andere meist jedoch nicht! Ist der *blinde Passagier* wirklich *blind*? Der *blinde Passagier* ist im Französischen *ein heimlicher Passagier* (*un passager clandestin*), *die Wirtschaft im freien Fall* statt *auf Talfahrt* (*l'économie est en chute libre*) und die französische Fußballmannschaft *markiert ein Tor* (*marquer un but*), aber die Deutsche Elf *schießt* es. Würde uns ein Franzose von einem *heimlichen Passagier* erzählen, fänden wir die Formulierung unglücklich gewählt oder gar falsch und würden ihn korrigieren, denn als Muttersprachler des Deutschen würden wir *blinder Passagier* sagen. Er hat jedoch nur aus dem Französischen wörtlich übersetzt und spätestens jetzt dürfte klar sein, warum man sagt, dass Kollokationen von Muttersprachlern bevorzugte Wortkombinationen sind und besonders zu Fehlern einladen (was übrigens auch eine Kollokation ist, denn man *lädt zu einer Feier ein*, aber *zu Fehlern*? Kollokationen sind so unauffällig, dass sie dem Muttersprachler kaum auffallen). Der **Wortschatz Französisch Oberstufe** listet konsequent die häufigsten Kollokationen zu jedem Wort auf, um **Französisch so zu sprechen, wie der Franzose es spricht**.

4. Beispielsätze

Vokabeln, die in einem **Beispiel** näher veranschaulicht werden, erscheinen in der linken Spalte in Fettdruck. Die Beispielsätze zeigen die Verwendung des Wortes im Kontext oder illustrieren wichtige, unregelmäßige Formen. In den Beispielkästen der rechten Spalte, der *Chresto*-Spalte, finden sich auch Hinweise zu **falschen Freunden/faux amis** sowie zu Strukturen des Deutschen zur Lernerleichterung (*le vent* = der Wind ↔ der Ventilator) und weiteren Infos.

Hinweise, Anregungen und/oder Vorschläge und Kritik, sowohl von Schülern, Studenten als auch Lehrern und Dozenten, sind jeder Zeit unter info@chresto-verlag.de willkommen und erwünscht.

Viel Erfolg beim Französischlernen wünscht Dir Chresto. *Lernen, was nützlich ist.*

Chresto — Lernen was nützlich ist

Beispiele sowie weitere Infos: falsche Freunde, Hinweise auf Strukturen des Deutschen.

Ebene I: Hauptvertreter der Wortfamilie

Ebene II: Mitglieder der Wortfamilie – Transparenz in derselben Sprache

Fettdruck = Beispiel in der rechten Spalte

Ebene III: zusammengesetzte Wörter, Verbkonstruktionen, Kollokationen

élire qn

~ qn président/…
élection *f* (de)
l'~ était jouée d'avance
~s municipales, régionales, législatives, présidentielles, sénatoriales
se présenter aux ~s
décider de nouvelles ~s
annoncer des ~s anticipées
tenir des ~s (libres)
électeur, trice *m f*
électoral, e *adj*
subir un revers *m* ~
être en **campagne *f* ~e**
mener une campagne *f*
~e
liste *f* ~e
fraude *f* ~e
circonscription *f* ~
électorat *m* conservateur/…
élu, e *m f*

1. jn. wählen
2. jn. zum Präsidenten/… wählen
Wahl (von)
die Wahl war von vornherein entschieden
Kommunal-/Regional-/ Parlaments-/ Präsidentschafts-/Senatswahlen

kandidieren
Neuwahlen ansetzen
vorgezogene Wahlen ausrufen
(freie) Wahlen abhalten
Wähler
Wahl-
eine Wahlniederlage erleiden
im Wahlkampf sein
Wahlkampf führen

Wählerliste
Wahlbetrug
Wahlkreis
konservative/… Wählerschaft
Volksvertreter

- Le candidat de la droite a été **élu maire** au premier tour.
- Dès 20 heures, nous pourrons vous donner le résultat des **(élections) législatives**.
- Le parti du Président de la République a **subi un fort revers électoral** lors du scrutin des régionales, en passant de 42 à 28 % des suffrages exprimés.
- A quelques mois des élections, les candidats à la mairie ont ouvert la **campagne électorale municipale** dans le but de recueillir les suffrages des jeunes.

engl. elect, election, electorate, electoral
span. elegir, elección, elector, electoral, electorado
ital. eleggere, elezione, elettore, elettorale, elettorato

Verweise zu Englisch, Spanisch, Italienisch – Transparenz zu anderen Sprachen

1. Französisch

adj	adjectif	Adjektiv
adv	adverbe	Adverb
conj	conjonction	Konjunktion
f	féminin	feminin
fam.	familier	umgangssprachlich
fig.	figuré	bildlich
ind	indicatif	Indikativ
m	masculin	maskulin
pl	pluriel	Plural
qc	quelque chose	etwas
qn	quelqu'un	jemanden
péj	péjoratif	abwertend
prép	préposition	Präposition
rech.	recherché	gehoben
subj	subjonctif	Subjonctif

2. Deutsch

etw.	etwas
jm.	jemandem
jn.	jemanden
js.	jemands

3. Konventionelle Zeichen

*	*h aspiré*, sprich weder Elision (der Hugenotte = *le huguenot* [ləygno]) noch Liaison (die Hugenotten = *les huguenots* [leygno])
~	nimmt vorhergehenden Eintrag auf
°	Großschreibung des nachfolgenden Substantivs
1./2.	zeigt die verschiedenen Bedeutungen des Wortes an, wie bei *un billet* = 1. eine Fahrkarte; 2. eine Eintrittskarte
I./II.	Wortartenwechsel, wie bei *communiste m f et adj* = I. Kommunist; II. kommunistisch
→	Verweis auf Kapitel (...). Dort sind unter demselben Stichwort weitere Wortverbindungen zu finden
↔	kommt nur in der Chresto-Spalte vor. Zeigt jegliche nützliche Informationen an, wie *faux amis*, Hinweise zu Strukturen im Deutschen (*le vent* = der Wind ↔ <u>Vent</u>ilator) und Französischen (*enrichissement* = Bereicherung ↔ riche, la richesse) sowie weitere Infos

Lernen was nützlich ist

ministre *m*

~ de l'Intérieur	Innen~	
~ des Affaires étrangères	Außen~	
~ de l'Éducation nationale	Bildungs~	
~ de l'Économie	Wirtschafts~	
~ de la Défense	Verteidigungs~	
conseil *m* des ~s	~rat	

ministériel, le *adj*
ministère *m*

Sièges de quelques ministères :
- Intérieur : Place Beauvau http://www.interieur.gouv.fr
- Affaires étrangères : Quai d'Orsay http://www.diplomatie.gouv.fr/fr
- Éducation : Rue de Grenelle http://www.education.gouv.fr

engl. *minister, ministerial, ministry*
span. *ministro, ministerial, ministerio*
ital. *ministro, ministeriale, ministero*

---

ambassade *f*
ambassadeur *m*

Botschaft
Botschafter

engl. *embassy, ambassador*
span. *embajada, embajador*
ital. *ambasciata, ambasciatore*

État *m*
secrétaire *m f* d'~
public, que *adj*

Staat
Staatssekretär
staatlich, öffentlich

engl. *state, public*
span. *estado, estatal*
ital. *stato, statale*

---

république *f*
proclamer la °~
°~ fédérale d'Allemagne
républicain, e *m f et adj*

die ~ ausrufen
Bundes~ Deutschland
I.
II.

- La France vit actuellement **sous la Vᵉ République qui fut proclamée** en 1958.

engl. *republic, republican*
span. *república, republicano*
ital. *repubblica, repubblicano*

---

fascisme *m*
fasciste *m f et adj*

I.
II.

engl. *fascism, fascist*
span. *fascismo, fascista*
ital. *fascismo, fascista*

---

socialisme *m*
socialiste *m f et adj*

I.
II.

engl. *socialism, socialist*
span. *socialismo, socialista*
ital. *socialismo, socialista*

---

communisme *m*
communiste *m f et adj*

I.
II.

engl. *communism, communist*
span. *comunismo, comunista*
ital. *comunismo, comunista*

---

commission *f*
charger une ~ de faire qc
présider une ~
~ d'enquête sur qc

Ausschuss, Kommission
einen Ausschuss damit beauftragen etw. zu tun
einem Ausschuss vorstehen
Untersuchungsausschuss bzgl. etw.

- **La commission parlementaire chargée d'**étudier le projet de loi ne s'est pas encore prononcée.

engl. *commission*
span. *comisión*
ital. *commissione*

---

parlement *m*
parlementaire *adj et m f*

I.
II.

engl. *parliament, parliamentary, parliamentarian*
span. *parlamento, parlamentario*
ital. *parlamento, parlamentare*

discours *m*
    prononcer un ~ sur qc

Rede
über etw. eine Rede halten

- Le Premier ministre **a prononcé devant** l'Assemblée nationale **un brillant discours** qui a fait taire l'opposition.

engl. discourse
span. discurso
ital. discorso

---

demande *f*
    faire/déposer une ~ de qc à/auprès de qn
    rejeter la ~ de qc de qn

Antrag
einen Antrag auf etw. bei jm. stellen/einreichen
js. Antrag auf etw. ablehnen

engl. demand
span. demanda
ital. domanda

---

motion *f*
    ~ de censure
    déposer une ~ de qc

Antrag (im Parlament)
Misstrauensantrag
einen Antrag auf etw. stellen

- Le Parti socialiste **a déposé une motion de censure** pour protester contre la politique du Président de la République.

engl. motion
span. moción
ital. mozione

---

veto *m*
    mettre/opposer un ~ à qc

ein ~ gegen etw. einlegen

- Le chef de l'Etat **a mis/opposé son veto à** la loi sur la réforme de l'enseignement supérieur.

engl. veto
span. veto
ital. veto

---

citoyen, ne *m f*
    citoyenneté *f*
    obtenir la ~

(Staats-) Bürger
Staatsbürgerschaft
die Staatsbürgerschaft erhalten

engl. citizen, citizenship
span. ciudadano, ciudadanía
ital. cittadino, cittadinanza

---

débat *m*
    susciter/provoquer un vif ~
    lancer un ~ sur qc
    être au cœur du ~
    alimenter le ~
    le ~ porte sur qc
    ~ agité/houleux
    débattre qc
    être à ~
    débatteur *m*

Debatte
eine scharfe Debatte hervorrufen

eine Debatte über etw. einleiten
im Mittelpunkt der Debatte stehen
der Debatte Stoff liefern
die Debatte dreht sich um etw.
stürmische Debatte
über etw. debattieren, etw. erörtern
zur Debatte stehen
Debattierer

- Le discours du Premier ministre **a suscité un vif débat** au sein du gouvernement/entre les partis.
- Le Sénat organise une **journée de débat portant** sur la laïcité.
- La réforme du budget de l'État **a relancé l'éternel débat sur** l'âge de la retraite.

engl. debate, debator
span. debate, debatir
ital. dibattito, dibattere

---

dictature *f*
    instaurer la ~
    dictatorial, e *adj*
    dictateur *m*

die ~ errichten

- Le marxisme lutte pour **l'instauration de la dictature du prolétariat** et se donne pour mission de renverser l'ordre capitaliste.

engl. dictatorship, dictatorial, dictator
span. dictadura, dictatorial, dictador
ital. dittatura, dittatoriale, dittatore

Chresto
Lernen was nützlich ist

constitution *f*
établir une ~
violer la ~
constitutionnel, le *adj*

Verfassung
eine Verfassung einrichten
gegen die Verfassung verstoßen
Verfassungs-

- Le conseil des sages a jugé que la loi Hadopi **violait la constitution**.
↔ la loi Hadopi = la loi sur le téléchargement illégal

engl. constitution, constitutional
span. constitución, constitucional
ital. costituzione, costituzionale

démocratie *f* [demɔkrasi]
démocratique *adj (chose)*
démocrate *adj et m f (pers.)*
I.
II.

engl. democracy, democratic, democrat
span. democracia, democrático, demócrata
ital. democrazia, democratico

liberté *f*
~ d'expression
~ d'opinion
~ de la presse
la ~ consiste à faire qc

libre *adj*
libérer qn

Freiheit
Ausdrucksfreiheit
Meinungsfreiheit
Pressefreiheit
die Freiheit besteht darin etw. zu tun
frei
jn. befreien

- **La liberté consiste à** ne dépendre que des lois. (Voltaire)

engl. liberty, liberate
span. libertad, libre, liberar
ital. libertà, libero, liberare

loi *f*
proposition *f* de ~
déposer un projet *m* de ~
adopter une ~
voter une ~
promulguer une ~
contourner la ~
d'après la ~
une ~ entre en vigueur
abolir une ~
légal, e *adj*
législation *f*
légalité *f*

Gesetz
Gesetzesvorlage
einen Gesetzentwurf einreichen
ein Gesetz beschließen
ein Gesetz verabschieden
ein Gesetz verkünden
das Gesetz umgehen
nach dem Gesetz
ein Gesetz tritt in Kraft
ein Gesetz aufheben, abschaffen
gesetzlich
Gesetzgebung
Gesetzmäßigkeit

- Le Conseil des Ministres **a adopté le projet de loi sur** le téléchargement illégal.
- Une loi, après sa **promulgation, entre en vigueur** dès sa publication au Journal officiel de la République française.

engl. law, legal, legislation, legality
span. ley, legal, legislación, legalidad
ital. legge, legale, legislazione, legalità

réforme *f*
~ de la santé/de l'enseignement
~ en profondeur
engager des ~
mener une ~
réformer qc
~ qc en profondeur
réformé, e *adj*
réformiste *m et adj*

Gesundheits-/Bildungs~

tiefgreifende ~
~en einleiten
eine ~ durchführen

etw. tiefgreifend ~

I.
II. ~freudig

- Le gouvernement **a mené des réformes économiques** pour faire face à la crise financière.
- **La réforme engagée** pour modifier les programmes scolaires a déclenché une grève générale.

engl. reform, reformist
span. reforma, reformar, reformista
ital. riforma, riformare, riformista

session *f*

Sitzungsperiode

engl. session
ital. sessione

Assemblée f nationale	Nationalversammlung	• **L´Assemblée nationale** siège au palais Bourbon.
~ générale	Haupt-, Generalversammlung	
		engl. national assembly
		span. asamblea nacional
		ital. assemblea nazionale
séance f	Sitzung	• Les députés ont voté la proposition de loi **en séance plénière**.
~ plénière	Plenarsitzung	
tenir une ~	eine Sitzung abhalten	
assister à une ~	einer Sitzung beiwohnen	
lever une ~	eine Sitzung beenden	
~ du conseil des ministres	Kabinettssitzung	
budget m	Haushalt, Etat	• La plupart des enseignants s'opposent à la **réduction du budget de l'éducation**.
~ de l'État	Staatshaushalt	
voter le ~ de l'État	den Staatshaushalt verabschieden	
assainir le ~ de l'État	den Staatshaushalt sanieren,	*engl.* budget, budgetary
réduire le ~	den Haushalt kürzen	
budgétaire *adj*	haushalts-, etatmäßig	
pouvoir m	Macht, Gewalt	• Selon l'article 16 de la Constitution française, le Président peut **s'accorder les pleins pouvoirs** en période de crise.
être au ~	an der Macht sein	
~ exécutif	Exekutive	
~ judiciaire	Judikative	
~ législatif	Legislative	
accorder les pleins ~s à qn	jn. uneingeschränkte Vollmachten erteilen	*engl.* power
séparation f des ~s	Gewaltenteilung	*span.* poder
~ de décision	Entscheidungsgewalt	*ital.* potere
Sénat m		• **Le Sénat** siège au palais du Luxembourg.
Sénateur, trice *m f*		
		engl. senate, senator
		span. senado, senador
		ital. senato, senatore
droit m	Recht	*span.* derecho
~ fondamental	Grundrecht	*ital.* diritto
avoir le ~ de faire qc	das Recht haben, etw. zu tun; etw. tun dürfen	
avoir ~ à qc	(An)Recht/Anspruch auf etw. haben	
régime m		• L'opération « Walkyrie » visait à **renverser le régime du IIIᵉ Reich**.
renverser le ~	das ~ stürzen	
		engl. regime
		span. régimen
		ital. regime
hémicycle m	frz. Nationalversammlung	↔ *wörtlich:* Halbkreis
		• La question du téléchargement illégal a été débattue **en hémicycle**.

Chresto
Lernen was nützlich ist

portefeuille *m*	Geschäftsbereich, Ressort eines Ministers	**engl.** *portfolio*
~ des Affaires étrangères	Ressort für auswärtige Angelegenheiten	
ministre à ~/sans~	Minister mit/ohne Geschäftsbereich	
conserver un ~	ein Ressort verwalten	
décret *m*	Erlass, Verordnung	**engl.** *decree, decree*
rendre un ~	eine Verordnung erlassen	**span.** *decreto, decretar*
décréter qc	etw. verordnen, -hängen, -fügen	**ital.** *decreto, decretare*
prérogative *f*	Vorrecht	**engl.** *prerogative*
		span. *prerrogativa*
		ital. *prerogativa*
Garde *m f* **des Sceaux**	(Bezeichnung für den frz.) Justizminister	↔ *wörtlich:* Siegelbewahrer
		ital. *guardasigilli*

référendum *m*	Referendum, Volksentscheid	**engl.** *referendum* **span.** *referéndum* **ital.** *referendum*
chef *m* **d'État** chef des armées	Staatsoberhaupt Oberbefehlshaber	**engl.** *chief of State* **span.** *jefe de Estado* **ital.** *capo di Stato*
Premier ministre *m*	Premierminister	• Siège : Hôtel Matignon • http://www.gouvernement.fr • **le Premier ministre**, désigné par le Président de la République, est le chef du gouvernement.
défendre qc/qn (contre) se ~ contre qc/qn ~ qc/qn farouchement **~ son bifteck** *(fam.)* défense *f* **prendre la ~ de qn** défensive *f (aussi : sport)* être sur la ~ défensif, ve *adj*	etw./jn. (gegen) verteidigen sich gegen etw./jn. verteidigen etw./jn. entschieden/heftig verteidigen sich nicht die Butter vom Brot nehmen lassen Verteidigung jn. verteidigen, für jn. eintreten in der ~ sein Abwehr-, verteidigend	• « Je comprends les ouvriers qui **défendent leur bifteck** » annonce Bernard Thibault, Secrétaire général du syndicat CGT (confédération générale du travail). • Face aux attaques de l'opposition, l'UMP **a pris la défense** de Nicolas Sarkozy. **engl.** *defend, defense, defensive* **span.** *defender, defensa, defensiva, defensivo* **ital.** *difendere, difesa, difensiva, difensivo*
dissoudre qc *(il dissout)* dissolution *f*	etw. auflösen Auflösung	• Le Président fédéral **a dissous** le Bundestag sur proposition du chancelier fédéral en 2005. • Depuis le début de la Vᵉ République en 1958, l'Assemblée nationale **a été dissoute** cinq fois. **engl.** *dissolve, dissolution* **span.** *disolver, disolución* **ital.** *dissolvere, dissoluzione*
gendarme *m* gendarmerie *f* ~ mobile	Gendarm, Polizist der Armee Polizeirevier Bereitschaftspolizei	
politique *f et adj* **~ intérieure/extérieure** se lancer dans la ~ faire de la ~ parler ~ mener une ~ de rigueur ~ de la main tendue homme *m* ~ politicien, ne *m f*	I. Politik II. politisch Innen-/Außenpolitik in die Politik gehen Politik machen über Politik reden Sparpolitik betreiben Versöhnungspolitik Politiker *(neutral)* Politiker *(oft abwertend)*	• Je suis assez d'accord avec la **politique intérieure** de ce gouvernement, mais je ne comprends rien à sa **politique extérieure**. • Il ne s'entend pas avec ses beaux-parents : ils n'ont pas les mêmes **opinions politiques**. **engl.** *politics, political, politicians* **span.** *política, político* **ital.** *politica, politico*

Chresto
Lernen was nützlich ist

puissance *f*
    puissant, e *adj et m*

Gewalt, Macht, Machtfülle
I. mächtig
II. Gewalthaber

armée *f*

engl. *army, arm, armed*
span. *arma, armar, armero, armado*
ital. *armata, arma, armare, armiere, armato*

    ~ de l'air
    ~ de mer
    ~ de terre
    ~ de métier
    arme *f*
      ~s conventionnelles
      ~s nucléaires
    armer qc
    armurier *m*
    armé, e *adj*
      forces *f* ~es

Luftstreitkräfte, -waffe
Seestreitkräfte, Marine
Landstreitkräfte, Heer
Berufsarmee
Waffe
konventionelle Waffen
Kern-, Atomwaffen
etw. bewaffnen, aufrüsten
Waffenhändler
bewaffnet
Streitkräfte

président *m*
    °~ de la République
    présidentiel, le *adj*

engl. *president, presidential*
span. *presidente, presidencial*
ital. *presidente, presidenziale*

quinquennat *m*

fünfjährige Regierungszeit des
frz. Präsidenten

nommer qn qc
    nomination *f*

jn. zu etw. ernennen, berufen
Ernennung, Berufung

- Dans le cadre de sa politique d'ouverture, Nicolas Sarkozy (UMP) **a nommé l'ancien membre du PS Bernard Kouchner ministre** des Affaires étrangères et européennes.
- Les ministres **sont nommés par** le Président de la République sur proposition du Premier ministre.

engl. *nominate, nomination*
span. *nombrar, nombramiento*
ital. *nominare, nomina*

Politique – 3. Partis politiques

aile *f*	Flügel	***span.** ala*
~ du parti	Parteiflügel	***ital.** ala*
~ gauche/droite	linker/rechter (Partei-) Flügel	
Europe *f*		***engl.** Europe, European, european*
Européen, ne *m f*	I.	***span.** Europa, europeo*
européen, ne *adj*	II.	***ital.** Europa, europeo*
anti-~ *m f et adj*	I.	
	II.	
conservateur, -trice *m f et adj*	I. Konservativer	***engl.** conservative, conservatism*
	II. konservativ	***span.** conservativo, conservador,*
conservatisme *m*	Konservatismus	*conservadurismo*
		***ital.** conservativo, conservatore,*
		conservazione
gaulliste *m f et adj*	I. Gaullist	↔ Le Général de Gaulle
	II. gaullistisch (Général de Gaulle)	• La **politique gaulliste** est marquée par un pouvoir exécutif très fort et la recherche de l'indépendance française.
centre *m*	Mitte, Zentrum	***engl.** centre, centrist*
~-gauche	gemäßigte Linke	***span.** centro, centrista*
centriste *m f et adj*	I. Zentrumsanhänger	***ital.** centro, centrista*
	II. gemäßigt	
d'extrême gauche/droite *adj*	links-/rechtsextrem	• Jörg Haider, chef du **parti d'extrême droite autrichien**, est mort dans un accident de voiture.
extrême gauche/droite *f*	links-/rechtsextreme Partei	
extrémiste *m f* de droite	Rechtsextremer, -radikaler	• L'**extrême gauche** apporte son soutien aux grévistes.
extrémisme *m* de droite	Rechtsextremismus	
		***engl.** extreme left-wing/right-wing party*
		***span.** extremista, extremismo*
		***ital.** estremista, estremismo*
gauchiste *adj et m f*	I. linksextrem	
	II. Linksextremer, -radikaler	
gauchisme *m*	Linksextremismus	
modéré, e *adj*	mäßig, gemäßigt	***engl.** moderate, moderation*
modérer qc	etw. mäßigen, zurückschrauben	***span.** moderado, moderar,*
se ~	sich mäßigen	*moderación*
modération *f*	Mäßigung, Gemäßigtheit	***ital.** moderato, moderare,*
		moderazione
radical, e *adj et m*	I.	***engl.** radical, radicalism*
	II.	***span.** radical, radicalismo*
~ de gauche/de droite	links-/rechts~	***ital.** radicale, radicalismo*
radicalisme *m*		

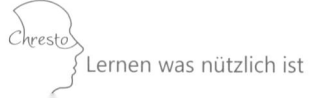

Lernen was nützlich ist

poids *m*	Gewicht	• Les actes politiques **donnent du poids aux paroles** du gouvernement.
donner du ~ à qc/qn	etw. bekräftigen, Gewicht verleihen	
qc/qn de ~	etw./jn. von Gewicht, gewichtig; einflussreich	• Le changement climatique est-il **un argument de poids pour** l'industrie nucléaire ?
contrepoids *m*	Gegengewicht	
faire ~ à qc	ein Gegengewicht zu etw. bilden	

span. *peso, contrapeso*
ital. *peso, contrappeso*

| courant *m* (politique) | (politische) Strömung | **span.** *corriente* |
| | | **ital.** *corrente* |

groupe *m*	Gruppe	**engl.** *group*
groupuscule *m*	Splitterpartei	**span.** *grupo, grupúsculo*
		ital. *gruppo, gruppuscolo*

parti *m*	Partei	• Le chef de l'État **a pris le parti de** son ministre de l'Intérieur, malgré la réforme impopulaire que celui-ci a tenté d'imposer.
prendre le ~ de qn	für jn. Partei ergreifen	
diriger un ~	eine Partei führen	
dirigeants *m pl* du ~	Parteiführung, -führer	• Les **dirigeants les plus importants et les plus anciens du PS** (Parti socialiste) sont souvent appelés « éléphants ».

engl. *party*
span. *partido*
ital. *partito*

| affiliation *f* à qc | Mitgliedschaft in etw. | **engl.** *affiliation* |
| être affilé, e à un parti | einer Partei angehören | **span.** *afiliación* |

| rassemblement *m* | Zusammenschluss | |
| rassembler qc | etw. zusammenstellen, -tragen | |

adhérent, e *m f*	Mitglied	• Pour **adhérer à un parti**, il est nécessaire de faire **une demande d'adhésion**.
adhérer à un parti	in eine Partei eintreten	
adhésion *f* (à qc)	Beitritt (in etw.)	

engl. *adherent*
span. *adherirse, adhesión*
ital. *aderire, adesione*

militant, e *m f et adj*	I. Militant, Aktivist	**engl.** *militant*
	II. militant, aktivistisch	**span.** *militante*
militer pour/contre qc	sich für/gegen etw. einsetzen, kämpfen	**ital.** *militante*

opposition *f*
 être en ~ (avec qc/qn)
 opposant, e *adj et m f*

 ~ (à qc)

s'opposer à qc/qn ; **à ce que**
 + SUBJ.
 s'~ farouchement à qc
 être opposé, e *adj* à qc

(zu etw./jn.) in ~ stehen
I. gegnerisch, sich
  widersetzend
II.1. Gegner (von etw.)
 2. Oppositionsmitglied
sich etw./jm. widersetzen, gegen
etw./jm. sein; ~ dass
entschieden gegen etw. sein
gegen etw. sein, ein Gegner von
etw. sein

- Les Verts refusent toute réforme qui soit **en opposition avec** leurs intérêts écologiques.
- **Les opposants à la réforme de l'enseignement supérieur** proposée par le gouvernement sont nombreux.
- La gauche **s'oppose à ce que** le droit de vote **soit** modifié.

engl. opposition, opposer, oppose
span. oposición, opositor, oponerse
ital. opposizione, oppositore, opporsi

fédération *f*
 fédéraliste *m et adj*

 fédéralisme *m*

Föderation, Bund
I.
II.

engl. federation, federalist, federalism
span. federación, federalista, federalismo
ital. federazione, federalistico, federalismo

xénophobe *m*
 xénophobie *f*

ausländerfeindlich
Ausländerfeindlichkeit

engl. xenophobic, xenophobia
span. xenófobo, xenofobia
ital. xenofobo, xenofobia

Chresto
Lernen was nützlich ist

élire qn

~ qn président/...
1. jn. wählen
2. jn. zum Präsidenten/... wählen

- Le candidat de la droite a été **élu maire** au premier tour.

élection *f* (de)
Wahl (von)

l'~ était jouée d'avance
die Wahl war von vornherein entschieden

- Dès 20 heures, nous pourrons vous donner le résultat des **(élections) législatives**.

~s municipales, régionales, législatives, présidentielles, sénatoriales
Kommunal-/Regional-/ Parlaments-/ Präsidentschafts-/Senatswahlen

se présenter aux ~s
kandidieren

décider de nouvelles ~s
Neuwahlen ansetzen

annoncer des ~s anticipées
vorgezogene Wahlen ausrufen

tenir des ~s (libres)
(freie) Wahlen abhalten

- Le parti du Président de la République a **subi un fort revers électoral** lors du scrutin des régionales, en passant de 42 à 28 % des suffrages exprimés.
- A quelques mois des élections, les candidats à la mairie ont ouvert la **campagne électorale municipale** dans le but de recueillir les suffrages des jeunes.

électeur, trice *m f*
Wähler

électoral, e *adj*
Wahl-

subir un revers *m* ~
eine Wahlniederlage erleiden

être en **campagne** *f* ~**e**
im Wahlkampf sein

mener une campagne *f* ~**e**
Wahlkampf führen

engl. elect, election, electorate, electoral
span. elegir, elección, elector, electoral, electorado
ital. eleggere, elezione, elettore, elettorale, elettorato

liste *f* ~e
Wählerliste

fraude *f* ~e
Wahlbetrug

circonscription *f* ~
Wahlkreis

électorat *m* conservateur/...
konservative/... Wählerschaft

élu, e *m f*
Volksvertreter

truquer qc
etw. fälschen

truquage *m* des élections
Wahlfälschung, -schwindel

truqueur *m* (d'élections)
Fälscher

- Il y en a qui voient dans les machines à voter un moyen de **truquer** les élections. Du coup, ils parlent de machines à **truquer**.

voter
abstimmen, seine Stimme abgeben

~ pour/contre qn/qc
für/gegen jn./etw. stimmen

~ à gauche/à droite
links/rechts wählen

~ **blanc**/nul
einen leeren/ungültigen Stimmzettel abgeben

- Lors de la dernière élection présidentielle, je ne savais pas qui choisir entre les deux candidats. Cependant, ne voulant pas m'abstenir, j'ai préféré **voter blanc**.
- Les machines à **voter** électroniques posent un grave problème de confiance.
- La date limite de demande de **vote par correspondance** est fixée au 13 mai.

vote *m*
Abstimmung, Stimmabgabe

passer au ~
zur Abstimmung schreiten

~ **par correspondance**
Briefwahl

~ à bulletin secret
geheime Wahl

~ à main levée
Abstimmung durch Handzeichen

droit *m* de ~
Stimm-, Wahlrecht

avoir le droit *m* de ~
wahlberechtigt sein

exercer le droit *m* de ~
Stimmrecht ausüben

bureau *m* de ~
Wahllokal

bulletin *m* de ~
Wahlzettel

~ à bulletins secrets
geheime Wahl

se disputer le ~ des femmes
um die Stimmen der Frauen kämpfen

votants *m pl*
Stimm-, Wahlberechtigten

engl. vote, vote, voting, voter
span. votar
ital. votare, voto, votazione

législature *f*

Legislaturperiode

- Une semaine après les élections a eu lieu l'ouverture de la nouvelle **législature** de l'Assemblée nationale.

engl. *legislative periode*
span. *legislatura*
ital. *legislatura*

---

sondage *m*
  ~ **d'opinion**
  faire/réaliser un ~
  sonder qn
  sondeur, euse *m f*

Umfrage, Befragung
Meinungsumfrage
eine Umfrage durchführen
jn. ausfragen, aushorchen
Meinungsbefrager, Interviewer

- « Monsieur, nous **faisons un sondage d'opinion**, accepteriez-vous de répondre à quelques questions ? »

span. *sondeo, sondeador*
ital. *sondaggio, sondatore*

---

scrutin *m*
  ~ majoritaire
  ~ proportionnel
  donner lieu à un ~

  dépouillement *m* du ~
  dépouiller le ~
  scrutateur, trice *m f*

Abstimmung, Wahl (Stimmzettel)
Mehrheitswahl(recht)
Verhältniswahl(recht)
Anlass zu einer Abstimmung geben
Stimmenauszählung
die Stimmen auszählen
Wahlhelfer, Stimmenauszähler

- Le **scrutin** est trop serré pour déclarer un vainqueur.

span. *escrutinio, escrutador*
ital. *scrutinio, scrutatore*

---

premier/deuxième tour *m*
  ~ de scrutin

erster/zweiter Wahlgang
Wahlgang

---

candidature *f* (à)
  poser sa ~

  candidat, e *m f* **(à qc)**
  se porter ~ **(à/pour)**
  ~ de l'opposition

Kandidatur (auf)
sich als Kandidat aufstellen lassen, kandidieren
Kandidat (für etw.)
sich zur Wahl stellen (für)
Gegenkandidat

- Je ne connais pas les **candidats aux élections** dans notre région.
- Ma voisine **s'est portée candidate pour** les élections municipales.

engl. *candidateship, candidate*
span. *candidatura, candidato*
ital. *candidatura, candidato*

---

suffrage *m*

  ~ **universel direct**
  ~s exprimés
  obtenir/recueillir la majorité des ~s
  suffragette *f*

1. Wahl, Stimmabgabe
2. Wahlstimme
allgemeines direktes Wahlrecht
abgegebenen Stimmen
die Mehrheit der Stimmen erhalten
Frauenrechtlerin

- Le chef de l'Etat est élu au **suffrage universel direct**.

engl. *suffrage, suffragette*
span. *sufragio, sufragista*
ital. *suffragio, suffragista*

---

député, e *m f*

Abgeordneter, Parlamentarier

engl. *deputy*
span. *diputado*
ital. *deputato*

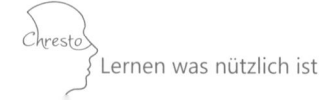

démissionner (de qc)	zurücktreten, abdanken (von etw.)	• Le ministre de l'Intérieur a adressé sa lettre de **démission** sans préavis (ohne Vorankündigung) au Président.
démission *f*	Rücktritt	• Le scandale du Watergate a **conduit** pour la première fois **à la démission** d'un Président américain.
donner sa ~	seinen Rücktritt erklären, einreichen	
conduire à la ~ de qn	zu js. Rücktritt führen	
annoncer sa ~	seinen Rücktritt bekannt geben	
démissionnaire *adj*	zurückgetreten	

span. dimitir, dimisión
ital. dimettersi, dimissione

gouvernement *m*	Regierung	• Après les élections, Nicolas Sarkozy veut **former un gouvernement** d'ouverture.
entrer au ~	die Regierung antreten	
former le ~	die Regierung bilden	
renverser le ~	die Regierung stürzen	*engl.* government, governmental, govern
~ fédéral	Bundesregierung	
~ sortant	scheidende Regierung	*span.* gobierno, gubernamental, gobernar
le ~ siège	die Regierung tagt	
remanier le ~	die Regierung umbilden	*ital.* governo, governativo, governare
gouvernemental, e *adj*	Regierungs-	
gouverner qc	etw. regieren	

| maire *m* | Bürgermeister | *engl.* mayor |
| mairie *f* | Rathaus, Bürgermeisteramt | |

majorité *f*	Mehrheit	• Ils sont élus, ils ont **obtenu la majorité** des voix **aux dernières élections.**
être en ~	in der Mehrheit sein	• Une **forte majorité** a décidé de l'action à mener.
avec une large/courte ~	mit großer/knapper Mehrheit	
à la ~ absolue/simple	mit absoluter/einfacher Mehrheit	
~ des deux tiers	Zweidrittelmehrheit	
~ écrasante	überwältigende Mehrheit	
obtenir la ~ à qc	bei etw. die Mehrheit erhalten	*engl.* majority, majoritarian
nécessiter la ~	die Mehrheit erfordern	*span.* mayoría, mayoritario
majoritaire *adj*	Mehrheits-	*ital.* maggioranza, maggioritario

minorité *f*	Minderheit	*engl.* minority
être en ~	in der Minderheit sein	*span.* minoría, minoritario
~ de blocage	Sperrminorität	*ital.* minoranza, minoritario
minoritaire *adj*	Minderheiten-, minoritär	

cohabitation *f*	Kohabitation, pol. Zusammenarbeit (Staatspräsident und Regierung gehören unterschiedlichen pol. Lagern an)	↔ co-: *zusammen, mit*
		↔ habiter, habitation
		↔ cohabitation: *wörtlich:* Zusammenwohnen
cohabiter avec qn	mit jm. (politisch) zusammenarbeiten	• La première **cohabitation** a eu lieu entre Mitterand et Chirac.

span. cohabitación

| isoloir *m* | Wahlkabine | ↔ isolieren, Isolation |

coalition *f*	Koalition	*engl.* coalition
former une ~	eine Koalition bilden	*span.* coalición
se coaliser	sich verbünden, koalieren	*ital.* coalizione

s'abstenir	sich enthalten	• 20 % des électeurs **se sont abstenus** sur ce vote, 45 % sont pour et 35 % sont contre.
abstention *f*	Stimmenthaltung	
abstentionnisme *m*	Wahlmüdigkeit	
abstentionniste *m f*	Nichtwähler	

engl. abstain, abstention
span. abstenerse, abstención
ital. astenersi, astensione

voix *f*	Wählerstimme	• La droite espère **obtenir** plus de **50 % des voix** au prochain scrutin.
mettre qc aux ~	etw. zur Abstimmung stellen	
obtenir/récolter x %	x % der Wählerstimmen	• Faute de candidat, il a **apporté sa voix** à l'UMP.
des ~	bekommen	
apporter sa ~ à qn	jm. seine Stimme geben	
avoir ~ au chapitre	etw. zu sagen, ein Wort mitzureden haben	**span.** *voz*
		ital. *voz*
urne *f*	Urne	↔ bouder qn = mit jm. schmollen
aller aux ~s	zur Wahl gehen	• Le Monde fait sa première page avec le titre suivant : « Les Français **aux urnes** pour des régionales qui s'annoncent serrées ».
être appelé aux ~s	zur Wahl aufgerufen sein	
bouder les ~s	der Wahl fern bleiben	
		span. *urna*
		ital. *urna*
ballottage *m*	Stichwahl	**engl.** *second ballot*
		span. *balotaje*
		ital. *balotaje*
titulaire *m* **d'une fonction**	Amtsinhaber	
référendum *m*	Referendum, Volksentscheid	**engl.** *referendum*
		span. *referéndum*
		ital. *referéndum/referendo*
chancelier, ère *m f*	Bundeskanzler	**engl.** *chancellor*
chancellerie *f*	Bundeskanzleramt	**span.** *canciller*
		ital. *canciller*
successeur *m*	Nachfolger	**engl.** *successor, succession, succeed, predecessor*
désigner un ~	einen Nachfolger bestimmen	
succession *f*	Nachfolge	**span.** *sucesor, sucesivo, seguir, predecesor*
organiser sa ~	seine Nachfolge regeln	
succéder à qn	jm. nachfolgen	**ital.** *successore, successione, succedere, predecessore*
prédécesseur *m*	Vorgänger	
fonction *f*	amtliche Tätigkeit	
prendre ses ~s/entrer en ~	sein Amt antreten	
unanimité *f*	Einstimmigkeit	**engl.** *unanimity, unanimous*
unanime *adj*	einstimmig	**span.** *unanimidad, unánime*
		ital. *unanimità, all'unanimità*
score *m*	Wahlergebnis	**engl.** *score*
réaliser un bon ~ à qc	bei etw. ein gutes Wahlergebnis erzielen	
seuil *m*	Schwelle, Untergrenze	• Le SPD et la CDU ont **franchi le seuil de 5 % des suffrages exprimés/voix.**
franchir le ~ de 5 %	5%-Hürde überwinden	
conseil *m*	Rat	**engl.** *council, councillor, counsel*
~ municipal	Stadt-/Gemeinderat *(Institution)*	**span.** *consejo, concejo, aconsejar*
conseiller *m* municipal	Stadt-/Gemeinderat *(pers.)*	**ital.** *consiglio, consigliere, consigliare*
conseiller qn	1. jm. einen Rat geben	
~ qc à qn	2. jm. zu etw. raten, jm. etw. anraten	

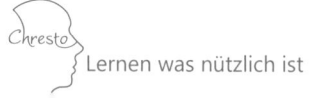

Chresto
Lernen was nützlich ist

siège *m*	Sitz	
répartition *f* des ~s	Sitzverteilung	
siéger	tagen	
~ à qc	einen Sitz in etw. haben	
mandat	~, Amtszeit	**engl.** *mandate*
renouveler son ~	sein ~ verlängern	**span.** *mandato*
		ital. *mandato*
désignation *f*	Bestimmung, Bestellung	**span.** *designación, designar*
désigner un ministre	einen Minister bestimmen, bestellen	**ital.** *designazione, designare*

commune *f* communal, e *adj*	Gemeinde Gemeinde-, Kommunal-	**engl.** *commune, communal* **span.** *comuna, comunal* **ital.** *comune, comunale*
land *m* *(pluriel: les länder)*	Bundesland	**engl.** *Federal Land* **span.** *land* **ital.** *land*
province *f* provincial, e *adj et m f*	Provinz I. provinziell II. Provinzbewohner, Kleinstädter	↔ la Provence = die Provence *(Landschaft im Südosten Frankreichs)* **engl.** *province, provincial* **span.** *provincia, provincial* **ital.** *provincia, provinciale*
administration *f* administratif, -ve *adj*	Verwaltung, Administration Verwaltungs-, administrativ	**engl.** *administration,* *administrative* **span.** *administración,* *administrativo* **ital.** *amministrazione,* *amministrativo*

autonome *adj*
   autonomie *f*
      acquérir de l'~
	autonom, eigenständig
	Autonomie, Eigenständigkeit
	Unabhängigkeit erwerben
		engl. *autonomy, autonomous*
		span. *autónomo, autonomía*
		ital. *autonomo, autonomia*

campagne *f* campagnard, e *m f et adj*	Land I. Landbewohner II. ländlich, bäuerlich	• On a passé un week-end **à la** **campagne** entre amis. **span.** *campo, campesino* **ital.** *campagna, campagnolo*
capitale *f*	Hauptstadt	**engl.** *capital* **span.** *capital* **ital.** *capitale*

centralisation *f*
   centralisé, e *adj*
   centraliser qc
   décentralisation *f*
   décentralisé, e *adj*
   décentraliser qc
	Zentralisierung
	zentralisiert
	etw. zentralisieren
	Dezentralisierung
	dezentralisiert
	etw. dezentralisieren
		engl. *centralisation, (de)*
		centralised, devolution, (de)
		centralise,
		span. *(des)centralización, (des)*
		centralizado, (des)centralizar
		ital. *centralizzazione,*
		centralizzato, centralizzare,
		decentramento, decentrato,
		decentrare

région *f*
   régional, e *adj*
   régionalisation *f*
   régionalisé, e *adj*
   régionaliser qc
	
	Regionalisierung
	regionalisiert
	etw. regionalisieren
		engl. *region, regional,*
		regionalisation
		span. *región, regional,*
		regionalización, regionalizado,
		regionalizar
		ital. *regione, regionale,*
		regionalizzazione, regionalizzato,
		regionalizzare

agglomération *f* s'agglomérer	Ballungsraum, Großraum sich in Ballungsgebiete verdichten	**engl.** *urban agglomeration* **span.** *zona de aglomeración* **ital.** *agglomerazione*
chef-lieu *m*	Hauptort	

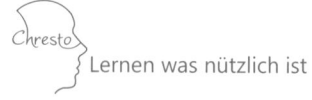

Chresto
Lernen was nützlich ist

équilibre *m*
équilibrer qc
déséquilibre *m*
déséquilibrer qc

Gleichgewicht
etw. ins Gleichgewicht bringen
Ungleichgewicht
etw. aus dem Gleichgewicht
bringen

engl. equilibrium, disequilibrium
span. equilibrio, equilibrar,
desequilibrio, desequilibrar
ital. equilibrio, equilibrare,
squilibrio, squilibrare

dépendance *f*
créer une ~
être dépendant, e *adj* de qc
dépendre de qc/qn
indépendance *f*
être indépendant, e *adj* de qc

Abhängigkeit
eine Abhängigkeit schaffen
von etw. abhängig sein
von etw./jn. abhängen
Unabhängigkeit
von etw. unabhängig sein

engl. (in)dependence, (in)
dependent, depend, dependency
span. (in)dependencia, (in)
dependiente, depender
ital. (in)dipendenza, (in)
dipendente, dipendere

uniformisation *f*
uniformiser qc
uniforme *adj*

Vereinheitlichung
etw. vereinheitlichen
einheitlich, gleichförmig

↔ Uniform

engl. unification, unitise, uniform
span. uniformación, uniformar,
uniformizar, uniforme
ital. unificazione, unificare,
uniforme

métropole *f*

~ d'équilibre

métropolitain, e
la France ~e

1. Metropole
2. europäisches Frankreich
   (vs. außereuropäisches Frankreich)
Provinzmetropole (Gegengewicht
zu Paris)
metropolisch, weltstädtisch
das europäische Frankreich,
Kontinentalfrankreich, frz.
Mutterland

• J'habite **en métropole**.

engl. metropolis, metropolitan
span. metrópoli, metropolitano
ital. metropoli, metropolitano

répartir qc
répartition *f*

etw. teilen, ver-
Ver-, Aufteilung

engl. repartition
span. repartir, repartición
ital. ripartire, ripartizione

diviser qc
subdiviser qc en qc
division *f*
subdivision *f*

etw. teilen
etw. in etw. unterteilen, -gliedern
Teilung
Unterteilung

engl. (sub-)divide, (sub-) division
span. (sub)dividir, (sub)división
ital. (sud)dividere, (sud)divisione

arrondissement *m*

(Stadt-) Bezirk

canton *m*
cantonal, e *adj*

engl. canton
span. cantón, cantonal
ital. cantone, cantonale

département *m*
départemental, e *adj et f*
(route *f*) ~e

Departement
I. Departements-
II. Landstraße

• La France est divisée en 100
départements, dont 96
départements métropolitains.

engl. department
span. departamento
ital. dipartimento

région f (→ 1.5)
    régional, e *adj*

> **engl.** *region, regional*
> **span.** *región, regional*
> **ital.** *regione, regionale*

département m
    départemental, e *adj et f*
    (route f) ~e   Landstraße

> **engl.** *department*
> **span.** *departamento*
> **ital.** *dipartimento*

hexagone m   1. Sechseck
    °~   2. Frankreich
    hexagonal, e *adj*   1. sechseckig
                 2. Frankreich-

> • **Dans l'Hexagone**, il y a des régions climatiques différentes.
>
> **engl.** *hexagon, hexagonal*
> **span.** *hexágono, hexagonal*
> **ital.** *esagono, esagonale*

superficie f   Fläche, Flächenausdehnung
    superficiel, le *adj*   oberflächlich

> **engl.** *superficial*
> **span.** *superficie, superficial*
> **ital.** *superficie, superficiale*

kilomètre m **carré**   Quadratkilometer

> • La France a une superficie de 675.000 **kilomètres carrés** (km²) environ.

pays m   1. Land
                2. Heimat, Vaterland
    ~ en (voie de) développement   Entwicklungsland
    ~ industrialisé   Industrieland
    avoir le mal m du ~   Heimweh haben
    paysage m   Landschaft
    paysager, ère *adj*   Landschafts-
    paysagiste m   Landschaftsmaler

> **span.** *país, paisaje, paisajista*
> **ital.** *paese, paesaggio, paesaggista*

territoire m   Territorium, Gebiet
    ~ national   Hoheits-, Staatsgebiet
    occuper un ~   ein Gebiet besetzen
    territorial, e *adj*   territorial

> **engl.** *territory, territorial*
> **span.** *territorio, territorial*
> **ital.** *territorio, territoriale*

frontière f   Grenze
    passer la ~   über die Grenze gehen/fahren
    frontalier, ère *adj*   Grenz-

> **engl.** *frontier*
> **span.** *frontera, fronterizo*
> **ital.** *frontiera, frontaliere*

fuseau m **horaire**   Zeitzone

> **span.** *huso horario*
> **ital.** *fuso orario*

point m **cardinal**   Himmelsrichtung

> **span.** *punto cardinal*
> **ital.** *punto cardinale*

sud m   Süden
    pôle m °~   Südpol
    au ~ de qc   südlich von etw.
    dans le ~ de qc   im Süden von etw.
    austral, e *adj*   südlich(e Hemisphäre)
    terres f pl ~es   die französischen Südgebiete *(in Übersee)*

> • Orléans est **au sud de** Paris.
> • La Tour Montparnasse est **dans le sud de** Paris.
>
> **engl.** *south, austral*
> **span.** *sur, austral*
> **ital.** *sud*

nord m   Norden
    pôle m °~   Nordpol
    au ~ de qc   nördlich von etw.
    dans le ~ de qc   im Norden von etw.
    perdre le ~ *(fam.)*   den Kopf, das Ziel aus den Augen verlieren
    septentrional, e *adj*   nördlich

> • Football – Lyon **perd le nord** : Lyon a été sorti par Rennes (2-0) en quart de finale de la Coupe de France.
>
> **engl.** *north*
> **span.** *norte, septentrional*
> **ital.** *nord, settentrionale*

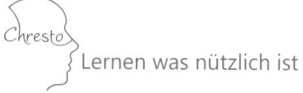
Lernen was nützlich ist

est *m*	Osten	**engl.** *east, oriental*
à l'~ de qc	östlich von etw.	**span.** *este, oriental*
dans l'~ de qc	im Osten von etw.	**ital.** *est, orientale*
oriental, e *adj*	östlich	

ouest *m*	Westen	• Qu'est-ce que je suis
à l'~ de qc	westlich von etw.	fatiguée ce matin, je **suis**
dans l'~ de qc	im Westen von etw.	**complètement à l'ouest.**
être à l'~ *(fam.)*	neben sich stehen	
occidental, e *adj*	westlich	**engl.** *west, occidental*
		span. *oeste, occidental*
		ital. *ovest, occidentale*

pluie *f*	Regen	• Nous avons fait une ballade
~ diluvienne	sintflutartiger Regen	**sous une petite pluie fine.**
sous la ~	im Regen	• **Par temps de pluie**, la vitesse
par temps de ~	bei Regen	maximale autorisée sur
le temps est à la ~	es sieht nach Regen aus	autoroute est de 110 (au lieu
faire la ~ et le beau	das Sagen haben, tonangebend	de 130).
temps	sein	• **Sarkozy fait la pluie et le**
ne pas être né, e de la	nicht von gestern sein	**beau temps** à l'Élysée.
dernière ~ *(fam.)*		• « Rappelle-toi Barbara, il
parapluie *m*	Regenschirm	**pleuvait sans cesse** sur Brest
pluvieux, euse *adj*	regnerisch, verregnet	ce jour-là » (début d'un poème
pluvial, e *adj*	Regen-	de J. Prévert, poète du XXe
pleuvoir	regnen	siècle)
il va ~	es wird gleich regnen	• L'arche de Noé : **il a plu**
il pleut à verse	es regnet in Strömen	pendant 40 jours et 40 nuits.
il pleut comme vache qui	es schüttet wie aus Eimern	• En ce moment, on est un
pisse *(fam.)*		peu débordé, les profs nous
comme s'il en pleuvait	in rauen Mengen, in Massen	mettent des **devoirs comme**
(fam.)		**s'il en pleuvait.**
il pleuv(i)ote/pleuvine	es nieselt	
		engl. *pluvial*
		span. *lluvia, pluvial, llover,*
		pluvioso
		ital. *piovoso*

écart *m* **de température**	Temperaturunterschied	

précipitations *f pl*	Niederschlag	**engl.** *precipitation*
		span. *precipitación*
		ital. *precipitazione*

moyenne *f*	Durchschnitt, Mittelwert	
en ~	im Durchschnitt	
~ annuelle	Jahresdurchschnitt	

degré *m*	Grad	• Il fait **5 degrés au-dessus/au-**
il fait X ~s	es sind X Grad	**dessous zéro.**
		↔ dessus → sur
		↔ dessous → sous
		engl. *degree*

densité *f*	Dichte	**engl.** *density, dense*
~ de la population	Bevölkerungsdichte	**span.** *densidad, denso*
dense *adj*	dicht	**ital.** *densità, denso*

diversité *f*	Vielfalt, Verschiedenheit	**engl.** *diversity, diverse, diversify,*
divers, e *adj*	1. vielfältig, verschiedenartig	**span.** *diversidad, diverso,*
	2. divers, unterschiedlich	*diversificar*
diversifier qc	etw. vielseitiger machen,	**ital.** *diversità, diverso,*
	abwechslungsreicher gestalten	*diversificare*
diversifié, e *adj*	vielfältig, divers, verschieden,	
	unterschiedlich	

population *f*	Bevölkerung, Population	**engl.** *population, popular,*
populaire *adj*	Volks-, volkstümlich	*populace, populous*
populeux, euse *adj*	bevölkert, dicht bewohnt	**span.** *población, popular,*
populace *f (péj)*	Pöbel, Mob	*populoso, populacho*
		ital. *popolazione, popolare*

peuple *m*	Volk	**engl.** *people, populated, populate*
peu/très peuplé, e *adj*	dünn/dicht bevölkert, besiedelt	**span.** *pueblo, poblado,*
peuplement *m*	Besiedlung *(Land, Region)*	*poblamiento, poblar*
peupler qc	etw. bevölkern, besiedeln	**ital.** *popolo, popolato,*
peuplade *f*	Völkerschaft, Volksstamm	*popolamento, popolare*

province *f*	Provinz	**engl.** *province, provincial*
il fait ~ *(fam.)*	man merkt, dass er aus der	**span.** *provincia, provinciano*
	Provinz/vom Land kommt	**ital.** *provincia, provinciale*
provincial, e *m f et adj*	I. Kleinstädter, Provinzbewohner	
	II. kleinstädtisch, provinziell	

pourcentage *m*	1. Prozentsatz	• Beaucoup de vendeurs touchent un **pourcentage sur les ventes effectuées.**
~ sur qc	2. prozentualer Anteil an etw.	• **Le pourcentage élevé d'élèves en difficulté** est un sujet de préoccupation.
~ élevé (de)	hoher Prozentsatz (von)	• 15 élèves sur 30 sont absents, ça fait combien **en pourcentage ?** – **50 pour cent** (= **50 pour cent des** élèves sont absents).
en pourcentage	in Prozent	
X pour cent (de)	X Prozent (von)	

engl. *percentage, percent*
span. *porcentaje, por ciento*
ital. *percentuale, percento*

naître	geboren werde, zur Welt kommen	• Une femme de 43 ans est morte après **avoir donné naissance à des triplés.**
naissance *f*	Geburt	• La forte popularité de l'iPod **a donné naissance à un marché d'accessoires** pour ce lecteur MP3.
explosion *f* des ~s	Geburtenexplosion	
donner ~ à un enfant	1. ein Kind zur Welt bringen	• Elle **est native de Lyon** ; c'est **une native de** Lyon.
donner ~ à qc	2. zur Bildung, Entstehung von etw. führen	• **Le taux de natalité est en baisse** en Allemagne et **en hausse** en France.
natif, ve *adj* **de**	gebürtig aus	
natalité *f* **(taux** *m* **de ~)**	Geburtenrate, -zahl	
baisse *f* de la ~	Geburtenrückgang	
natal, e *adj*	1. Geburts-	
	2. Heimat-	
nataliste *adj*	Geburten fördernd	
politique *f* ~	Politik der Geburtenförderung	

engl. *native, natality, natalist*
span. *nacer, nacimiento, nativo, natalidad, natal, natalista*
ital. *nascere, nascita, nativo, natalità, natale, nataliste*

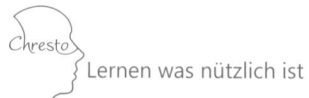
Chresto Lernen was nützlich ist

sec, sèche *adj*	trocken, dürr	*span.* seco, sequedad, secar, desecar, desecación
sécheresse *f*	Trockenheit, Dürre	
sécher	trocknen, trocken werden *(Wäsche, Farbe)*	*ital.* secco, secca, seccare
~ qc	etw. trocknen *(Haare, Kleidung)*	
assécher qc	etw. austrocknen, trocken legen *(Sumpf, Teich)*	
s'~	austrocknen	
assèchement *m*	Trockenlegung, Austrocknung	
tempéré, e *adj*	gemäßigt	***engl.*** *temperate, temper*
tempérer qc	etw. mäßigen, mildern	***span.*** *templado, templarse*
		ital. *temperato, temperare*
dur, e *adj*	1. rau, streng *(Winter)*	• Dans les montagnes, l'hiver est **très dur** et long.
	2. hart *(Boden)*	
dureté *f*	1. Strenge	
	2. Härte	***span.*** *duro, dureza*
		ital. *duro, durezza*
fleuve *m*	Fluss, Strom *(mündet im Meer)*	
rivière *f*	Fluss	***engl.*** *river*
traverser une ~	einen Fluss überqueren	***span.*** *río*
Manche *f*	Ärmelkanal	• L'épreuve de ce matin s'est très bien passée, mais demain c'est les maths et **c'est une autre paire de manches.**
manche *f*	Ärmel	
c'est une autre paire de ~s *(fam.)*	das ist etw. anderes, steht auf einem anderen Blatt	
		span. *Canal de la Mancha, manga*
		ital. *Manica, manica*
se jeter dans qc	in etw. fließen, münden	• À Lyon, la Saône **se jette dans** le Rhône, qui se dirige vers la Méditerranée.
embouchure *f*	Flussmündung	↔ La bouche = der Mund
~ de la Seine	Seinemündung	
lac *m*	See	• Nous sommes allés **au lac d'Annecy.**
		• L'hôtel est situé **au bord du lac d'Annecy.**
		engl. *lake*
		span. *lago*
		ital. *lago*
massif *m*	Massiv	
plateau *m*	Plateau, Hochebene	***engl.*** *plateau*
montagne *f*	1. Berg	• Nous sommes allés **à la montagne** faire du ski.
~(s)	2. Gebirge, Berge	
montagneux, euse *adj*	1. bergig	
	2. gebirgig	***engl.*** *mountain, mountains, mountainous, moutaineer*
montagnard, e *m f et adj*	I. Bergbewohner	***span.*** *montaña, montañoso, montañés*
	II. Berg-, Gebirgs-	***ital.*** *montagna, montagne, montuoso, montanaro*

sommet *m*	(Berg-)Gipfel	**engl.** *summit* **ital.** *sommità*
colline *f*	Hügel	**span.** *colina* **ital.** *collina*
plaine *f* plain, e *adj*	Ebene, flaches Land eben, plan	**engl.** *plain* **ital.** *pianura, piano*
vallée *f* **dominer la ~** vallon *m* vallonné, e *adj* vallonnement *m*	Tal über das Tal ragen kleines Tal, Talmulde hügelig Hügellandschaft	• Le château de Lacoste **domine la vallée** du Lubéron. **engl.** *valley, vale* **span.** *valle* **ital.** *valle, valletta*
côte¹ *f*	(Berg)Hang	
côte² *f* longer la ~ **sur la ~**	Küste an der Küste entlanggehen, -fahren, -laufen *(Fußgänger, Auto, Weg)* an der/die Küste	• Nous allons **sur la Côte d'Azur** pendant les vacances d'été. **engl.** *coast* **span.** *costa* **ital.** *costa*
falaise *f*	Steilküste	
gorges *f pl*	(Fels)Schlucht	• On a fait du canoë **dans les gorges du Tarn**, c'était inoubliable ! **engl.** *gorge*
île *f* ~ de la beauté insulaire *m f et adj* presqu'île *f*	Insel Insel der Schönheit (Korsika) I. Inselbewohner II. Insel-, insular Halbinsel	**engl.** *island/isle, insular, peninsula* **span.** *isla, insular, península* **ital.** *isola, insulare, penisola*
plage *f* aller à la ~ **sur la ~**	Strand an den Strand gehen am Strand	• Pour l'anniversaire de Mathieu, on va organiser un **barbecue sur la plage.** **span.** *playa*
méditerranéen, ne *adj* **Méditerranée** *f*	mediterran Mittelmeer	• Nous avons passé nos vacances **au bord de la Méditerranée.** **engl.** *mediterranean, Mediterranean* **span.** *mediterráneo, Mediterráneo* **ital.** *mediterraneo, Mediterraneo*
Midi *m* Méridional, e *m f* méridional, e *adj*	Südfrankreich 1. Südfranzose 2. Südländer 1. südfranzösisch 2. südlich, südländisch	• Nous avons passé nos vacances **dans le Midi.** **engl.** *meridional (nur adj 2)* **span.** *meridional (nur adj 2)* **ital.** *meridionale (nur adj 2)*

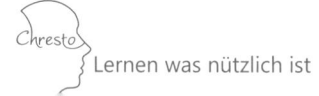

Chresto

Lernen was nützlich ist

essor *m*

~ démographique
prendre un ~

Aufschwung,
Aufwärtsentwicklung
demographischer Aufschwung
einen Aufschwung nehmen,
erfahren

• En peu de temps, Internet **a pris un essor considérable** et est devenu un véritable moyen de communication.

urbanisé, e *adj*
urbaniser qc
s'~
urbain, e *adj*
urbanisation *f*
urbanisme *m*

verstädtert
etw. verstädtern
verstädtern
städtisch, Stadt-
Verstädterung
Stadtplanung und Städtebau

engl. urbanise, urban,
urbanisation, urbanism
span. urbanizar, urbano,
urbanización, urbanística
ital. urbanizzare, urbano,
urbanesimo, urbanistica

volcan *m*

~ en activité
~ éteint
volcanique *adj*
volcanologie *f*
volcanologue *m f*

aktiver ~
erloschener ~

engl. volcano, volcanic,
volcanologie, volcanologist
span. volcán, volcánico,
vulcanología, vulcanólogo
ital. vulcano, vulcanico,
vulcanologia, vulcanologo

ville *f*	Stadt	• Je ne serai pas là ce soir, je
centre-ville *m*	Stadtzentrum	mangerai **en ville**.
urbain, e *adj*	städtisch, Stadt-	• J'habite **en ville/dans une**
paysage *m* ~	Stadtbild, -landschaft	**grande ville**.
		engl. *urban*
		span. *urbano*
bidonville *m*	Slum, Elendsviertel	
citadin, e *m f*	Stadtbewohner	**engl.** *city*
cité *f*	Innen-, Altstadt	**span.** *ciudadano*
~-dortoir *f*	Schlafstadt	**ital.** *cittadino, città*
Île *f* de la Cité	hist. Stadtkern von Paris auf der Seineinsel	
village *m*	Dorf	**engl.** *village, villager*
villageois, e *adj et m f*	I. dörflich, Dorf-	**ital.** *villaggio*
	II. Dorfbewohner	
pâté *m* **de maisons**	Häuserblock	
zone *f* **industrielle**	Industriegebiet	**engl.** *industrial zone/area/estate/ park*
		span. *zona industrial*
		ital. *zona industriale*
ferme *f*	Farm, Bauernhof	• Dimanche dernier, nous sommes allés **à la ferme** regarder les vaches.
		engl. *farm*
déménager	um-, ausziehen	• On **a emménagé dans** notre nouvel appartement.
déménagement *m*	Um,- Auszug	
déménageur *m*	1. Möbelpacker	
	2. Möbelspediteur	
emménager (dans)	einziehen (in)	
emménagement *m* (dans)	Einzug (in)	
fuir devant qc/qn	vor etw./jm. fliehen, flüchten	• J'ai eu un accident et le conducteur de l'autre voiture **a pris la fuite**.
s'enfuir	1. fliehen, flüchten	
	2. davon-, weglaufen	• Les cris des enfants ont alerté les parents et **ont mis en fuite le cambrioleur**.
fuite *f* (devant)	Flucht (vor)	
prendre la ~	die Flucht ergreifen	
mettre qn en ~	jn. in die Flucht schlagen	
être en ~	auf der Flucht sein	
fugitif, ve *m f et adj*	I. Flüchtiger, Flüchtling	**engl.** *fugitive*
	II. flüchtig	**span.** *fuga, fugitivo, fugar*
		ital. *fuggire, fuga, fuggitivo*
petite/grande couronne *f*	innerer/äußerer Gürtel der Paris umgebenden Departements	• Les prix de l'immobilier ont augmenté de 3 % **dans la/en petite couronne** et de plus de 4,5 % **dans la/en grande couronne**.
banlieue *f*	Vorort, Stadtrandgebiet	• Le Vélib' arrive **en banlieue**.
en ~	im Vorort, Stadtrandgebiet	→ Vélib' = vélos en libre-service à Paris (http://www. velib.paris.fr)
grande ~	Einzugsgebiet, Umland	
banlieusard, e *m f*	Vorortbewohner	

Chresto Lernen was nützlich ist

campagne *f*	Land (vs. Stadt)	• Une **ballade en pleine**
à la ~	auf dem Land	**campagne**, c'est le bonheur !
en pleine ~	weitab von jeder Ortschaft	
campagnard, e *adj et m f*	I. ländlich, bäuerlich	*span.* campo, campesino
	II. 1. Landbewohner	*ital.* campagna, campagnolo
(péj)	2. Bauer, Hinterwäldler	
désert, e *m et adj*	I. 1. Wüste	↔ le dessert = die Nachspeise,
	2. Einöde	das Dessert
	II. 1. unbewohnt, einsam, öde	
	2. menschenleer, wie	*engl.* desert, desertification,
	ausgestorben *(Straße)*	desert
désertification *f*	Verwüstung, Verödung	*span.* desierto, desierto/-a,
déserter (qc)	(etw.) für immer verlassen	desertificación, desertificar
		ital. deserto, desertificazione,
		desertificare
surpopulation *f*	Überbevölkerung	↔ population ; peuple
surpeuplé, e *adj*	überbevölkert	
se dépeupler	sich entvölkern	*engl.* overpopulated,
dépeuplement *m*	Entvölkerung	overpopulation, depopulate,
		depopulation
		span. superpobaldo,
		siperpoblación, despoblación
		ital. sovrappopolazione,
		sovrappopolato
anonyme *adj*		• Est-il encore possible de
anonymat *m*	Anonymität	**garder l'anonymat** sur
garder l'~	die Anonymität wahren	Internet ?
		engl. anonymity, anonymous
		span. anónimo, anonimato,
		anonimizar
		ital. anonimo, anonimità
assainissement *m*	Sanierung *(Viertel)*	*span.* saneamiento
assainir qc	etw. sanieren	
rural, e *adj*	1. ländlich	*engl.* rural
	2. landwirtschaftlich	*span.* rural
vie *f* ~e	Landleben	*ital.* rurale
ruraux *m pl*	Landbewohner	
exode *m*	Abwanderung, Massenflucht	*span.* éxodo
~ urbain	Stadtflucht	*ital.* esodo
~ rural	Landflucht	
périphérie *f*	Peripherie, Stadtrand(gebiet)	• Accès au stade de football de
périphérique *adj et m*	I. (Stadt-)Rand-	Lyon : **sur le périphérique**
périph *m (fam.)*	II. Ringautobahn *(um eine Stadt)*	**Sud**, prendre la sortie 'Gerland',
		puis suivre les panneaux 'Stade
		de Gerland'.
		engl. periphery, peripheral
		span. periferia, periférico
		ital. periferia
piéton, ne *m f*	Fußgänger	*span.* peatón/peatona, peatonal,
rue *f* ~ne	Fußgängerzone	peatonalizar
passage-~s *m*	Fußgängerüberweg	*ital.* pedone, pedonale
piétonnier, -ère *adj*	Fußgänger-	

se vider	sich leeren, leer werden *(Straße, Stadt)*	
quartier *m*	Viertel, Stadtteil	**engl.** *quarter* **ital.** *quarto*
agriculteur, -trice *m f* agriculture *f* agricole *adj*	Landwirt Landwirtschaft landwirtschaftlich, Agrar-	**engl.** *agriculture, agricultural agriculturist* **span.** *agricultura, agricultor, agrícolo* **ital.** *agricoltore, agricoltura, agricolo*
métropole *f* ~ d'équilibre	Metropole, Großstadt Provinzmetropole (vs. Paris)	**engl.** *metropolis* **span.** *metrópoli* **ital.** *metropoli*

Lernen was nützlich ist

moyen *m* **de transport**	Verkehrsmittel	**engl.**. *means of transport*
transport *m* en commun	öffentliches Verkehrsmittel	**span.** *medio de transporte*
		ital. *mezzo di trasporto*
camion *m*	Lastwagen, LKW	**span.** *camión, camioneta,*
camionnette *f*	Kleinlastwagen, -transporter	*camionero*
camionneur *m*	LKW-Fahrer	**ital.** *camion, camionista*
route *f*	1. (Auto-, Land-) Straße	• Matchs de qualification :
	2. Weg, Strecke, Route	l'équipe de France **en route**
se mettre en ~	sich auf den Weg machen,	**pour** la coupe du monde 2010.
	aufbrechen	• Ceux qui croient que les retards
être en ~	unterwegs, auf dem Weg sein	ne sont pas sanctionnés **font**
faire fausse ~	sich irren, auf dem falschen Weg	**fausse route**.
	sein	• Peu après la station-service,
la ~ est encombrée	die Straße ist verstopft, überfüllt	**quitter la route principale** et
suivre la ~	der Straße folgen	**suivre la route** qui monte sur
quitter la ~	1. die Straße verlassen, abbiegen	400 m jusqu'à l'hôtel.
	2. von der Straße abkommen	• Dans la nuit du 18 au 19, une
bonne ~ !	Gute Fahrt, Reise!	**voiture a quitté la route** pour
routier, ère *adj et m*	I. Straßen-	une raison jusqu'ici inconnue.
	II. Fernfahrer	L'accident a fait trois morts.
carte *f* ~ère	Straßen-, Autokarte	
réseau *m* ~	Straßennetz	**engl.** *route*
autoroute *f*	Autobahn	**span.** *ruta (Reiseweg, Strecke)*
quitter l'~	von der Autobahn	
	herunterfahren	
autoroutier, ère *adj*	Autobahn-	
voiture *f*	Auto	↔ Im Französischen sind alle
		Automarken feminin : j'ai **une**
		Mercedes, **une** Peugeot, **une**
		Renault, ...
véhicule *m*	Fahrzeug	**engl.** *vehicle*
		span. *vehículo*
		ital. *veicolo*
volant *m*	Steuer, Lenkrad	• Les conducteurs prêts à
prendre le ~	sich ans Steuer, Lenkrad setzen	**prendre le volant** après
être au ~	am Steuer, Lenkrad sitzen	avoir bu de l'alcool sont
		irresponsables.
		span. *volante*
		ital. *volante*
feu *m*	1. Ampel	• J'**ai grillé un feu rouge** et
~(x)	2. Scheinwerfer *(Auto)*	me suis fait retirer le permis
griller un ~ **rouge**	eine rote Ampel überfahren	pendant un mois.
le ~ passe au vert	es wird grün	
donner le ~ vert à qn/qc	jm./etw. grünes Licht geben	
bouchon *m*	Stau	
risque *m* de ~	Staugefahr	
être pris, e dans un ~	im Stau stecken, in einen Stau	
	geraten	
chantier *m*	Baustelle	**ital.** *cantiere*
embouteillage *m*	Verkehrsstockung, Stau	**span.** *embotellamiento*
être pris, e dans un ~	im Stau stecken, in einen Stau	
	geraten	

parking *m*	Parkplatz	*engl.* parking lot, car park
~ couvert	Parkhaus	*ital.* parcheggio
~ souterrain	Tiefgarage	
garer qc	etw. parken, abstellen *(Auto)*	
se ~	parken, sein Auto abstellen	
je suis mal garé, e	ich steh' schief *(Parklücke)*	
stationnement *m*	Parken	
~ interdit	Parken verboten	
péage *m*	1. Autobahnmaut	*span.* peaje
	2. Mautstelle	*ital.* pedaggio
autoroute *f* à ~	gebührenpflichtige Autobahn	
circulation *f*	Verkehr	
gêner la ~	den Verkehr beeinträchtigen	• Il faut se garer de manière à ne pas **gêner la circulation.**
il y a beaucoup de ~	es herrscht reger, starker Verkehr	• Info trafic : 15 km de **circulation en accordéon** sur l'A7 à la hauteur de Montélimar en direction de Lyon.
~ en accordéon	Stop-and-go-Verkehr	
circuler	fahren, verkehren	
		span. circulación, circular
		ital. circolazione, circolare
trafic *m*	Verkehr	*engl.* traffic
le ~ est dense	es herrscht dichter Verkehr	*span.* tráfico
		ital. traffico
rocade *f*	Umgehungsstraße	
déviation *f*	Umleitung	*span.* desviación, desvío, desviar
prendre une ~	eine Umleitung fahren	*ital.* deviazione, deviare
dévier la circulation	den Verkehr umleiten	
panneau *m*	(Verkehrs-)Schild	
rond-point *m*	Kreisverkehr	*engl.* roundabout
		span. rotonda
		ital. rotonda
carrefour *m*	Kreuzung	• Vous continuez tout droit et **au deuxième carrefour** vous tournez à droite.
pont *m*	Brücke	*span.* puente
traverser un ~	eine Brücke überqueren	*ital.* ponte
couper les ~s avec qn	den Kontakt zu jm. abbrechen	
jeter un ~ entre qc/qn et qc/qn	eine Brücke zw. etw./jm. und etw./jm. schlagen	
station-service *f (aussi : station de service)*	Tankstelle	*engl.* service station
		span. estación de servicio
		ital. stazione di servizio

Chresto
Lernen was nützlich ist

panne *f*
    tomber en ~
    être en ~ de qc *(fam.)*

    dépanner la voiture
        ~ qc

        ~ qn *(fam.)*

    dépannage *m*
        service *m* de ~
    dépanneuse *f*

eine ~ haben	
etw. zur Zeit, im Augenblick nicht haben	
1. das Auto abschleppen	
2. die Panne an etw. beheben, etw. reparieren	
3. jm. aus-, weiter-, aus der Patsche helfen	
Pannenhilfe	
Abschleppdienst	
Abschleppwagen	

- La nouvelle voiture de mes parents **est tombée en panne** après quatre km.
- Je **suis en panne d'Internet** depuis plus d'une semaine et je ne peux pas répondre à mes messages.
- Je dois emmener ma voiture chez le mécanicien pour **qu'il me la dépanne.**
- Je dois faire un gâteau, mais il me manque du sucre. Tu ne pourrais pas **me dépanner** ?

span. pana
ital. panne

roue *f*
    ~ de secours
    être la cinquième ~ du carrosse
    pousser à la ~

    mettre à qn des bâtons dans les ~s
    rouler
        ~ qc

Rad
Reserve-, Ersatzrad
das fünfte Rad am Wagen sein

nachhelfen, die Hand im Spiel haben
jm. Steine in den Weg legen, Knüppel zw. die Beine werfen
1. fahren *(Auto, Person)*
2. etw. rollen *(Augen, Gegenstand)*

- Les syndicats **ont poussé à la roue** pour que la grève soit efficace.
- Je veux changer de métier, mais mon patron **m'a mis des bâtons dans les roues.**
- Il a **roulé à cent quarante kilomètres à l'heure.**

span. rueda, rodar

pneu *m*
    ~ à plat
    vérifier la pression des ~s
    changer les ~s

Reifen
platter Reifen
den Reifendruck prüfen

die Reifen wechseln

crever *(fam.)*

einen Platten haben

ceinture *f*
    attacher sa ~

Gurt
sich anschnallen

- Quelle que soit la longueur du trajet, il faut **attacher sa ceinture** à l'arrière.

span. cinturón
ital. cintura

vitesse *f*
    à toute ~
    réduire la ~
    prendre qn de ~

    être en perte de ~

    limitation *f* de ~
    dépasser la ~ autorisée

    vite *adv*

Geschwindigkeit
in aller Eile, im Eiltempo
die Geschwindigkeit drosseln
jm. zuvorkommen, schneller sein als
sich auf dem absteigenden Ast befinden
Geschwindigkeitsbegrenzung
die erlaubte Geschwindigkeit überschreiten
schnell, rasch

- Maxime **m'a prise de vitesse** pour répondre à la question du prof.
- Internet Explorer **est en perte de vitesse** par rapport à son concurrent Mozilla Firefox.
- Le train **roule vite/ rapidement**. Le train **est rapide** (adjectif !).

accident
dans un ~
provoquer un ~
un ~ s'est produit
accidenté, e *adj et m f*

voiture *f* ~e

Unfall
bei einem Unfall
einen Unfall verursachen
ein Unfall hat sich ereignet
I.   verunglückt *(Person)*
II. 1. Verunglückter
    2. Unfallverletzter, -opfer
Unfallwagen

- Ivre, la jeune fille de 23 ans a **provoqué un accident de voiture** au volant de sa Golf.
- **Un violent accident s'est produit** hier après-midi vers 16 heures sur l'autoroute qui relie Lyon et St. Étienne.

engl. *accident*
span. *accidente*
ital. *incidente*

---

procès-verbal *m* (= P.-V.)
avoir/se prendre un P.-V.

Strafzettel
einen Strafzettel bekommen

- J'**ai eu un PV** pour excès de vitesse.

prune *f (fam.)*
se prendre une ~ *(fam.)*

Knöllchen
ein Knöllchen bekommen

- Elle **s'est pris une prune** de 35 € pour stationnement gênant.

station *f*
descendre à la prochaine ~
brûler une ~

Haltestelle *(Zug, U-Bahn)*
an der nächsten Haltestelle aussteigen
an einer Station nicht halten

engl. *station*
span. *estación*
ital. *stazione*

arrêt *m*
arrêter qc/qn
s'~

Haltestelle *(Bus, Straßenbahn)*
I. etw./jn. anhalten, stoppen
II. stehen bleiben, anhalten
    (Fußgänger, Autofahrer)

ital. *arrestare*

desservir qc

etw. anbinden *(verkehrstechnisch)*

- Je sous-loue ma chambre pour un mois dans un appart' à Jean Macé (7e) **desservi** par le métro, le tram et le bus.

bus *m*
les ~ circulent toutes les dix minutes
~ à impériale

die ~ verkehren alle zehn Minuten
Doppeldeckerbus

↔ impériale *f* = Oberdeck

engl. *bus*
span. *autobús*
ital. *autobus*

taxi *m*
appeler un ~
*héler un ~
station *f* de ~

ein ~ rufen
ein ~ heran-/herbeiwinken
~stand

engl. *taxi (cab)*
span. *taxi*
ital. *taxi*

consigne *f*
~ automatique
déposer sa valise à la ~

Gepäckaufbewahrung
Schließfach
seinen Koffer zur Gepäckaufbewahrung geben

span. *consigna (automática)*

billet *m*

composter le ~

distributeur *m* de ~s
billetterie *f*

1. Fahrkarte, Ticket
2. Eintrittskarte *(Kino, Konzert)*
die Fahrkarte abstempeln, entwerten
Fahrkartenautomat
Kartenvorverkauf

- « **Billet à composter** avant l'accès au train » (écrit sur les billets de la SNCF).

span. *billete*
ital. *biglietto*

carnet *m*

10er Ticket *(für die U-Bahn)*

ponctualité *f*
ponctuel, le *adj*

Pünktlichkeit
pünktlich

engl. *punctuality, punctual*
span. *puntual, puntualidad*
ital. *puntualità, puntuale*

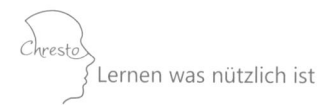
Chresto Lernen was nützlich ist

heure *f*	1. Stunde 2. Uhrzeit	*engl.* hour *span.* hora, horario *ital.* ora, orario
être à l'~	pünktlich sein	
~ de pointe	Hauptverkehrszeit, Stoßzeit	
horaire *adj et m*	I. Stunden- II. Fahrplan *(Zug, Bus)*	
retard *m*	Verspätung, Zuspätkommen	↔ tard = spät
arriver en ~	zu spät kommen	• Le TGV Paris-Lyon a une heure
être en ~	1. zu spät dran sein 2. sich verspäten, Verspätung haben	de retard = a un retard d'une heure = **est en retard d'une heure.**
retarder qn	1. jn. aufhalten	• C'est le mauvais temps qui
~ **qc**	2. etw. hinaus-, auf, verschieben *(Abreise, Termin)*	nous a **retardés**, on a été pris dans un bouchon.
retardataire *adj et m f*	I. verspätet, zu spät kommend II. Zuspätkommender, Nachzügler	• Tu ne peux vraiment pas **retarder ton rendez-vous** chez le médecin ?
		span. retraso, retrasar *ital.* ritardo, ritardare, ritardato
SNCF *f*	Französische Staatsbahn	• SNCF = Société nationale des chemins de fer français
chemin *m* **de fer**	Eisenbahn	*span.* ferroviario, vía férrea
cheminot *m*	Eisenbahner	*ital.* ferrovia, ferroviario
ferroviaire *adj*	Eisenbahn-	
réseau *m* ~	Bahn-, Schienen-, Streckennetz	
train *m*	Zug	*engl.* train
(~) rapide *m*	Schnellzug	*span.* tren
(~) direct *m*	Direktzug	*ital.* treno
voyager en ~	mit dem Zug, der Bahn fahren	
monter dans le ~	in den Zug steigen	
descendre du ~	aus dem Zug aussteigen	
changer de ~	umsteigen	
métro *m*	U-Bahn	*span.* el metro
prendre le ~	mit der U-Bahn fahren	*ital.* metropolitana
T.G.V. *m*	Hochgeschwindigkeitszug, ~ICE	• **T.G.V.** = train à grande vitesse • Le **T.G.V.** relie Paris à Lyon en deux heures.
R.E.R. *m*	entspricht in etwa der S-Bahn	• **R.E.R.** = Réseau Express Régional
tram *m* **(tramway** *m***)**	Straßenbahn	*engl.* tram(way) (BE)
prendre le ~	mit der Straßenbahn fahren	*span.* tranvía
liaison *f*	Zugverbindung	*ital.* tram
~ directe	Direktverbindung	
terminus *m*	Endstation	↔ terminer ; la terminale = Abiturklasse = Ende der Schulzeit
		engl. terminus/terminal
ligne *f*	Linie, Strecke *(Zug, Bus, Straßenbahn)*	*engl.* line *span.* línea *ital.* linea

passager, ère *m f*	Passagier	*engl.* passenger
~ clandestin	blinder Passagier	*span.* pasajero
		ital. passeggero
gare *f*	Bahnhof	
le train entre en ~	der Zug fährt, rollt in den Bahnhof ein	
le train sort de la ~	der Zug fährt aus dem Bahnhof aus	
guichet *m*	(Fahrkarten-)Schalter	
~ d'enregistrement	Abfertigungsschalter *(Flughafen)*	
guichetier, ère *m f*	Schalterbeamter	
aller *m*	Hinfahrt	• Je viens d'acheter **deux aller-**
retour *m*	Rückfahrt	**retour** Lyon-Strasbourg.
aller-retour *m*	1. Hin- und Rückfahrt	
	2. Hin- und Rückfahrkarte	
wagon *m*	Eisenbahnwagen	*span.* vagón
~-lit *m*	Schlafwagen	*ital.* vagone
~-couchettes *m*	Liegewagen	
~-restaurant *m*	Speisewagen	
conducteur, -trice *m f*	Fahrer, Führer *(Auto, Bus, LKW, Zug)*	*span.* conducir, conductor,
conduire qc	etw. fahren *(als Fahrer, nicht Passagier)*	conducción
passer son permis *m* de ~	den Führerschein machen	*ital.* conduttore, condurre
conduite *f*	Fahren	
prendre des leçons de ~	Fahrstunden nehmen	
correspondance *f* **(pour)**	Anschluss (nach)	*span.* correspondencia
(transports)		
manquer/rater la ~	den Anschluss verpassen	
couchette *f*	Schlafwagenplatz	
coucher	schlafen	
~ avec qn	mit jm. schlafen	
se ~	ins Bett, schlafen gehen	
couche-tard *m*	Nachtschwärmer	
couche-tôt *m*	jemand der sehr früh ins Bett geht	
destination *f*	(Reise-)Ziel	• « Bonjour Messieurs dames, toute l'équipe vous souhaite la bienvenue à bord du T.G.V. **à destination de** Lyon. »
		engl. destination
		span. destino
		ital. destinazione
voie *f*	1. Gleis	*span.* vía
	2. Verkehrsstraße	
	3. Fahrspur *(einer Straße)*	
~ express/rapide	Schnellstraße	
quai *m*	Bahnsteig	• Je t'attendrai **sur le quai.**
tarif *m*		*engl.* tariff
à ~ réduit	zum ermäßigten ~	*span.* tarifa, tarifario
payer plein ~	den vollen ~ zahlen	*ital.* tariffa, tariffario
tarifaire *adj*		

Chresto
Lernen was nützlich ist

navette *f*
    faire la ~ entre ... et ...

Pendelbus, -zug
zwischen ... und ... pendeln

resquiller
   resquilleur *m*
   resquillage *m*

schwarzfahren
Schwarzfahrer
Schwarzfahren

aéroport *m*

Flughafen

engl. airport
span. aeropuerto
ital. aeroporto

vol *m*
   ~ de ligne/régulier
   ~ direct
   ~ intérieur
   le ~ en provenance de
   Paris est retardé
   le vol 318 est annulé
   voler

   survoler qc

Flug
Linienflug
Direktflug
Inlandsflug
der Flug aus Paris ist verspätet

der Flug 318 fällt aus
fliegen *(Pilot – nicht Passagier; Vogel, Gegenstand)*
etw. überfliegen

span. vuelo, volar, sobrevolar
ital. volo, volare, sorvolare

avion *m*
   prendre l'avion

   l'~ décolle
   l'~ atterrit
   voyager en ~
   détourner un ~

Flugzeug
fliegen *(Passagiere an Bord des Flugzeugs)*
das Flugzeug hebt ab
das Flugzeug landet
mit dem Flugzeug reisen/fliegen
ein Flugzeug entführen

↔ décoller : dé- = ab ; coller = kleben
↔ atterrir : terre
• J'**ai pris l'avion** deux fois dans ma vie pour un aller-retour Lyon-Bordeaux.

span. avión
ital. aeroplano

compagnie *f*
   ~ aérienne

Gesellschaft, Firma
Fluggesellschaft

engl. company
span. compañia
ital. compagnia

voyage *m*
   être en ~
   voyager
   avoir beaucoup voyagé
   ~ en période bleue

   voyageur, -euse *m f*

   voyagiste *m*

Reise
verreist, auf Reisen sein
reisen
viel herumgekommen sein
außerhalb der Stoßzeiten fahren *(Zug)*
1. Reisender
2. Fahrgast, Passagier *(Zug)*
Reiseveranstalter, -unternehmen

engl. voyage, voyager
span. viaje, viajar, viagero
ital. viaggio, viaggiare, viaggiatore

vélo *m*
   faire du ~
   piste *f* cyclable

Fahrrad
Fahrrad fahren
(Fahr-) Radweg

Apprendre l'utile

monarchie *f*
~ absolue
~ constitutionnelle
~ de droit divin   ~ von Gottesgnadentum
monarchiste *adj et m f*   I.
        II.
monarque *m*

> • Le Canada est une **monarchie constitutionnelle**. Le lieutenant-gouverneur canadien est le symbole de la **monarchie britannique**. Le Canada reconnaît la reine Elisabeth II comme reine du Canada.

engl. monarchy, monarchical, monarchist, monarch
span. monarquia, monarca, monárquico
ital. monarchia, monarchico, monarca

révolution *f*
la ~ (française)   die Französische ~
la ~ a éclaté   die ~ ist ausgebrochen
révolutionnaire *adj et m f*   I. Revolutions-, revolutionär
        II. Revolutionär
révolutionner qc   etw. revolutionieren *(Wissenschaft, Industrie)*

engl. revolution, revolutionary, revolutionise
span. revolución, revolucionario, revolucionar
ital. rivoluzione, rivoluzionario, rivoluzionare

cour *f*   (Königs-, Fürsten-) Hof
à la ~ de Louis XIV   am Hofe Ludwig des XIV.
être bien/mal en ~   bei Hofe in (Un-)Gnade stehen

engl. court
span. corte
ital. corte

paix *f*   Frieden
faire la ~ avec qn   mit jm. Frieden schließen
signer la ~   den Friedensvertrag unterzeichnen
~ durable   dauerhafter Frieden
la ~ règne   es herrscht Frieden
laisser qn en ~   jn. in Ruhe, Frieden lassen
pour avoir la ~   um des lieben Friedens willen
paisible *adj*   friedlich, friedfertig *(Person, Volk)*
pacifisme *m*   Pazifismus
pacifiste *adj et m f*   I. pazifistisch
        II. Pazifist
pacifique *adj*   pazifistisch
pacifier un pays   in einem Land Ruhe und Ordnung wiederherstellen
~ les esprits   die Gemüter beruhigen

> • A-t-on vraiment **fait la paix** avec le traité de Versailles (1919) après la Première Guerre mondiale ?
> • Avec la mort de Louis XIV en 1715, **la paix règne** en Europe grâce au traité d'Utrecht.
> • Ma mère m'énerve avec le ménage, mais j'ai quand même fait la vaisselle **pour avoir la paix**.

engl. peace, peaceable, pacific, pacifist, pacifism, pacify
span. paz, apacible, pacifismo, pacifista, pacífico, pacificar
ital. pace, pacifico, pacifismo, pacifista, pacificare

Réforme *f*   Reformation
Contre- °~ *f*   Gegenreformation

> • La **Réforme protestante** a commencé par Luther en Allemagne et Calvin en France. Elle a abouti à une scission entre l'Église catholique et les Églises protestantes.

engl. Reformation, Counter-Reformation
span. reforma, contrareforma
ital. riforma, controriforma

Chresto
Lernen was nützlich ist

révolte *f*	Revolte, Aufstand, Aufruhr	• Il y a des adolescents qui **sont en révolte** contre leurs parents.
être en ~	in Aufruhr sein	
inciter qn à la ~	jn. aufwiegeln	• L'armée chinoise **a durement réprimé la révolte des étudiants** en 1989.
réprimer la ~	den Aufstand niederschlagen, -werfen	
la ~ gronde	die Revolte droht	• Depuis que les droits universitaires sont de 500 € le semestre, **la révolte gronde** dans les universités.
se révolter contre qc/qn	sich gegen etw./jn. auflehnen, revoltieren	
révolté, e *adj et m f*	I. aufständisch, aufrührerisch	
	II. Aufständischer, Aufrührer	

engl. revolt
span. revuelta
ital. rivolta, rivoltarsi

avènement *m*	Thronbesteigung, Regierungsantritt	• Depuis l'**avènement** de Louis XVI, des tentatives de réforme s'étaient succédé.

Moyen-Âge *m*	Mittelalter	*engl.* Middle/Dark Ages, medieval
dans le ~	im Mittelalter	*span.* Edad media, medieval
moyenâgeux, euse *adj*	mittelalterlich	*ital.* medioevo, medievale

pouvoir *m*	Macht, Gewalt	• Barack Obama **est arrivé au pouvoir** au moment de la crise financière.
arrivée *f* au ~	Machtübernahme	
arriver au ~	an die Macht kommen	• Le souverain, **détenteur du pouvoir**, tire sa légitimité de la volonté divine.
détenir le ~	die Macht innehaben	
détenteur du ~	Machthaber	
~ absolu	Alleinherrschaft, uneingeschränkte Macht	
~ central	Zentralmacht, -gewalt	*engl.* power
~ royal	königliche Macht, Gewalt	*span.* poder
		ital. potenza

siècle *m*	1. Jahrhundert	• **Au cours du grand siècle**, la France devient la principale puissance européenne.
	2. Zeitalter	
le grand ~	das 17. Jahrhundert *(in Frankreich)*	• Le processus de Bologne, qui vise à créer un espace européen de l'enseignement supérieur, date de la dernière décennie **du siècle passé.**
le ~ passé	das vergangene Jahrhundert	
~ des Lumières	Zeitalter der Aufklärung	
le ~ de Louis XIV	das Zeitalter Ludwig des XIV.	
au vingt et unième (XXIe)	im 21. Jahrhundert	• Les idées **du siècle des Lumières** sont diffusées par les grands philosophes de l'époque : Montesquieu, Voltaire, Rousseau, Diderot.
~		

span. siglo
ital. secolo

dépendance *f*	Abhängigkeit	*engl.* (in)dependence, (in)dependent, depend
créer une ~	eine Abhängigkeit schaffen	
être dépendant, e *adj* de qc	von etw. abhängig sein	*span.* (in)dependencia, (in)dependiente, depender
dépendre de qc/qn	von etw./jn. abhängen	
indépendance *f*	Unabhängigkeit	*ital.* (in)dipenza, (in)dipendente, dipendere
être indépendant, e *adj* de qc	von etw. unabhängig sein	

sacrer qn roi
 sacre *m*
 sacré, e *adj*

jn. zum König salben
Salbung, Krönung
heilig, geheiligt, geweiht

- Pour montrer sa puissance, Napoléon ne s´est pas fait **sacrer** à Rome, mais s´est proclamé empereur des Français à Paris et y a couronné son épouse Joséphine. On parle aussi de l´**auto-sacre** de Napoléon.

engl. *sacred*
span. *sacrado*
ital. *sacro*

faible *adj et m*

 faiblesse *f*
 affaiblissement *m*

 affaiblir qc/qn

I. schwach
II. Schwacher, Schwächling
Schwäche
Schwächung, Nachlassen *(Gegner, Macht)*
etw./jn. schwächen, schmälern

engl. *feeble, feebleness*

descendant, e *m f*
 descendance *f*
 descendre de qn

Nachkomme, Abkömmling
Nachkommenschaft
von jm. abstammen

engl. *be descended from, descendant, descendent*
span. *descender, descendencia*
ital. *discendente, discendenza, discendere*

prince *m*

 comme un ~
 princesse *f*

 princier, ère *adj*

 principauté *f*

1. Prinz
2. Fürst
fürstlich, prächtig
1. Prinzessin
2. Fürstin
1. Prinzen-
2. fürstlich, Fürsten-
Fürstentum

- J'ai été accueillie **comme un prince** par la famille de mon ami.

engl. *prince, princess, principality*
span. *príncipe, princesa, principado, principesco*
ital. *principe, principessa, principesco, principato*

roi *m*
 proclamer qn ~
 reine *f*
 royal, e *adj*

 royaume *m*
 royaliste *adj et m f*

 royauté *f*
 règne *m*
 sous le ~ de qn

 régner (sur)

König
jn. zum König ausrufen
Königin
1. königlich, Königs-
2. fürstlich, großzügig *(Gehalt, Geschenk)*
Königreich
I. königstreu, royalistisch
II. Königstreuer, Royalist
Königtum
Regierungszeit, Herrschaft
während der Regierungszeit von jn., unter der Herrschaft von jn.
regieren, herrschen (über)

- Napoléon Bonaparte **s'est proclamé empereur** en 1804 et est alors devenu Napoléon 1er.
- **Sous le règne du Roi Soleil**, la monarchie absolue est à son apogée.

engl. *royal, reign, royalist*
span. *reina, real, reino, reinar*
ital. *re, regina, regale, regno, realista, regno, regnare*

féodalité *f*
 féodal, e *adj*
 seigneur *m* (féodal)
 seigneurie *f*

Feudalismus
feudal
Feudal-, Lehens-, Grundherr
Feudal-, Lehens-, Grundherrschaft

engl. *feudalism, feudal*
span. *feudalismo, feudal*
ital. *feudalesimo, feudale, feudatario*

Lernen was nützlich ist

successeur *m*	Nachfolger	• Le lecteur MP3 **a pris la succession** du Walkman.
succéder à qn	auf jn. folgen, js. Nachfolge antreten	
succession *f*	Nachfolge	**engl.** *successor, succeed, succession, predecessor, precede*
prendre la ~ de qn	js. Nachfolge antreten	**span.** *suceder, sucesión, preceder, predecesor*
prédécesseur *m*	Vorgänger	**ital.** *successore, succedere, successione, predecessore, precedere*
précéder qn	jn. vorangehen	

*huguenot, e *m f et adj*	I Hugenotte	
	II. hugenottisch	

guerre *f*	Krieg	• Le Ministère de la Santé **fait la guerre au** binge drinking qui consiste à boire une grande quantité d'alcool en peu de temps.
~ civile	Bürgerkrieg	
~ de religion	Religions-, Glaubenskrieg	
~ de succession	Erbfolgekrieg	
mener une ~	einen Krieg führen	• Les États-Unis **ont déclenché une guerre préventive contre** l'Irak.
déclencher une ~	einen Krieg auslösen	
faire la ~ à qn/qc	gegen jn./etw. Krieg führen	• On appelle « poilus » ceux qui **ont fait la Première Guerre mondiale.**
déclarer la ~ à qn	jm. den Krieg erklären	
être en ~ avec/contre qn	sich mit jm. im Krieg befinden	• Dans « De Bello Gallico », Jules César dit que les Gaulois sont un **peuple belliqueux.**
pendant la ~	während des Krieges, im Krieg	
mourir à la ~	(im Krieg) fallen	
partir pour la ~	in den Krieg ziehen	
il a fait la ~	er ist im Krieg gewesen	
la ~ a éclaté	der Krieg ist ausgebrochen	
guerrier *m*	Krieger	
belliqueux, euse *adj*	kriegerisch, kriegs-, kampflustig	**span.** *guerra, guerrero, belicoso, belicosidad*
belligérant, e *adj*	kriegführend	**ital.** *guerra, guerriero, bellicoso, belligerante*

philosophe *m*		**engl.** *philosopher, philosophy, philosophical*
philosophie *f*		**span.** *filósofo, filosofía, filosófico*
philosophique *adj*		**ital.** *filosofo, filosofia, filosofico*

absolutisme *m*		**engl.** *absolutism, absolutist*
absolutiste *adj et m f*	I.	**span.** *absolutismo, absolutista*
	II.	**ital.** *assolutismo, assolutista*

déclin *m*	Niedergang, Verfall *(Reich, Kraft, Ansehen)*	• Le XVIIIe siècle est marqué par le **déclin de la monarchie de droit divin.**
~ démographique	Bevölkerungsrückgang	• Selon la presse people, la carrière du chanteur **est sur son déclin.**
être sur son ~	im Niedergang begriffen sein	
décliner	schwinden, verfallen *(Kraft, Ansehen)*	
		engl. *decline*
		span. *declive*

catholique *m f et adj*	I.	• Franchement, ce qu'il raconte, **c'est pas très catholique tout ça.**
	II.	
c(e n)'est pas très ~	das ist nicht ganz astrein, koscher	
(fam.)		
catholicisme *m*		**engl.** *catholic, catholicism*
		span. *católico, catolicismo*
		ital. *cattolico, cattolicesimo*

Apprendre l'utile

aristocratie *f* [aristɔkrasi]
    aristocrate *m f*
    aristocratique *adj*

engl. *aristocracy, aristocrat, aristocratic*
span. *aristocracia, aristocrático*
ital. *aristocrazia, aristocratico*

Lernen was nützlich ist

liberté f	Freiheit	• Les élèves **ont toute liberté** dans le choix de la destination du voyage scolaire et dans l'organisation du programme.
~ du culte	Glaubensfreiheit	
~ de la presse	Pressefreiheit	
~ d'opinion	Meinungsfreiheit	
en toute ~ adv	völlig frei, ungehindert	
avoir toute ~	volle Handlungsfreiheit, völlig freie Hand haben	• Le délégué de classe **a pris la liberté de** faire savoir au prof que la classe n'était pas contente de ses cours.
prendre la ~ de faire qc	sich die Freiheit nehmen, etw. zu tun	
libre adj	frei	**engl.** liberty, liberation, liberate, liberator, liberated
libérer qn	jn. befreien	**span.** libertad, liberar, liberación, liberador
libération f	Befreiung	**ital.** libertà, libero, liberare, liberazione, liberatorio
libérateur, trice adj et m f	I. befreiend	
	II. Befreier	

égalité f	Gleichheit	• Liberté, égalité, fraternité – tous les citoyens **sont sur un/ sur le même pied d'égalité.**
~ des chances	Chancengleichheit	
être sur un pied d'~ avec qn	mit jm. auf gleichem Fuß stehen	• Quel voyage, c'était une aventure **sans égale.**
égal, e adj	gleich	• Tu peux venir chez moi demain, mais tu peux **également** passer la semaine prochaine.
sans ~	ohnegleichen, unvergleichlich, einzigartig	
également adv	gleichfalls, ebenfalls, auch	• **Rien n'égale** le plaisir d'une bonne bière fraîche en été.
égaler qc/qn	etw./jm. gleich sein, gleichkommen, an etw./jm. heranreichen	• **Rien n'égale** la cruauté des crimes nazis.
		span. igualdad, igual, igualmente

fraternité f	Brüderlichkeit, Brüderschaft	**engl.** fraternity, fraternal, fraternise
fraterniser (avec qn)	sich (mit jm.) verbrüdern	**span.** fraternidad, fraternal, franternizar, fraterno
fraternisation f	Verbrüderung	**ital.** fraternità, affratellarsi, fraternizzazione, fratello, fraterno
frère m	Bruder	
frérot m (fam.)	Brüderchen, Bruderherz	
fraternel, le adj	brüderlich, Bruder-	
droit m	Recht	**span.** derecho
les ~s de l'Homme	die Menschenrechte	**ital.** diritto
abolir qc	etw. abschaffen, aufheben	**engl.** abolish, abolition
abolition f	Abschaffung, Aufhebung	**span.** abolir, abolición
		ital. abolire, abolizione
ruine f	Ruin, Untergang, Zusammenbruch	• Le gouvernement a condamné le régime militaire de ce pays de l'Est **qui a causé la ruine de la démocratie.**
pousser qn à la ~	jn. in den Ruin treiben	
causer la ~ de qn/qc	jn./etw. ruinieren, zugrunde richten	
être au bord de la ~	am Rande des Ruins stehen	**engl.** ruin, ruined, ruinous
ruiner qn/qc	jn./etw. ruinieren, zugrunde richten	**span.** Ruina, arruinar, arruinado
ruiné, e adj	ruiniert	
ruineux, euse adj	ruinös	

privilège *m*
    accorder un ~ à qn   jm. ein ~ einräumen
    privilégier qn/qc
    privilégié, e *adj*
    les privilégiés *m pl*

- Merci, Monsieur le Maire, de **nous avoir accordé le privilège de** nous accueillir.

engl. *privilege, privilege, privileged*
span. *privilegio, privilegiar, privilegiado*
ital. *privilegio, privilegiare, privilegiati*

bouleverser qc   etw. grundlegend, tiefgreifend verändern
    ~ qn   jn. erschüttern, aufwühlen
    bouleversement *m*   Umbruch, tiefgreifende Veränderung

- Je **suis** complètement **bouleversée** par cette nouvelle.

condamner qn à qc   jn. zu etw. verurteilen
    ~ qn à mort (pour)   jn. zum Tode verurteilen (wegen)
    condamnation *f*   Verurteilung
    prononcer une ~   eine Verurteilung aussprechen
    subir sa ~   seine Strafe verbüßen
    condamné, e *adj et m f*   I. verurteilt
         II. Verurteilter
    condamnable *adj*   zu verurteilen(d), tadelnswert, verwerflich

- Le tribunal **a prononcé une condamnation de 12 ans de prison ferme** contre un jeune homme accusé de meurtre.
- Le criminel **a déjà subi une condamnation pénale pour** tentative de meurtre sur un policier.

engl. *condemn, condemnation, condemned*
span. *condenar, condena, condenado, condenable*
ital. *condannare, condanna, condannato, condannabile*

contraindre qn à qc/à faire qc   jn. zu etw. zwingen, nötigen/etw. zu tun
    se ~ à faire qc   sich zwingen, etw. zu tun
    contraignant, e *adj*   zwingend, verpflichtend
    contraint, e *adj*   Zwang-, gezwungen
        être ~ de faire qc   gezwungen, genötigt sein etw. zu tun
    contrainte *f*   Zwang

- Les conditions météorologiques **nous ont contraints à** annuler le match.
- Les évènements actuels **nous contraignent à** cette démarche.

engl. *constraint, constrain, constraining*
span. *constreñir, constreñimiento, constricción, constrictivo*
ital. *costringere, costrittivo, costretto, costrizione*

exécuter qn   jn. exekutieren, hinrichten
    exécution *f*   Exekution, Hinrichtung

engl. *execute, execution*
span. *ejecutar, ejecución*
ital. *esecutare, esecuzione*

démocratie *m* [demɔkrasi]
    démocratique *adj (chose)*
    démocrate *adj (pers)* *et m f*   I.
         II.

engl. *democracy, democratic, democrat*
span. *democracia, democrático, demócrata*
ital. *democrazia, democratico*

Lernen was nützlich ist

misère *f*	Armut, Elend, Not	• Les SDF (= sans domicile fixe) **vivent dans une misère noire** qui fait pitié.
~ noire	bittere Armut, äußerstes Elend	
vivre dans la ~	im Elend leben	• Ah, mon pauvre, qui t'a fait **des misères** ?
soulager la ~ de qn	js. Armut, Elend, Not lindern	• **Mon ordi me fait des misères.** Il ne démarre plus.
crier ~	sein Elend, seine Not klagen	
faire des ~s à qn	jn. quälen, plagen, piesacken	
miséreux *m pl*	Armen, Not Leidenden	
misérable *adj*	arm, ärmlich, armselig	

> **engl.** misery, miserable
> **span.** miseria, mísero, miserable
> **ital.** miseria, misero, miserabile

noblesse *f*	Adel	**engl.** noble, nobility
noble *adj et m f*	I. adlig	**span.** nobleza, noble
	II. Adliger	**ital.** nobiltà, nobile

pouvoir *m* (→ 3.1)	Macht, Gewalt	**engl.** power
séparation *f* des ~s	Gewaltenteilung	**span.** poder

clergé *m*	Klerus, Geistlichkeit	**engl.** clergy, cleric
clérical, e *adj*	klerikal, geistlich	**span.** clerecía, clérigo, clerical
clerc *m*	Kleriker, Geistlicher	**ital.** clero, clericale, clerico

état *m*	Stand	**span.** estado
~s généraux	Generalstände	
le tiers ~	der dritte Stand	

impôt *m*	Steuer, Abgabe	• Les cigarettes ne sont pas **déductibles des impôts**.
déduire qc des ~s	etw. von der Steuer absetzen	
qc est déductible des ~s	etw. ist von der Steuer absetzbar	• Nombre de millionaires ont été condamnés pour **fraude fiscale**.
fiscal, e *adj*	steuerlich, Steuer-	
fiscalisation *f*	Besteuerung	
fiscaliser qc	etw. besteuern	
fisc *m*	Fiskus, Steuerbehörde	
frauder le ~	Steuern hinterziehen	

> **engl.** imposition, fiscal
> **span.** impuesto, fiscal, fiscalidad, fiscalizar, fisco
> **ital.** imposta, fiscale, imposizione, fisco

assaut *m* de qc	Sturm, -angriff auf etw.	• Le 14 juillet 1789, les Français **ont pris d'assaut** la prison de la Bastille.
prendre qc d'~	etw. stürmen, er-	
prise *f* d'~ de qc	Erstürmung von etw.	• À Noël, la ville de Nuremberg **est prise d'assaut** par les touristes.
assaillir qc/qn	1. etw./jn. angreifen, überfallen	
~ qn de qc	2. jn. mit etw. bestürmen *(Fragen)*	
assaillant *m*	Angreifer	

> **engl.** assault, assaulter
> **span.** asalto, asaltar, asaltador
> **ital.** assalto, assalire, assalitore

peuple *m*	Volk	**engl.** people, popular
le petit ~	das einfache, niedere, gemeine Volk	**span.** pueblo, popular
		ital. popolo
populaire *adj*	Volks-, volkstümlich	

cause *f* — Ursache, Grund

à ~ de qc/qn *prép* — wegen etw./jm.

et pour ~ *adv* — (und zwar) aus gutem Grund

avoir qc pour ~ — etw. zur Ursache haben

être la ~ de qc — etw. verursachen/verursacht haben, zu etw. führen/geführt haben

plaider la ~ de qn — sich für jn. einsetzen, eintreten

causer qc — etw. verursachen

~ des dommages — Schaden anrichten

~ des troubles — Unruhe, Verwirrung stiften

↔ *à cause de* + unangenehmes, negatives Ereignis ≠ *grâce à* + angenehmes, positives Ereignis : c'est **à cause de toi** que je n'ai pas eu mon année ≠ c'est **grâce à toi** que j'ai eu mon année, tu m'as beaucoup aidée.

• Il a bu trop d'alcool, c'est **à cause de ça** qu'il a mal au cœur.

• La déclaration de guerre de la France à l'Allemagne **a pour cause immédiate** l'invasion de la Pologne par les troupes allemandes.

• **Quelles sont les causes de** la Révolution française ?

engl. cause, because of
span. causa, causar
ital. causa, causare

constitution *f* — Verfassung

établir une ~ — eine Verfassung einrichten

violer la ~ — gegen die Verfassung verstoßen

constitutionnel, le *adj* — Verfassungs-

anti-~, le *adj* — verfassungswidrig

engl. constitution, constitutional
span. constitución, constitucional
ital. costituzione, costituzionale

déclaration *f* — Erklärung, Aussage

faire une ~ — eine Erklärung abgeben

déclarer qc — etw. erklären

~ son amour à qn — jm. seine Liebe erklären

~ ses intentions à qn — jm. seine Absichten mitteilen

↔ nicht im Sinne von *Erläuterung, Darlegung* = explication, expliquer

• Le Président a fait savoir qu'il n'avait aucune **déclaration à faire** sur ce sujet.

engl. declaration, declare
span. declaración, declarar

émeute *f* — 1. Aufruhr, Krawall

~s *f pl* — 2. Unruhen

émeutier *m* — Aufrührer, Unruhestifter

prison *f* — Gefängnis

~ **ferme** — Gefängnis-, Haftstrafe ohne Bewährung

~ avec sursis — Gefängnis-, Haftstrafe auf Bewährung

être en ~ — im Gefängnis sein

mettre qn en ~ — jn. ins Gefängnis stecken

condamner qn à dix ans de ~ — jn. zu zehn Jahren Gefängnis verurteilen

prisonnier, ère *m f et adj* — I. Gefangener, Häftling II. gefangen, eingesperrt

emprisonner qn — jn. ins Gefängnis stecken, inhaftieren

emprisonnement *m* — I. Gefängnis-, Haftstrafe II. Inhaftierung

carcéral, e *adj* — Gefängnis-

• Il risque **trois ans de prison ferme pour** avoir agressé un gendarme.

engl. prison, imprison, imprisonment, prisoner, carceral
span. prisión/cárcel, preso, encarcelar, carcelario, carcelero
ital. prigione, prigioniero, carcerare, carcerazione

Chresto Lernen was nützlich ist

récolte *f*
    mauvaise ~
  récolter qc
    qui sème le vent
    récolte la tempête
    récoltant *m*

Ernte
Missernte
etw. ernten
so wie man in den Wald
hineinruft, so schallt es heraus
(landwirtschaftlicher) Erzeuger

- Voilà ce que c'est que de se moquer des autres. Là il pleure, mais **qui sème le vent récolte la tempête**.

ital. raccolta, raccogliere

suite *f*
    avoir des ~s
    faire ~ à qc
    à la ~ de qc

    par la ~

  suivant, e *adj*

    le lundi ~

  suivre qn
    ~ qc
  poursuite *f*
    se mettre à la ~ de qn
  poursuivre qn
    ~ un but

Folge
Folgen, Konsequenzen haben
auf etw. folgen
1. nach etw., im Anschluss an etw. *(zeitlich)*
2. infolge von etw., aufgrund von etw.
nachher, später, im weiteren Verlauf
folgender, nächstfolgender, nächster
der/am darauf folgende/n Montag
1. jm. folgen
2. auf etw. folgen
Verfolgung
js. Verfolgung aufnehmen
jn. verfolgen
ein Ziel verfolgen

- Tu es allée trop loin là, **ça aura des suites** !
- **À la suite de** l'échange scolaire, nous avons échangé nos photos.
- Le proviseur a convoqué mon père **à la suite d'**une bagarre.
- J'aime ma copine depuis que j'ai 17 ans et **par la suite** nous nous sommes même mariés.

engl. pursuit (of happiness)
span. seguir, siguiente, perseguir, persecución
ital. seguito, seguire, perseguita, perseguire

annexer qc — etw. annektieren, sich einverleiben

annexion *f* (à) — Annektierung, Anschluss (an)

engl. *annex, annexation*
span. *anexionar, anexión*
ital. *annettere, annessione*

empereur *m* — Kaiser
impératrice *f* — Kaiserin
impérial, e *adj* — kaiserlich
empire *m* — Kaiserreich; Imperium, Reich
   fonder un ~ — ein Kaiserreich gründen
   étendre un ~ — ein Kaiserreich erweitern
   l'~ s'est effondré — das Reich ist zusammengebrochen
   pas pour un ~ ! — nicht um alles in der Welt!

- Napoléon III **a fondé son empire** sur un coup d'État.
- Après **l'effondrement de l'empire napoléonien**, les puissances victorieuses se sont réunies au Congrès de Vienne.
- Voilà 25 ans que j'ai une Mercedes et je ne m'en séparerais **pas pour un empire** !

engl. *emperor, empress, imperial, empire*
span. *emperador, emperadora, imperial, imperio*
ital. *imperatore, imperatrice, imperiale, impero*

pape *m* — Papst
papal,e *adj* — päbstlich, Pabst-
papauté *f* — Papsttum

engl. *pope, papacy, papist*
span. *papa, papal, papado*
ital. *papa, papal. papato*

blesser qn (à qc) — jn. verletzen, verwunden (an etw.)
se ~ — sich verletzen, verwunden
~ qn grièvement — jn. schwer verletzen
blessure *f* — Verletzung, Verwundung
   recevoir une ~ — verletzt, verwundet werden
blessé, e *adj et m f* — I. verletzt, verwundet
II. Verletzter, Verwundeter
   ~ grave — Schwerverletzter

- De nombreux soldats **ont reçu une blessure de guerre**.
- L'explosion d'une bombe a fait 35 **blessés graves**.

coupable (de qc) *adj et m f* — I. schuldig (an etw.)
II. Schuldiger
   se rendre ~ de qc — etw. verschulden, sich zuschulden kommen lassen
   déclarer qn ~ de qc — jn. für etw. schuldig erklären
culpabilité *f* — Schuld, Täterschaft
culpabiliser qn — bei jm. Schuldgefühle erzeugen
culpabilisation *f* — Erzeugung von Schuldgefühlen

- Sandrine Y. et Christiane Z. ont été condamnées à vie pour **s'être rendues coupables de** meurtre.

engl. *culpable, culpability*
span. *culpable, culpabilidad, culpabilizar, culpa*
ital. *colpevole, colpa, colpevole*

désastreux, -euse *adj* — katastrophal, verheerend
désastre *m* — Katastrophe, Desaster
   courir au ~ — einer Katastrophe entgegengehen

- Au début du XXe siècle, l'Europe **court au désastre**.

engl. *disaster, disastrous*
span. *desastroso, desastre*
ital. *disastroso, disastro*

colonie *f*
   fonder des ~s — ~ gründen
colonial, e *adj*
coloniser qc
colonisation *f*
colonisateur, trice *adj* — kolonisierend
colonialisme *m*
colonialiste *adj et m* — I.
II.
colon *m* — Kolonist, Siedler

engl. *colony, colonial, colonisation, colonist, colonise, colonialism*
span. *colonia, colonial, colonizar, colonización, colonizador, colonialismo, colonialista*
ital. *colonia, coloniale, colonizzare, colonizzazione, colono, colonialismo*

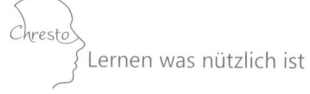

Chresto — Lernen was nützlich ist

guerre *f* (→ 3.1)
    Première/Seconde °~
    mondiale
    pendant la Seconde°~
    mondiale
    ~ de mouvement
    ~ de positions
    entre-deux-~s *m*
	Krieg
	1./2. Weltkrieg
	
	im 2. Weltkrieg
	
	Bewegungskrieg
	Stellungskrieg
	Zwischenkriegszeit (1. – 2.
	Weltkrieg)
		• **Dans l'entre-deux-guerres**,
		  la crise économique de 29 a
		  touché toute l'Europe.
		
		span. guerra
		ital. guerra

Lorraine *f*	Lothringen	*engl.* Lorraine *span.* Lorena *ital.* Lorena
naissance *f* (→ 2.1)	1. Geburt 2. Entstehung *(Nation, Idee)*	*span.* nacimiento *ital.* nascita
population *f* (→ 2.1) ~ civile	Bevölkerung, Population Zivilbevölkerung	*engl.* population *span.* población *ital.* popolazione
reconstruction *f* reconstruire qc	Wiederaufbau etw. wieder aufbauen, neu bauen	↔ construction, construire *engl.* reconstruction, reconstruct *span.* reconstrucción, reconstruir *ital.* ricostruzione, ricostruire
restauration *f* restaurer qc	Wiederherstellung, Restauration etw. wiederherstellen *(Ordnung,* *Macht)*	*engl.* restore, restoration *span.* restauración, restaurar *ital.* restaurazione, restaurare
Société des Nations (= SDN)	Völkerbund	*span.* Sociedad de Naciones *ital.* Società delle Nazioni
administration *f* administratif, ive *adj*	Verwaltung, Administration Verwaltungs-, administrativ	*engl.* administrate, administration *span.* administrativo, administración *ital.* amministrazione, amministrativo

laïc / laïque *adj*
 	
    enseignement *m* ~
 	
    laïcité *f*
 	
    laïcisation *f*
 	
    laïciser qc
    laïcisme *m*
	bekenntnisneutral, -frei,
	laizistisch
	bekenntnisfreies
	Unterrichtswesen
	religiöse Neutralität des Staates,
	Trennung von Kirche und Staat
	Befreiung von religiöser,
	kirchlicher Bindung
	etw. entkonfessionalisieren
	Laizismus
		span. laicismo, laicista,
		laicización, laicizar, laico
		ital. laicista, laicità, laicizzazione,
		laicizzare, laico

Alsace *f*
    alsacien, ne *adj*
    Alsacien, ne *m f*
	
	I.
	II.
		engl. Alsace, Alsatian
		span. Alsacia
		ital. Alsazia, alsaziano

chômage *m*
    être au ~
    chômeur, euse *m f*
	Arbeitslosigkeit
	arbeitslos sein
	Arbeitsloser	

déclenchement *m*	Auslösung	• À cause du jeu des alliances, **la guerre austro-serbe déclenchée** par l'attentat de Sarajevo en 1914 a fini par gagner toute l'Europe.
déclencher qc	etw. auslösen *(Krise, Krieg)*	
se ~	ausbrechen *(Krise, Krieg)*	
arme *f* (→ armée → 1.2)	Waffe	*span.* arma
surarmement *m*	Überrüstung	*ital.* arma
surarmé, e *adj*	überrüstet	
alliés *m pl*	1. Verbündete	*engl.* Allies, allied, alliance
	2. Alliierten	*span.* aliados, aliarse, alianza
s'allier (à qn)	sich (mit jm.) verbünden, alliieren	*ital.* alleati, allearsi, alleanza
alliance *f*	Bündnis, Allianz	
hostilité *f* **envers/contre qn**	1. Feindseligkeit, Feindschaft (gegenüber jm.)	• La Grande-Bretagne n'a pas **caché sa profonde hostilité** à la politique coloniale de Guillaume II.
~ **à qc**	2. feindliche, ablehnende Einstellung gegenüber einer Sache	• En 1939, de nombreux Français **étaient hostiles à** une nouvelle guerre.
susciter l'~ de qn	js. Feindseligkeit hervorrufen	
être hostile à qn/qc	jm./etw. feindlich, ablehnend gegenüberstehen	
		engl. hostility, hostile
		span. hostilidad, hostil
		ital. ostilità, ostile
instabilité *f*	Unsicherheit, mangelnde Stabilität	*engl.* instability, instable
		span. instabilidad, instable/ inestable
instable *adj*	unsicher, unstabil	*ital.* instabilità, instabile
meurtrier, -ère *adj et m*	I.1. mörderisch *(Schlacht)*	• L'armistice de 1918 a mis un terme à une **guerre meurtrière**, mondiale, où plus d'un quart des Français de 18 à 27 ans ont trouvé la mort.
	I.2. verheerend *(Unfall, Epidemie)*	
	II. Mörder	
folie *f* ~ère	Amoklauf	• Une **violente tempête meurtrière** dans le Midi a privé d'électricité des milliers de foyers.
meurtre *m* (de qn)	Mord (an jm.)	
		engl. murder, murderer
tuer qn	jn. töten, umbringen	• Les profs qui donnent toujours plus de devoirs que nécessaires, **ça me tue** !
se ~	sich töten, das Leben nehmen	
être tué, e	getötet werden, fallen *(Krieg)*	• **Ça me tue qu**'il soit toujours en retard.
ça me tue *(fam.)*	das macht mich fertig, wahnsinnig	• **Ça me tue de** voir mon meilleur pote sortir avec mon ex.
tuerie *f*	Blutbad, Gemetzel	
tueur *m*	Killer, Mörder	
tué, e *adj et m f*	I. getötet, gefallen	
	II. Getöteter, Gefallener	
échec *m*	Misserfolg, Misslingen	• Il **a subi un échec à** l'oral du bac.
subir un ~	eine Niederlage, Schlappe erleiden	

Chresto
Lernen was nützlich ist

traité *m*	Vertrag *(politisch)*	↔ geschäftlich = un contrat
signer un ~	einen Vertrag schließen, unterzeichnen	• **Le Traité de paix de Versailles a été signé** dans la Galerie des Glaces le 28 juin 1919 par la délégation allemande.
		engl. treaty *span.* tratado *ital.* trattato
bataille *f*	Schlacht	↔ das Bataillon
~ sanglante	verlustreiche Schlacht	• Bon, **j'arrive après la bataille**, mais je vais quand même donner mon avis.
arriver après la ~	kommen, wenn alles getan, fertig ist	
batailler pour faire qc	kämpfen, sich abmühen, um etw. zu tun *(nur übertragene Bedeutung)*	• **J'ai bataillé pour** trouver des chaussures confortables.
batailleur, euse *adj et m*	I. streitlustig, -süchtig II. Raufbold, Streithammel	• **J'ai bataillé pour que** mon copain vienne au ciné avec moi.
		engl. battle *span.* batalla, batallador *ital.* battaglia, battagliare, battagliero
campagne *f*	Feldzug	*engl.* campaign *span.* campaña *ital.* campagna
mener une ~ contre qn	gegen jn. einen Feldzug führen	
défaite *f*	Niederlage	*engl.* defeat *span.* derrota *ital.* disfatta
subir une ~	eine Niederlage erleiden, hinnehmen müssen	
défaire qn	jn. eine Niederlage bereiten, besiegen	
lutte *f* **(contre/pour qn/qc)**	Kampf gegen/um jn./etw.	*span.* lucha *ital.* lotta, lottare
lutter (contre/pour qn/qc)	gegen/um jn./etw. kämpfen	
lutteur, euse *m f*	Kämpfer	
revanche *f*		• Il **a pris sa revanche** en faisant tuer tous les habitants de la ville.
prendre sa ~ sur qn	1. an jm. Vergeltung üben, nehmen	• Football : Marseille **a pris sa revanche sur** Lyon, vendredi dernier en demi-finale.
	2. die Niederlage, Schlappe wettmachen *(Spiel, Sport)*	
en ~ *conj*	dagegen, hingegen, dafür	• J'ai eu un zéro en maths, mais, **en revanche**, j'ai progressé en physique.
		engl. revenge *span.* revancha
séparation *f*	Trennung	*engl.* separation, separate *span.* separación, separar, separado *ital.* separazione, separare, separato
séparer qn/qc (de)	jn./etw. trennen (von)	
se ~ (de qn)	sich (von jm.) trennen	
séparé, e *adj*	getrennt	
séparément *adv*	getrennt, gesondert *(zahlen)*	

victoire *f*	Sieg	• En 2002, Jacques Chirac **a remporté une victoire écrasante sur** Jean-Marie Le Pen (82-18 %).
remporter la ~	den Sieg erringen, davontragen	
~ écrasante	überwältigender Sieg	
victorieux, euse *adj*	siegreich, Sieger-	
vaincre qn	jn. besiegen, über jn. siegen	• Elle **s'est avouée vaincue** sans même avoir essayé.
~ une difficulté	eine Schwierigkeit meistern	
vaincu, e *adj et m*	I. besiegt	• À quoi bon se battre, je **suis vaincue d'avance**.
	II. Besiegter	
s'avouer ~	sich geschlagen geben	• Elle **est sortie vainqueur** du tournoi.
être ~ d'avance	keinerlei Chancen haben	
vainqueur *adj et m*	I. siegreich	
	II. Sieger	**engl.** *victory, victorious, vanquish*
sortir ~ de qc	aus etw. als Sieger hervorgehen	**span.** *victoria, victorioso, vencer, vencedor*
		ital. *vittoria, vittorioso, vincere, vinto, vincitore*
réparations *f pl*	Reparationszahlungen	**engl.** *reparations*
		span. *reparaciones*
		ital. *risarcimento*

Lernen was nützlich ist

guerre f (→ 3.1) la drôle de ~	Krieg die ersten ereignislosen Monate des 2. Weltkrieges	*span.* guerra *ital.* guerra
invasion f		*engl.* invasion *span.* invasión *ital.* invasione
nazi, e m f et adj nazisme m	I. II.	*engl.* Nazi, Nazism *span.* nazi, nazismo *ital.* nazista, nazismo
diviser qc en qc division f	1. etw. in etw. teilen, ein- 2. etw. in etw. trennen, spalten 1. Teilung, Ein- 2. Trennung, Spaltung	*engl.* divide, division *span.* dividir, división *ital.* dividere, divisione
envahir un pays envahissement m d'un pays envahisseur m	in ein Land einmarschieren, eindringen Einmarsch, Eindringen in ein Land Angreifer, Eindringling	*span.* invadir, invasión, invasor
exterminer qn/qc extermination f exterminateur, trice adj	jn./etw. ausrotten, vernichten Ausrottung, Vernichtung Ausrottungs-, Vernichtungs-	*engl.* exterminate, extermination *span.* exterminar, exterminación
collaboration f (avec qn) ~ à qc **apporter sa ~ à qc** **collaborer (avec qn)** ~ avec qn ~ à qc collaborateur, trice m f	Zusammenarbeit mit dem Feind, Kollaboration (historisch) Mitarbeit, Mitwirkung bei etw. an etw. mitarbeiten mit dem Feind zusammenarbeiten, kollaborieren (historisch) mit jm. zusammenarbeiten an etw. mitarbeiten, mitwirken 1. Kollaborateur (historisch) 2. Mitarbeiter	• Il est important que chacun **apporte sa collaboration à** la préparation du voyage scolaire. • Le régime de Vichy **a collaboré avec** l'occupant allemand. *engl.* collaboration, collaborate, collaborator *span.* colaborar, colaboración. colaborador *ital.* collaborazione, collaborare, collaboratore
libération f (→ 3.2)	Befreiung Frankreichs im 2. Weltkrieg	*engl.* liberation *span.* liberación *ital.* liberazione
patrie f **patriote** m f et adj **patriotique** adj patriotisme m	Vater-, Heimatland I. Patriot II. patriotisch, vaterländisch gesinnt (Person) patriotisch, vaterländisch (Gefühl, Lied) Patriotismus, Vaterlandsliebe	• Ce jeune homme **patriote** n'a jamais collaboré avec l'ennemi. • La propagande hitlérienne visait à **renforcer le sentiment patriotique** des citoyens. *engl.* patriot, patriotism, patriotic *span.* patria, patriotismo, patriótico, patriota *ital.* patria, patriota, patriottico, patriottismo
Pologne f Polonais, e m f polonais, e adj le polonais	Polen Pole polnisch das Polnische, Polnisch	*engl.* Poland, Polish *span.* polonia, polaco *ital.* Polonia, polacco

résistance *f* **(à)**
   la °~

   faire de la ~
   rencontrer de la ~
   résistant, e *m f*

1. Widerstand (gegen)
2. die Résistance *(frz. Widerstandsbewegung 1940-1944)*
Widerstand leisten
auf Widerstand stoßen
Widerstandskämpfer

- Les soldats ont pris la ville **sans rencontrer de résistance**.

engl. *resistance*
span. *resistencia*
ital. *resistenza*

victime *f* **(de qc)**
   faire de nombreuses ~s

Opfer (von etw.)
zahlreiche Menschenleben fordern

- Un élève sur dix **est victime de** violence sur le chemin de l'école.
- La Seconde Guerre mondiale **a fait de nombreuses victimes innocentes**.

engl. *victim*
span. *victima*
ital. *vittima*

alliés *m pl* (→ 3.3)

Alliierten

engl. *Allies*
span. *los aliados*
ital. *alleati*

occupation *f*

   °~
   occuper un pays/une ville
   occupé, e *adj*
     zone *f* ~e

   occupant, e *m et adj*

1. Besetzung, Okkupation *(militärisch)*
2. deutsche Besatzungszeit
ein Land/eine Stadt besetzen
besetzt
von den deutschen in Frankreich besetzte Zone *(historisch)*
I. Besatzungsmacht
II. Besatzungs-, Okkupations-

engl. *occupation, occupy, occupied*
span. *ocupación, ocupar, ocupado, ocupante*
ital. *occupazione, occupare, occupato, occupatore*

armistice *f* (→ 1.2)
   signer l'~

Waffenstillstand
den Waffenstillstand unterzeichnen

engl. *armistice*
span. *armisticio*
ital. *armistizio*

camp *m*
   ~ de concentration

Lager
Konzentrationslager

engl. *camp, concentration camp*
span. *campo de concentración*
ital. *campo*

combat *m*
   ~ acharné
   mener un ~
   engager le ~
   mettre qc/qn hors de ~

   marcher au ~
   combattre pour/contre qc/qn
   ~ qc/qn
   se ~

   combattant, e *adj et m*

   ancien ~
   combatif, ve *adj*
   combativité *f*

Kampf, Gefecht
erbitterter Kampf
einen Kampf führen
den Kampf aufnehmen
etw./jn. außer Gefecht setzen, kampfunfähig machen
in den Kampf ziehen
für/gegen etw./jn. kämpfen

etw./jn. bekämpfen
sich bekämpfen, gegeneinander kämpfen
I. kämpfend, Kampf-
II. Soldat im Kampf, Frontsoldat
(ehemaliger) Kriegsteilnehmer
kämpferisch, kampflustig
Kampfgeist, Kampflust

- Staline **a mené un combat acharné contre** ses ennemis.
- Les ouvriers **ont engagé le combat pour** l'augmentation des salaires.

engl. *combat*
span. *combate, combatir, combativo, combatividad*
ital. *combattimento, combattere, combattente, combattivo, combattività*

Lernen was nützlich ist

réseau *m*
    ~ clandestin

Netz
geheime Widerstandgruppe

vainqueur *m et adj* (→ 3.3)
    sortir ~ de qc

I. Sieger
II. siegreich
aus etw. als Sieger hervorgehen

span. vencedor
ital. vincitore

aide *f*
    à l'~ de qc
    avec l'~ de qn
    appeler (qn) à l'~
    apporter son ~ à qn
    venir en ~ à qn
aide *m f*
aider qn à faire qc
    ~ qn dans qc
    ~ à qc

    s'entraider

Hilfe, Beistand
mithilfe von, mittels etw. *(Sachen)*
mit js. Hilfe, Unterstützung *(Person)*
(jn.) um Hilfe rufen
jm. Hilfe, Beistand leisten
jm. zur Hilfe kommen
Helfer, Gehilfe
jm. helfen etw. zu tun
jm. bei/in etw. helfen
zu etw. beitragen, einer Sache
dienlich/förderlich sein
sich gegenseitig helfen

- Vous pouvez faire la traduction **à l'aide d'**un dictionnaire.
- J'ai préparé mon exposé **avec l'aide de** mon grand frère.
- Elle **est venue en aide à** un enfant qui était tombé dans la piscine.

engl. aid
span. ayuda, ayudar
ital. aiuto, aiutante, aiutare

débâcle *f*

Zusammenbruch, Debakel

- Le PS **a subi une débâcle** lors des élections.

national-socialisme *m*
    national-socialiste *m f et adj*

I.
II.

engl. National Socialism
span. nacionalsocialismo, nacionalsocialista
ital. nazionalsocialismo, nazionalsocialista

troupe *f*
    ~s *f pl*

Truppe
Truppen *(militärisch)*

engl. troops
span. tropa
ital. truppa

vengeance *f*
    tirer ~ de qc/qn
    la ~ est un plat qui se mange froid
venger qn/qc
    se ~ de qn
    se ~ de qc
    se ~ sur qn de qc
vengeur, vengeresse *m f et adj*

Rache, Vergeltung
sich für etw./an jn. rächen
Rache ist süß

jn./etw. rächen
sich an jm. rächen
sich für etw. rächen
sich an jm. für etw. rächen
I. Rächer
II. rächend, Rache-

- Attila **a tiré vengeance de** Kriemhild en ordonnant sa mort (la chanson des Nibelungen).
- Pourquoi tu as fait ça, c'est pour **te venger de ce que** je t'ai dit l'autre jour ?

engl. vengeance
span. venganza, vengar, vengador
ital. vendetta, vendicare, vendicatore

Juif, ve *m f*
    juif, ve *adj*

Jude
jüdisch, Juden-

engl. Jew, Jewish
span. Judío, judío
ital. giudeo, giudaico

déportation *f*
    déporter qn

engl. deportation, deport
span. deportación, deportar
ital. deportazione, deportare

débarquement *m*

    débarquer

Invasion der Alliierten in der Normandie 1944
landen *(militärisch)*

- En juin 1944, les Alliés **ont débarqué** en Normandie.

Normandie *f*
    Normand, e *m f*
    normand, e *adj*

engl. Normandy, Norman
span. Normandía, Normando, normando

Apprendre l'utile

environnement *m* — Umwelt
   respectueux, euse *adj* — umweltfreundlich
   de l'~
   environnemental, e *adj* — Umwelt-

- Quelle est l'énergie la plus **respectueuse de l'environnement** ?

engl. environment, environmental

---

pollution *f* — Umweltverschmutzung, -belastung
   ~ atmosphérique — Luftverschmutzung, -verpestung
   la ~ engendrée — die verursachte Verschmutzung
   pic *m* **de ~** — Spitzenwert an Verschmutzung
   réduire la ~ — die Umweltverschmutzung verringern
   polluer qc — etw. verschmutzen, -unreinigen
   polluant, e *adj et m* — I. umweltverschmutzend, -schädlich
      II. Schadstoff
   pollueur *m* — Umweltsünder

- **La pollution engendrée par** les émissions de gaz toxiques des voitures est un problème croissant en zone urbaine.
- **En cas de pic de pollution atmosphérique**, il faut en informer le public.

engl. pollution, pollute, polluter
span. polución

---

acide *adj et m* — I. sauer *(Geschmack, Chemie, Geologie)*
      II. Säure *(Chemie)*
   pluie *f* ~ — saurer Regen
   acidité *f* — Säuregrad, -gehalt *(Chemie)*
   acidulé, e *adj* — säuerlich
      bonbons *m pl* ~s — saure Bonbons
      vert *m et adj* ~ — I. Giftgrün
        II. giftgrün

engl. acid, acidity, acidulous
span. ácido, acidez
ital. acido, acidità, acidulo

---

aliment *m* — Nahrungsmittel
   ~s *m pl* — Nahrung, Lebensmittel
   fournir un ~ à qc — etw. neue Nahrung geben
   alimentaire *adj* — Nahrungs-, Ernährungs-
      chaîne *f* ~ — Nahrungskette
   alimentation *f* — Ernährung
   alimenter qn — jn. ernähren
      s'~ de qc — sich von etw. ernähren
   ~ la conversation — der Unterhaltung Stoff liefern

- J'ai **fourni un nouvel aliment** à sa curiosité en ne lui disant pas où je suis sortie hier soir.
- La relation avec sa nouvelle copine **a alimenté la conversation** de la fin de la soirée.

engl. alimentation, alimentary
span. alimento, alimentario, alimentación, alimentar
ital. alimento, alimentazione, alimentare

---

eau *f* — Wasser
   ~ potable — Trinkwasser
   ~x *f pl* usées — Abwasser
   assainissement *m* des ~x usées — Abwasserreinigung
   mettre de l'~ dans son vin — sich mäßigen, den Ball flach halten, seine Ansprüche zurückschrauben
   nager entre deux ~x — zwischen zwei Parteien schwanken (ohne Position zu beziehen)
   il faut se méfier de l'~ qui dort — stille Wasser sind tief
   aquatique *adj* — Wasser-
   aquarium *m*

- Il devrait modérer son enthousiasme et **mettre de l'eau dans son vin**.
- Pour ce qui est des vacances, il **nage entre deux eaux** : son amie veut partir en Angleterre, ses copains en Italie et il aimerait bien partir avec tout le monde. Du coup, il ne sait pas quoi faire.

engl. aqua-, aquatic, aquarium
span. agua, aguático, acuario
ital. acqua, idrico, acquario

catastrophe *f*		**engl.** *catastrophe, catastrophic*
catastrophique *adj*		**span.** *catástrofe, catastrófico*
catastropher qn *(fam.)*	jn. niederschmettern, fertig machen	**ital.** *catastrofe, catastrofico*
être catastrophé, e *adj (fam.)*	niedergeschmettert, fertig, am Boden zerstört sein	

chimie *f*		**engl.** *chemistry, chemical, chemist*
chimique *adj*		**span.** *química, químico*
chimiste *m f*		**ital.** *chimica, chimico*

brûler	brennen, ver-	• **La question brûlante du réchauffement climatique** fera l'objet d'une discussion entre l'industrie et les partenaires environnementaux.
~ qc	etw. ver-, ab-, niederbrennen	
se ~	sich verbrennen	
brûlé, e *adj*	ver-, ab-, niedergebrannt	
brûlant, e *adj*	brennend, glühend	
question ~e	heikle Frage, heißes Eisen	
brûlure *f*	1. Verbrennung, Brandwunde	**engl.** *combustible*
	2. Brandfleck	**span.** *combustible*
combustible *adj et m*	I. brennbar, entzündlich	**ital.** *bruciare, bruciato, bruciatura, combustibile*
	II. Brennstoff	

détériorer qc	etw. beschädigen, schaden, verschlechtern	• Les eaux usées rejetées en pleine nature génèrent une pollution qui **détériore la qualité** des eaux de surface.
se ~	beschädigt werden, sich verschlechtern	
sa santé s'est détériorée	sein Gesundheitszustand hat sich verschlechtert	**engl.** *deteriorate, deterioration, deteriorating*
~ l'ambiance	die Stimmung vergiften	
détérioration *f*	Beschädigung	**span.** *deteriorar, deterioro*

dévaster qc	etw. verwüsten, verheeren	• **Un violent incendie a dévasté** plus de 1000 hectares au nord de Nice.
dévastation *f*	Verwüstung, Verheerung	
dévastateur, trice *adj*	verheerend	
tempête *f* ~trice	verheerender Sturm	
		engl. *devastate, devastation, devastating*
		span. *devastar, devastación, devastador*
		ital. *devastare, devastazione, devastante*

écologie *f*	Ökologie, Umweltschutz	**engl.** *ecology, ecological, ecologist*
écologique *adj*	ökologisch, Umwelt-	
catastrophe *f* ~		**span.** *ecología, ecológico, ecologismo, ecologista*
écologisme *m*	Umweltbewegung	
écologiste *m f*	Ökologe, Umweltschützer	**ital.** *ecologia, ecologico, ecologista*
écolo *m f (fam.)*	Grüner, Umweltschützer	

poison *m*	Gift, Giftstoff	**engl.** *poison, toxic*
empoisonner l'eau/l'air	Wasser/Luft verschmutzen, verpesten	**span.** *tóxico*
		ital. *tossico*
~ qn	jn. vergiften	
s'~	sich vergiften, Gift nehmen	
empoisonnement *m*	Vergiftung	
toxique *adj*	Gift-, giftig	

gaspiller qc	etw. verschwenden, vergeuden	
gaspillage *m*	Verschwendung, Vergeudung	
gaspilleur, euse *m f et adj*	I. Verschwender	
	II. verschwenderisch	

biosphère *f*

engl. biosphere
span. biósfera
ital. biosfera

canal *m*
    canalisation *f*
    canaliser qc

engl. canal, canalization, canalize
span. canal, canalización, canalizar
ital. canale, canalizzazione, canalizzare

chaud, e *adj* — warm, heiß
    j'ai ~ — mir ist warm, heiß
    il fait ~ — es ist warm, heiß
    chauffer qc — etw. erwärmen, erhitzen
      se ~ — sich wärmen
      ~ l'appartement — die Wohnung heizen
    chauffage (au gaz, au mazout) — (Gas-, Öl-) Heizung
      mettre le ~ — die Heizung anstellen, anmachen
      arrêter le ~ — die Heizung ausstellen, ausmachen
    chaleur *f* — Wärme, Hitze
    les grandes ~s — der Hochsommer, die hochsommerliche Hitze
    réchauffement *m* — Erwärmung *(Temperatur)*
      ~ de la planète — Erderwärmung

- **Pendant les grandes chaleurs estivales**, il faut éviter de s'exposer au soleil.

contamination *f* — ~, Verseuchung
    contaminer qc — etw. ~, verseuchen

engl. contaminate, contamination
span. contaminación, contaminar
ital. contaminazione, contaminare

ozone *m*
    couche *f* d'~ — Ozonschicht
    trou *m* (dans la couche) d'~ — Ozonloch
    taux *m* d'~ — Ozonwert(e)
    le taux *m* d'~ augmente — der/die Ozonwert(e) steigt(en)
    ozoné, e *adj* — ozonhaltig

engl. ozone
span. ozono
ital. ozono

décharge *f* — Müllplatz, -kippe, Deponie

destruction *f* — Zerstörung, Vernichtung
    entraîner la ~ de qc — die Zerstörung einer Sache mit sich bringen, nach sich ziehen
    déstructeur, trice *adj et m f* — I. zerstörerisch, destruktiv II. Zerstörer, Vernichter
    déstructible *adj* — zerstörbar
    déstructif, ve *adj* — Zerstörungs-, zerstörerisch
    détruire qc — etw. zerstören

engl. destruction, destructive, destruct, destroy
span. destrucción, destructor, destructible, destructivo, destruir
ital. distruzione, distruttivo, distruttibile, distruttore, distruggere

faim *f* — Hunger
    avoir une ~ de loup — einen Bären-, Mordshunger haben
    cela/ça donne ~ — dabei bekommt man Hunger, das macht hungrig
    manger à sa ~ — sich satt essen
    ne pas manger à sa ~ — Hunger leiden, hungern
    famine *f* — Hungersnot
    affamé, e *adj* — hungrig, hungernd
    affamer qn — jn. aushungern

- Selon l'Organisation des Nations Unies (ONU), plus de 800 millions de personnes **ne mangent pas à leur faim**.

engl. famine, famish, famished
span. afamado
ital. fame, affamato, affamare

Chresto — Lernen was nützlich ist

faune *f*		**engl.** *fauna*
		span. *fauna*
		ital. *fauna*
flore *f*		**engl.** *flora*
		span. *flora*
		ital. *flora*
fondre	schmelzen, ab-, auftauen	**span.** *fundir, fundido*
fondu, e *adj*	geschmolzen	**ital.** *fondere, fuso, fusione*
fonte *f*	Schmelzen, Ab-, Auftauen	
~ des neiges	Schneeschmelze	
forêt *f*	Wald, Forst	**engl.** *forest, deforest,*
~ vierge	Urwald	*deforestation*
~ dense	dichter Wald	**span.** *forestal, deforestar, silvestre*
repeupler la ~	den Wald wieder aufforsten	**ital.** *foresta, forestale,*
mort *f* des ~s	Waldsterben	*deforestazione, deforestare*
forestier, ère *adj*	Forst-, forstwirtschaftlich	
garde *m* ~	Förster	
sylvestre *adj*	Wald-	
plante *f* ~	Waldpflanze	
sylviculture *f*	Forstwirtschaft	
déforestation *f*	Entwaldung	
déforester qc	etw. entwalden	
glace *f*	Eis	**engl.** *glacial, glacier*
~ polaire	Polareis	**span.** *glaciar, glaciación, glacial*
glacé, e *adj*	Eis-, vereist	
pluie *f* ~e	Eisregen	
glacier *m*	Gletscher	
glaciaire *adj*	Eis-, Gletscher-	
période *f* ~	Eiszeit	
glaciation *f*	Vereisung, Vergletscherung	
marée *f* **noire**	Ölpest	
nappe *f* **phréatique**	Grundwasser, -spiegel	
nuire à qc	einer Sache schaden, schädlich	**span.** *nocivo, nocividad*
	sein, für etw. nachteilig sein	**ital.** *nuocere, nocivo, nocività*
~ à qn	jm. schaden, Schaden zufügen	
se ~	sich schaden	
~ gravement à qc	etw. stark schaden	
~ à l'environnement	die Umwelt belasten	
nuisance *f*	Umweltbelastung,	
	Beeinträchtigung der	
	Lebensqualität	
nuisible *adj* (à qc)	schädlich, abträglich (einer	
	Sache)	
nocif, ve *adj*	schädlich	
nocivité *f*	Schädlichkeit	
radiation *f*	Strahlung	**engl.** *radiation, irradiate*
~ nucléaire	Kernstrahlung	**span.** *radiación, irradiar*
irradier	strahlen, aus-	**ital.** *(ir)radiazione, irradiare*
sec, sèche *adj* (→ 2.1)	trocken, dürr	**span.** *seco, sequedad*
sécheresse *f*	Trockenheit, Dürre	**ital.** *secco, secchezza*
climat *m*		**engl.** *climate*
climatique *adj*		**span.** *clima, climático*
zone *f* ~		**ital.** *clima, climatico*
changement *m* ~	Klimaveränderung, -wandel	

grave *adj*	schlimm, schwer, -wiegend, gravierend *(Fehler, Problem, Verletzung)*	• Pendant son mandat, Georges W. Bush **a minimisé la gravité du** problème du réchauffement climatique.
l'heure *f* est ~	die Stunde, der Augenblick ist ernst	
gravité *f*	Schwere, Ernst, Gewicht	***engl.*** *grave, aggravation, gravity*
minimiser la ~ de qc	etw. verharmlosen	***span.*** *grave, gravedad,*
aggravation *f*	Verschlimmerung, Verschlechterung	*agravar(se), agravamiento*
aggraver qc	etw. verschlimmern, vergrößern, verschärfen *(Situation, Fehler, Problem)*	***ital.*** *grave, gravità, aggravare, aggravamento*
s'~	sich verschlimmern, verschlechtern, verschärfen	
azote *m*	Stickstoff	***ital.*** *azoto*
azoté, e *adj*	Stickstoff-, stickstoffhaltig	
bois *m*	1. Holz	***span.*** *bosque, boscoso, boscaje*
	2. Wald	***ital.*** *bosco, boscoso,*
boisé, e *adj*	bewaldet	*(r)imboschimento, (r)imboschire,*
région *f* ~e	Waldgebiet	*disboscare*
boisement *m*	Aufforstung, Bewaldung	
boiser qc	etw. aufforsten, bewalden	
reboisement *m*	Wiederaufforstung	
reboiser qc	etw. wieder aufforsten	
déboisement *m*	Abholzen, Entwaldung	
déboiser qc	etw. abholzen, entwalden	
charbon *m*	Kohle	***engl.*** *carbon*
charbonnier, ère *adj et m*	I. Kohlen-	***span.*** *carbón, carbonero*
	II. Kohlenhändler	***ital.*** *carbone, carbonaio*
gaz *m* **carbonique**	Kohlendioxid	***engl.*** *carbon dioxide*
nucléaire *adj et m*	I. Kern-, Atom-, nuklear	***engl.*** *nuclear*
	II. Kern-, Atomkraft	***span.*** *nuclear*
centrale *f* ~	Kern-, Atomkraftwerk	***ital.*** *nucleare*
pesticide *m*		↔ die Pest
		engl. *pesticide*
		span. *pesticida*
		ital. *pesticida*
pétrole *m*	Erdöl	↔ das Petrolium
pétrolier, ère *adj*	Erdöl-	
		engl. *petroleum*
		span. *petróleo, petrolero*
		ital. *petrolio, petrolifero*
stockage *m*	Lagerung, Ein-	***engl.*** *stocking, stock*
stocker qc	etw. lagern, ein-	
effet *m* **de serre**	Treibhauseffekt	***ital.*** *effetto serra*
gaz *m* à ~ de serre	Treibhausgas	
émission *f*		***engl.*** *emission, emit, emitter*
réduire l'~ (de qc)	~ (von etw.) verringern	***span.*** *emisión, emitir, emisor*
émettre qc	etw. ausstoßen	***ital.*** *emissione, emettere,*
émetteur *m*	Emittent	*emittente*
érosion *f*		***engl.*** *erosion, erosive*
érosif, ve *adj*		***span.*** *erosión, erosivo*
		ital. *erosione, erosivo*

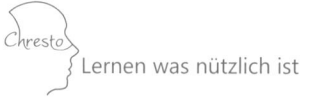
Lernen was nützlich ist

déchets *m pl* — Abfall, Unrat
~s ménagers — Haushaltsabfälle, -müll
~s dangereux — Sondermüll
~s radioactifs
déchetterie *f* — Müllsammelstelle

détritus *m pl* — Abfall, Müll — **engl.** *detritus*

égout *m* — (Abwasser-) Kanal
~s *m pl* — Kanalisation
bouche *f* d'~ — Gully
égoutier *m* — Kanalreiniger, -arbeiter

ordures *f pl* — Abfall, Müll

industrie *f* — **engl.** *industry, industrial, industrialization, industrialize*
industriel, le *adj* — **span.** *industria, industrial, industrialización, industrializar*
industrialisation *f* — **ital.** *industria, industriale, industrializzazione, industrializzare*
industrialiser qc

O.G.M. *m* (organisme génétiquement modifié) — gentechnisch veränderter Mechanismus — **engl.** *genetically modified organisms* **span.** *organismo genéticamente modificado* **ital.** *organismo geneticamente, modificato*

pur, e *adj* — rein, sauber *(Wasser, Luft)* — **engl.** *pure, purify, purification*
purifier qc — etw. reinigen *(Wasser, Luft)* — **span.** *puro, purificación, purificar, depuración, depurar*
purification *f* — Reinigung — **ital.** *puro, purificare, purificazione, espurgare, espurgazione*
épuration *f* — Reinigung, Klärung *(Wasser)*
station *f* d'~ — Kläranlage
épurer qc — etw. reinigen, klären *(Wasser)*

radioactivité *f* — **engl.** *radioactivity, radioactive*
radioactif, ive *adj* — **span.** *radioactividad, radioactivo* **ital.** *radioattività, radioattivo*

barrage *m* — Staudamm — **engl.** *barrage*

herbe *f* — 1. Gras — **engl.** *herbicide, herbivore*
2. Kraut — **span.** *hierba, herbicidia, herbívoro*
mauvaise ~ — Unkraut — **ital.** *herba, erbicida, erbivoro*
arracher la mauvaise ~ — Unkraut jäten
herbicide *m et adj* — I.
II.
herbivore *adj et m* — I. gras-, pflanzenfressend
II. Gras-, Pflanzenfresser

insecte *m* — **engl.** *insect, insecticide, insectivore*
insecticide *m et adj* — I. — **span.** *insecto, insecticida, insectívoro*
II. — **ital.** *insetto, insetticida, insettivoro*
insectivore *adj et m* — I. insektenfressend
II. Insektenfresser

seuil *m* — Schwelle
franchir un ~ — eine Schwelle überschreiten

alerte *f*	Alarm	***engl.*** *alert*
~ à l'ozone	Ozonalarm	***span.*** *alerta, alertar*
déclencher l'~	den Alarm auslösen	***ital.*** *allerta*
alerter qn	jn. alarmieren, verständigen	
~ qn de qc	jm. vor etw. alarmieren, warnen	
bombe *f* **aérosol**	Spray-, Sprühdose	***engl.*** *aerosol spray*
inondation *f*	Überschwemmung	***span.*** *inundación, inundar,*
inonder qc	etw. überschwemmen, -fluten	*inundado*
inondé, e *adj*	überschwemmt, -flutet	***ital.*** *inondazione, inondare,*
		inondato
emballage *m*	Verpackung	***span.*** *embalaje, embalar,*
~ jetable	Einwegverpackung	*desembalar, desembalaje*
emballer qc	etw. verpacken	***ital.*** *imballaggio, imballare*
déballage *m*	Auspacken	
déballer qc	etw. auspacken	

Chresto   Lernen was nützlich ist

émission *f*
   réduire l' ~ (de qc) — ~ (von etw.) verringern
   émettre qc — etw. ausstoßen
   émetteur *m* — Emittent

- **La réduction des émissions** de gaz à effet de serre et du CO_2 est un enjeu mondial.

engl. emission, emit, emitter
span. emisión, emitir, emisor
ital. emissione, emettere, emittente

circulation *f* — Verkehr
   gêner la ~ — den Verkehr beeinträchtigen
   il y a beaucoup de ~ — es herrscht reger, starker Verkehr
   ~ en accordéon — Stop-and-go-Verkehr
   circuler — fahren, verkehren

- Il faut se garer de manière à ne pas **gêner la circulation.**
- Info trafic : 15 km de **circulation en accordéon** sur l'A7 à la hauteur de Montélimar en direction de Lyon.

span. circulación, circular
ital. circolazione, circolare

vitesse *f* — Geschwindigkeit
   à toute ~ — in aller Eile, im Eiltempo
   réduire la ~ — die Geschwindigkeit drosseln
   prendre qn de ~ — jm. zuvorkommen, schneller sein als
   être en perte de ~ — sich auf dem absteigenden Ast befinden
   limitation *f* de ~ — Geschwindigkeitsbegrenzung
   limiter la ~ — die Geschwindigkeit begrenzen
   dépasser la ~ autorisée — die erlaubte Geschwindigkeit überschreiten
   vite *adv* — schnell, rasch

- Maxime **m'a prise de vitesse** pour répondre à la question du prof.
- Internet Explorer **est en perte de vitesse** par rapport à son concurrent Mozilla Firefox.

trafic *m* — Verkehr
   ~ dense — dichter ~
   ~ ferroviaire — Eisenbahn-, Zugverkehr
   ~ routier — Straßenverkehr

engl. traffic
span. tráfico
ital. traffico

échappement *m* — Auspuff
   gaz *m pl* d'~ — Auspuff-, Autoabgase
   contrôle *m* d'~s — Abgasuntersuchung

span. escape
ital. scappamento

pollution *f* — Umweltverschmutzung, -belastung
   ~ atmosphérique — Luftverschmutzung, -verpestung
   la ~ engendrée — die verursachte Verschmutzung
   pic *m* **de ~** — Spitzenwert an Verschmutzung
   réduire la ~ — die Umweltverschmutzung verringern
   polluer qc — etw. verschmutzen, -unreinigen
   polluant, e *adj et m* — I. umweltverschmutzend, -schädlich II. Schadstoff
   peu ~ — schadstoffarm
   pollueur *m* — Umweltsünder

- **La pollution engendrée par** les émissions de gaz toxiques des voitures est un problème croissant en zone urbaine.
- **En cas de pic de pollution atmosphérique**, il faut en informer le public.

engl. pollution, pollute, polluter
span. polución

respirer   atmen, Atem holen
    ~ qc   etw. (ein-)atmen
    ~ le grand air   frische Luft schöpfen
    respiration *f*   Atmung, Ein-
    couper la ~ à qn   jm. den Atem verschlagen, nehmen
    retenir sa ~   die Luft anhalten
    respiratoire *adj*   Atem-
    voies *f pl* ~s   Atemwege
    irrespirable *adj*   nicht (ein-)atembar, irrespirabel
    air *m* ~   nicht atembare Luft

- Nous sommes partis **respirer le grand air** à la montagne.
- J'ai pris un coup de pied au ventre qui **m'a coupé la respiration**.
- Chacun **retenait sa respiration** en attendant la réponse du prof.
- Le monde entier **a retenu sa respiration** après les attentats du 11 septembre 2001.

engl. respiration, respiratory
span. respirar, respiración, respiratorio, irrespirable
ital. respirare, respirazione, respiratorio, irrespirabile

cité *f* (→ 2.2)   Innen-, Altstadt
    citadin, e *m f*   Stadtbewohner

engl. city
span. ciudad, ciudadano
ital. cittadino, città

bouchon *m*   Stau
    risque *m* de ~   Staugefahr
    être pris, e dans un ~   im Stau stecken, in einen Stau geraten

véhicule *m*   (Kraft-)Fahrzeug

engl. vehicle
span. vehículo
ital. veicolo

voiture *f*   Auto
    aller en ~   fahren (mit dem Auto)
    covoiturage *m*   Fahrgemeinschaft
    faire du ~   eine Fahrgemeinschaft bilden

- ↔ im Französischen sind alle Automarken feminin : j'ai **une** Mercedes, **une** Peugeot, **une** Renault.
- Je ne **vais** jamais au travail **en voiture**.

camion *m*   Lastwagen
    camionnette *f*   Kleinlastwagen, -transporter
    camionneur *m*   LKW-Fahrer

span. camión, camionista
ital. camion, camionista

trajet *m*   Fahrt, Strecke, Weg

- J'ai **une demi-heure de trajet** pour aller à mon travail.

span. trayecto
ital. tragitto

essence *f*   Benzin, Sprit
    ~ sans plomb   bleifreies Benzin
    prendre de l'~   tanken
    faire le pein (d'~)   voll tanken, auftanken
    consommation *f* **d'~**   Benzin-, Spritverbrauch
    réduire la consommation d'~   den Benzin-, Spritverbrauch senken
    gouffre *m* **à ~**   Spritfresser

- Mon 4x4 **consomme entre 12 et 14 litres aux cents**. C'est un véritable **gouffre à essence**.

Chresto
Lernen was nützlich ist

carburant *m*	Kraft-, Treibstoff	• Depuis trois semaines, **les prix flambent** à la pompe.
prix *m* du ~	Benzin-, Spritpreis	
le prix *m* **du ~ flambe**	der Spritpreis explodiert, schießt in die Höhe	
hausse *f* du ~	Benzin-, Spritpreiserhöhung	*span.* carburante
biocarburant *m*	Biosprit	*ital.* carburante, carburatore
carburateur *m*	Vergaser	
pompe *f*	Zapfsäule	*engl. petrol pump (BE), gas pump (AE)*
pompiste *m f*	Tankwart	
gasoil *m* (aussi : gazole *m*)	Diesel(kraftstoff) *(an der Tankstelle)*	*span. gasoil, gasóleo*
diesel *m* [djezɛl]	1. Dieselmotor	• Vous avez **une diesel** ou une essence ? (→ une voiture)
une voiture ~	2. Dieselfahrzeug	
		engl. diesel
		span. diesel
		ital. diesel
pastille *f* **écologique**	Umweltplakette	
zone *f* **écologique**	Umweltzone	
instaurer une ~ écologique	eine Umweltzone ein-, errichten	
particules *f pl* **fines**	Feinstaub	*span. partículas*
émission *f* de ~s fines	Feinstaubbelastung	*ital. particolato*
être exposé, e *adj* aux ~s fines	Feinstaub(belastung) ausgesetzt sein	
heure *f* **de pointe**	Hauptverkehrszeit, Stoßzeit	*span. hora punta*
aux ~s de pointe	zur Hauptverkehrszeit, Stoßzeit	
quatre-quatre *m* (aussi : 4x4)	Geländewagen	*engl. four-by-four*
responsabilité *f*	Verantwortung	• Qui veille à ce que les pollueurs assument (SUBJ.) la responsabilité de leurs actions ?
assumer la ~ de qc	die Verantwortung für etw. übernehmen	
porter la ~ de qc	die Verantwortung für etw. tragen	• Les pouvoirs publics **prennent leurs responsabilités** en instaurant de plus en plus de zones écologiques.
prendre ses ~s	seiner Verantwortung gerecht werden	
être conscient, e *adj* de ses ~s	verantwortungsbewusst sein	
responsable *adj et m f*	I. verantwortlich	• Comment les plus gros pollueurs peuvent-ils être **rendus responsables de** leur inconscience et de leur ignorance ?
	II. Verantwortlicher	
être ~ de qc	für etw. verantwortlich sein	
rendre qn ~ de qc	jn. für etw. verantwortlich machen	
responsabiliser qn	js. Verantwortungsgefühl wecken	
irresponsabilité *f*	Verantwortungslosigkeit	*engl. responsibility, responsible, irresponsible, irresponsibility*
irresponsable *adj*	verantwortungslos	*span. responsabilidad, responsable, responsabilizar, irresponsabilidad*
		ital. responsabilità, responsabile, irresponsabilità, irresponsabile

Apprendre l'utile

menace *f*
    constituer une ~ pour qc
    être sous la ~ de qc
  menacé, e *adj*
    être gravement ~
  menacer qn de qc
    ~ qn de faire qc
  menaçant, e *adj*

Bedrohung
eine Bedrohung, Gefahr für etw. darstellen
von etw. bedroht sein, werden
bedroht, gefährdet
stark, schwer bedroht sein
jm. mit etw. (be-)drohen
jm. drohen etw. zu tun
drohend, bedrohlich

- Le changement climatique **constitue une menace sérieuse pour** la santé humaine.
- En 2008, les Jeux Olympiques de Chine **ont été sous la menace de** pollution atmosphérique.

engl. *menace*
span. *amenaza, amenazar, amenazador*
ital. *minaccia, minacciato, minacciare, minaccioso*

impact *m*
    l'~ de qc sur qc
    ~ sur l'environnement
    limiter l'~ sur l'environnement de qn
    évaluer l'~ de qc sur qc

Einfluss, Wirkung, Aus-der Einfluss von etw. auf etw.
Umwelteinfluss
js. Umwelteinfluss begrenzen

den Einfluss, die Auswirkung von etw. auf etw. abschätzen, bemessen

- **L'impact sur la santé d'une exposition chronique aux particules fines** ne doit pas être sous-estimé.

engl. *impact*
span. *impacto*
ital. *impatto*

allergie *f* **(à qc)**
    faire une ~ à qc
    déclencher des ~s
  allergique *adj*
    être ~ à qc
    personne *f* ~
  allergologue *m f*

auf etw. ~ reagieren
~ hervorrufen, auslösen

engl. *allergy, allergic, allergist*
span. *alergia, alérgico*
ital. *allergia, allergico*

méfaits *m pl* **de qc sur qc**

verheerende Folgen von etw. auf etw.

- Plus personne ne doute aujourd'hui **des méfaits de la pollution sur la santé humaine**.

asthme *m* [asm(ə)]
  asthmatique *adj et m f*
  [asmatik]

Asthma
I. asthmatisch
II. Asthmatiker

engl. *asthma, asthmatic*
span. *asma, asmático*
ital. *asma, asmatico*

Chresto — Lernen was nützlich ist

protection *f*
　　~ de l'environnement
　　assurer la ~ de qc

　　~ efficace
　　protecteur, trice *adj et m f*

　　protéger qc/qn (de/contre)

　　se ~ (de/contre)
　　~ l'environnement

poubelle *f*
　　mettre/jeter qc à la ~

tri *m*
　　faire le ~
　　faire un ~ parmi qc
　　~ des déchets
　　trier qc

vent *m*
　　~ glacial
　　~ violent
　　le ~ souffle
　　il y a du ~
　　avoir ~ de qc
　　passer en coup de ~
　　avoir le ~ en poupe

　　éolien, ne *adj*
　　　　énergie *f* ~ne
　　éolienne *f*

développement *m*
　　être en plein ~

　　~ durable
　　promouvoir le ~
　　durable
　　favoriser le ~ de qc

　　développer qc
　　développeur *m*

Protocole *m* **de Kyoto**

Schutz
Umweltschutz
den Schutz von etw.
gewährleisten, sichern
wirksamer, wirkungsvoller Schutz
I. Schutz-, schützend
II. Beschützer
etw./jn. schützen, be- (vor/
gegen)
sich schützen (vor/gegen)
die Umwelt schützen

Mülleimer, -tonne
etw. in den Mülleimer werfen

(Aus-)Sortieren
Müll trennen
unter etw. eine Auswahl treffen
Mülltrennung
etw. (aus-)sortieren

Wind
eisiger Wind
heftiger, starker Wind
der Wind bläst, weht
es ist windig
von etw. Wind bekommen
auf einen Sprung vorbeikommen
eine Glückssträhne haben, in (js.)
Gunst stehen
Wind-
Windkraft
Windrad, Windkraftanlage

Entwicklung
einen großen Aufschwung
nehmen, erleben
nachhaltige Entwicklung
die nachhaltige Entwicklung
fördern
die Entwicklung von etw.
begünstigen, fördern,
unterstützen
etw. entwickeln
Entwickler

- Quels sont les moyens
  les plus efficaces pour
  **assurer la protection de
  l'environnement** ?

engl. protection, protective,
protect, protector
span. protección, protector,
proteger
ital. protezione, protettore,
proteggere

- J'**ai fait un tri parmi les
  CD** qui pourraient être
  intéressants.
- Il est important de **trier ses
  déchets** pour en permettre le
  recyclage.

↔ der Ventilator
- On n'a pas fait assez attention.
  Il **a eu vent de** l'affaire.
- Les énergies renouvelables
  ont le vent en poupe. Elles
  ont connu un énorme succès
  l'année dernière et continuent
  à prospérer dans les années
  qui viennent.
- **Il a le vent en poupe** en ce
  moment, tout lui réussit.

span. viento, eólico
ital. vento, eoli(c)o

- La demande de produits
  biologiques ne cesse d'être
  en hausse, ce qui fait que
  l'agriculture bio **est en plein
  développement**.
- Le ministère de
  l'Environnement **promeut**
  / Il faut soutenir tous les
  projets qui **promeuvent le
  développement durable** à
  l'échelle nationale.

engl. development, develop

engl. Kyoto protocol
span. Protócolo de Kioto
ital. Protocollo di Kyoto

Apprendre l'utile

agir	handeln	**engl.** act, action
faire ~ qn	jn. zum Handeln veranlassen	**span.** acción
~ de concert avec qn	mit jm. gemeinsam handeln	**ital.** agire, azione
il s'agit de qn/qc	es handelt sich, dreht sich, geht um jn./etw.	
il s'agit de savoir si	es geht um, ist die Frage, ob	
manière f d'~	Handlungs-, Vorgehensweise	
besoin m d'~	Handlungsbedarf	
action f		
biodégradable adj	biologisch abbaubar, umweltfreundlich	**engl.** biodegradable
		span. biodegradable
		ital. biodegradabile
eau f (→ 4.1)	Wasser	**engl.** hydraulic
hydraulique adj	Wasser-	**span.** augua, hidráulico
énergie f ~	Wasserkraft, -energie	**ital.** acqua, idraulico
diminution f	Verringerung, Senkung	↔ das Diminutiv
diminuer qc	etw. verringern, senken	
~ considérablement	beträchtlich verringern, senken	**engl.** diminution, diminish
		span. di(s)minución, diminuir
		ital. diminuzione, diminuire
qualité f de vie	Lebensqualität	**engl.** quality of life
améliorer la ~	die Lebensqualität verbessern	**span.** cualidad di vida
altérer la ~	die Lebensqualität beeinträchtigen	**ital.** qualità di vita
récupération f	Rückgewinnung, Wiederverwertung	**span.** recuperación, recuperar, recuperador, recuperable
récupérer qc	etw. wieder verwerten	**ital.** recupero, recuperare, recuperabile
récupérateur m	Wiederverwerter	
récupérable adj	wieder verwertbar, verwendbar	
réserve f (naturelle)	Naturschutzgebiet, Reservat	**engl.** nature reserve
sauver qc/qn	etw./jn retten	↔ garder
sauvetage m	Rettung	
sauveur m	Retter	**engl.** save, saviour, safeguard
sauvegarde f	Schutz, Wahrung	**span.** salvar, salvamento, salvador, salvaguardar, salvaguard(i)a
sauvegarder qc	etw. schützen, wahren	**ital.** salvare, salvataggio, salvatore
~ les intérêts de qn	js. Interessen wahrnehmen	
abondance f (de qc)	Fülle, Überfluss (an etw.)	• Y a-t-il une relation entre **abondance de ressources naturelles** et croissance économique ?
en ~	reichlich, im Überfluss, in Hülle und Fülle	• **Le soleil en abondance** dans le Midi est une source de production d'énergie.
abondant, e adj	reichlich, ausgiebig, üppig	
abonder en qc	an etw. Überfluss haben	
		engl. abundance, abundant, abound
		span. abundancia, abundante, abundar
		ital. abbondanza, abbondante, abbondare

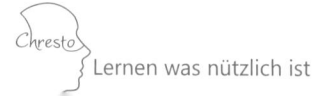

catalyseur *m*	Katalysator	*engl.* catalyzer *span.* catalizador *ital.* catalizzatore
défi *m*	Herausforderung	• Le développement durable **constitue un défi majeur pour** l'humanité.
constituer un ~ majeur	eine wichtige Herausforderung darstellen	
lancer un ~ à qn	jn. herausfordern	• La communauté mondiale doit **relever le défi de** la croissance des émissions.
relever un ~	eine Herausforderung annehmen	
défier qn à qc	jn. in etw. herausfordern	
~ le danger	mit der Gefahr spielen, der Gefahr trotzen	*span.* desafío, desafiar *ital.* sfida, sfidare
recyclage *m*		*engl.* recycling, recycle, recyclable *span.* reciclage, reciclamiento, reciclar *ital.* riciclaggio, riciclare, riciclabile
~ des déchets	Abfallverwertung	
recycler qc		
recyclable *adj*		
retraitement *m*	Wiederaufbereitung	• Les écologistes réclament l'arrêt du **retraitement des déchets nucléairs**.
usine *f* de ~	Wiederaufbereitungsanlage	
retraiter qc	etw. wiederaufbereiten	
ressources *f pl*		*engl.* resources *ital.* risorsa
limiter qc (à qc)	etw. (auf etw.) begrenzen, beschränken	↔ limitierte (Auflage) • L'équilibre écologique est en péril. Pour **limiter les dégâts**, il faut prendre des mesures de toute urgence.
se ~ à qc	sich auf etw. beschränken	
se ~ à faire qc	sich darauf beschränken etw. zu tun	
se ~ au stricte nécessaire	sich auf das Nötigste beschränken	*engl.* limit, limited, limitation *span.* limitar, límite, limitado, limitación *ital.* limitare, limite, limitato, limitazione
~ les dégâts	das schlimmste verhüten	
limite *f*	Grenze, Limit	
à la ~	äußerstenfalls, notfalls	
il y a des ~s à tout	alles hat seine Grenzen	
limité, e *adj* (à qc)	(auf etw.) begrenzt, beschränkt	
limitation *f*	Beschränkung, Begrenzung	
urgence *f*	Dringlichkeit	• Les pouvoirs publics ont pris **des mesures d'urgence** pour limiter le pic de pollution.
prendre des mesures *f pl* d'~	Sofortmaßnahmen ergreifen	
de toute ~ *adv*	schnellstens	
prendre une décision dans l'~	eine Entscheidung in Eile, unverzüglich treffen	*engl.* urgency, urgent *span.* urgencia, urgente, urgir *ital.* urgenza, urgente, urgere
il y a ~	die Sache ist dringend	
urgent, e *adj*	dringend, eilig	
besoin *m* ~ en qc	dringender Bedarf an etw.	
ça urge *(fam.)*	es eilt, ist dringend	
planète *f*		*engl.* planet, planetary *span.* planeta, planetario *ital.* pianeta, planetario
planétaire *adj*		

mesure *f* — Maßnahme
des ~s visant à faire qc — Maßnahmen, die darauf abzielen, etw. zu tun
prendre des ~s (contre) — Maßnahmen ergreifen (gegen)
par ~ de précaution — vorsichtshalber

- L'efficacité **des mesures visant à** réduire les émissions de CO2 des véhicules demande une vérification périodique.

engl. measure
ital. misura

préserver qc — etw. bewahren, schützen, erhalten
~ qn de qc — jn. vor etw. bewahren, schützen
se ~ de qc — sich vor/gegen etw. schützen
préservation *f* (de qc) — Bewahrung, Schutz (von etw.)

↔ das Präservativ
- Il faut limiter la consommation d'énergie pour **préserver l'environnement**.

engl. preserve, preservation
span. preservar, preservación
ital. preservare, preservazione

renouvelable *adj* — erneuerbar, regenerativ
énergies *f pl* ~s — erneuerbare, regenerative Energien

↔ nouveau, nouvel(le)

engl. renewable
span. renovable
ital. rinnovabile

soleil *m* — Sonne
le ~ se lève — die Sonne geht auf
le ~ se couche — die Sonne geht unter
il y a du ~ — es ist sonnig
solaire *adj* — Sonnen-, Solar-
énergie *f* ~ — Sonnenenergie, Solarkraft
centrale *f* ~ — Sonnen-, Solarkraftwerk
installation *f* ~ thermique / photovoltaïque — Solaranlage
ensoleillé, e *adj* — sonnig, sonnenbeschienen, -durchflutet
jour *m* ~ — Sonnentag
ensoleillement *m* — Sonnenbestrahlung, Sonnenschein
durée *f* d'~ — Sonnenscheindauer

engl. solar
span. sol, solar, solear
ital. sole, solare, soleggiato

démarches *f pl* — Schritte
faire/entreprendre des ~s (pour faire qc) — Schritte unternehmen (um etw. zu tun)
tenter une ~ — einen Vorstoß wagen

intervention *f* — Einschreiten, Eingreifen
qc nécessite l'~ de qn — etw. erfordert das Einschreiten, Eingreifen von jm.
intervenir dans qc — in etw. einschreiten, eingreifen
faire ~ qc — etw. einsetzen, zum Einsatz bringen

- Les pompiers **sont intervenus** hier soir pour un incendie au lycée Descartes.

engl. intervention, intervene
span. intervención, intervenir
ital. intervento, intervenire

Lernen was nützlich ist

conscience *f*
    avoir bonne/mauvaise ~

    se donner bonne ~
    soulager sa ~

    avoir ~ de qc
    perdre ~ de qc
    prise *f* de ~
    prendre ~ de qc
consciencieux, euse *adj*
conscient, e *adj*
    être ~ de qc

Gewissen
ein gutes/schlechtes Gewissen
haben
sein Gewissen beschwichtigen
sein Gewissen erleichtern,
entlasten
sich einer Sache bewusst sein
jedes Gefühl für etw. verlieren
Bewusstwerden, Bewusstwerdung
sich einer Sache bewusst werden
gewissenhaft, sorgfältig
bewusst
einer Sache bewusst sein

- Les plus gros pollueurs **se sont donné bonne conscience** en minimisant la gravité des dégâts causés par eux.
- La journée de la bioversité vise à faire **prendre conscience** à la population **de** la nécessité d'agir.

engl. *conscience, conscious, conscientious*
span. *conciencia, concienzudo, conciente*
ital. *coscienza, coscienzioso, conscio*

travail *m*
    conditions *f pl* de ~
    ~ au noir
    ~ à la chaîne
    temps *m* de ~
    réduction *f* du temps de ~
    durée *f* hebdomadaire du ~
    prendre des RTT
    travailler (chez)
    ~ dur
    ~ au noir
    ~ à plein temps/ à temps complet
    ~ à mi-temps/à temps partiel
    travailleur, euse *m f et adj*

Arbeit
Arbeitsbedingungen
Schwarzarbeit
Fließbandarbeit
Arbeitszeit
Reduzierung der Arbeitszeit

Wochenarbeitszeit

Überstunden abbauen
arbeiten, tätig sein (bei)
hart arbeiten
schwarz arbeiten
ganztags, Vollzeit arbeiten

halbtags arbeiten

I. Arbeiter
II. fleißig, arbeitsam

boulot *m (fam.)*
    petit ~ *(fam.)*
    vivre de petits ~s *(fam.)*
    ~ monstre *(fam.)*

Arbeit, Job
Gelegenheits-, Nebenjob
herumjobben
Heiden-, Mordsarbeit

profession *f*
    ~ d'avocat

    quelle est votre ~ ?
    professionnel, le *adj*
    vie *f* ~le
    activité *f* ~le
    formation *f* ~le

Beruf
Anwaltsberuf, Beruf eines Anwalts
Was sind Sie von Beruf?
Berufs-, beruflich
Berufsleben
Berufs-, Erwerbstätigkeit
Berufsausbildung

métier *m*

    ~ de rêve
    homme *m* du ~
    connaître son ~

    faire tous les ~s
    changer de ~
    choisir un ~
    abandonner son ~
    trouver le bon ~

1. Beruf
2. Fach, Gewerbe
Traumberuf
Fachmann
sein Fach verstehen, sich in seinem Fach, Beruf auskennen
sich in vielen Berufen versuchen
den Beruf wechseln
einen Beruf ergreifen
seinen Beruf aufgeben
den richtigen Beruf finden

rémunération *f*
    rémunérer qn
    rémunérateur, trice *adj*

Vergütung, Lohn
jn. entlohnen, bezahlen
lohnend, einträglich

- **RTT** = récupération du temps de travail
- Qu'est-ce que vous **faites comme travail** ? – Je suis médecin.
- Téléphone : « Bonjour, M. Le Tarn est là ? – Non, il **est à son/ au travail**. »
- **Où en es-tu dans ton travail sur** le Paris du XXᵉ siècle ?
- L'école restera ouverte pendant la durée des **travaux**.
- J'**ai pris des RTT** pour avoir un grand week-end.

span. trabajo, trabajar, trabajador

- Vous **avez une profession** ? – Non, je suis femme au foyer.

engl. profession, professional
span. profesión
ital. professione

- Vous **faites quel métier** ? – Je suis boulanger.
- Franchement, les politiciens devraient faire quelque chose, après tout, **c'est leur métier**.
- Coiffeur est un **métier très mal payé**.

ital. mestiere

span. remuneración, remunerar, remunderador
ital. remunerazione, remunerare, remunerativo

Chresto Lernen was nützlich ist

salaire *m*	Lohn, Gehalt	• **S.M.I.C.** = salaire minimum interprofessionnel de croissance
S.M.I.C. *m*	Mindestlohn	
~ mensuel	Monatslohn, -gehalt	• J'ai un **salaire mensuel de deux mille euros**.
~ horaire	Stundenlohn	
~ de misère	Hungerlohn	• J'ai demandé une **augmentation de salaire de 5 %**, mais mon chef a refusé.
~ d'embauche	Einstiegsgehalt	
~ convenable	ordentliches Gehalt	• Il **touche un salaire** légèrement supérieur au S.M.I.C.
augmentation *f* **de ~**	Gehaltserhöhung	
bulletin *m* de ~	Gehaltsabrechnung, Lohnzettel	
toucher son ~	seinen Lohn, sein Gehalt erhalten	*engl.* salary
salarial, e *adj*	Lohn-	*span.* salario, asalariado
salarié, e *m f*	Arbeitnehmer, Lohn-, Gehaltsempfänger	*ital.* salario
~ moyen	Normalverdiener	
salariat *m*	Arbeitnehmerschaft	
contrat *m*	Vertrag *(geschäftlich)*	↔ Vertrag *politisch* = un traité
~ de travail	Arbeitsvertrag	• Elle a été **embauchée en CDD** de 9 mois à temps partiel.
~ à durée déterminée (CDD)	befristeter Vertrag	• **Les salariés en CDI** sont dans une situation plus confortable que **ceux en CDD**.
~ à durée indéterminée (CDI)	unbefristeter Vertrag	
~ première embauche (CPE)	Erstanstellungsvertrag	*engl.* contract, contractual
être sous ~	unter Vertrag stehen	*span.* contrato, contractual, contratante
signer un ~ avec qn	mit jm. einen Vertrag abschließen	*ital.* contratto, contrattuale
prolonger un ~	einen Vertrag verlängern	
exécuter le ~	einen Vertrag erfüllen	
contractuel, le *adj*	vertraglich	
contractants *m pl*	Vertragspartner	
ouvrier, ère *m f et adj*	I. (Industrie-, Fabrik-)Arbeiter II. Arbeiter-	*span.* obrero *ital.* operaio
les ~s *m pl*	die Arbeiterschaft	
~ qualifié	Facharbeiter	
~ spécialisé	angelernter Arbeiter	
cadre *m*	Angestellter mit Weisungsbefugnis	*ital.* quadro
~ supérieur	leitender Angestellter, Führungskraft	
~ moyen	mittlerer Angestellter, mittlere Führungskraft	
les jeunes ~s	Führungsnachwuchs	
fonctionnaire *m f*	Beamter	*span.* funcionario
les ~s *m pl*	Beamtenschaft, Beamtentum	*ital.* funzionario
fonctionnariser qn	jn. verbeamten	
fonctionnarisation *f*	Verbeamtung	
heure *f*	Stunde	• Elle gagne 12 euros **de l'heure**.
~ supplémentaire	Überstunde	• Notre chef de service m'a demandé de **récupérer mes heures supplémentaires** plutôt de me proposer de me les payer.
récupérer ses ~s supplémentaires	Überstunden abbauen, abfeiern	
c'est l'~ pour moi	ich habe jetzt Feierabend	
horaire *adj*	Stunden-	
~ *m* variable	Gleitzeit, gleitende Arbeitszeit	*engl.* hour
~ *m* à la carte *(fam.)*	Gleitzeit, gleitende Arbeitszeit	*span.* hora, horario
~ *m* de travail fixe	geregelte Arbeitszeit	*ital.* ora, orario

poste *m*	Posten, Stelle	↔ la poste = die Post
~ vaccant	offene, freie Stelle	
		engl. *post*
		span. *puesto*
		ital. *posto*
PDG *m*	Geschäftsführer, Vorstandsvorsitzender	• **PDG** = président directeur général
maître, esse *m f*	Meister	**engl.** *master*
~ artisan	Handwerksmeister	**span.** *maestro*
contremaître *m*	Vorarbeiter	**ital.** *maestro*
fonction *f* **publique**	öffentlicher Dienst	
dans la ~ publique	im öffentlichen Dienst	
manœuvre *m*	Hilfsarbeiter, Handlanger	↔ la manœuvre = das Manöver
		ital. *manovale*
patron, ne *m f*	Arbeitgeber, Chef	**span.** *patrón, patronal*
jeune ~	erfolgreicher junger Unternehmer	**ital.** *padrone*
les grands ~s de l'industrie	die Industriebosse	
fils *m* du ~	Junior	
patronat *m*	Arbeitgeber(-schaft)	
patronal, e *adj*	Arbeitgeber-	
trois-huit *m pl*	Schichtarbeit	• Il a des horaires tournants et **fait les trois-huit** : 22h-6h, 6h-14h, 14h-22h.
faire les ~	Schicht arbeiten	
usine *f*	Fabrik, Werk, Betrieb	
travailler à l'/en ~	in der Fabrik arbeiten	
usinier, ère *adj*	Fabrik-	
usiner qc	etw. maschinell fertigen, fabrikmäßig herstellen	
entreprise *f*	Unternehmen, Firma	**engl.** *enterprise, entrepreneur*
~ familiale	Familienunternehmen, -betrieb	**span.** *empresa, empresario*
petites et moyennes ~s (PME)	Klein- und Mittelbetriebe	
conseiller *m* d'~	Unternehmensberater	
reprendre une ~	ein Unternehmen übernehmen	
entrepreneur, euse *m f*	Unternehmer	
gagner qc	etw. verdienen	**span.** *ganar*
~ sa vie	seinen Lebensunterhalt, Brot verdienen	**ital.** *guadagnare*
~ bien sa vie	gut verdienen	
qualification *f* **(professionnelle)**	berufliche Eignung, Befähigung	**engl.** *qualification, qualified*
qualifié, e *adj*	geeignet, befähigt	**span.** *calificación, cualificado*
personnel *m* ~	geschultes Personal, Fachkräfte	**ital.** *qualificazione, qualificato*
revenu *m* (→ 5.2)	Einkommen	
avoir de gros ~s	große Einkünfte haben	
~ par tête	Pro-Kopf-Einkommen	

Chresto
Lernen was nützlich ist

carrière *f*
    en début/fin de ~
    faire ~ dans qc
    carriériste *m f*
    carriérisme *m*

~, Laufbahn
am Anfang/Ende der Laufbahn
in etw. ~ machen

engl. *career*
span. *carrera*
ital. *carriera, carrierista*

intérim *m*
    agence *f* d'~
    intérimaire *adj*
    personnel *m* ~
    travail *m* ~

Zeitarbeit
Zeitarbeitagentur, -firma
zeitweilig, vorübergehend
Aushilfspersonal
Zeitarbeit

↔ Interim, Interimslösung

prime *f*
    ~ de fin d'année/de Noël
    ~ de vacances

Prämie, Zulage, Bonus
Weihnachtsgeld
Urlausgeld

span. *prima*
ital. *premio*

harcèlement *m* **moral**
    harceler qn au travail

Mobbing
jn. am Arbeitsplatz mobben

période *f* **d'essai**
    être en ~ d'essai

Probezeit
in der Probezeit sein

ressources *f pl* **humaines**

Personalabteilung

engl. *human resources*
span. *recursos humanos*

direction *f*
    directeur, trice *m f*
    diriger une entreprise
    directoire *m*

Geschäftsleitung, -führung
Direktor, Leiter
ein Unternehmen führen
Vorstand, Geschäftsführung

span. *dirección, director, dirigir*
ital. *direzione, direttore, dirigere*

management *m*
    manager *m*

engl. *management, manager*
span. *management, mánager*
ital. *management, manager*

indépendance *f*
    se mettre/s'installer à son compte
    travailler à son compte

    les travailleurs indépendants
    journaliste *m* indépendant

Selbständigkeit
sich selbständig machen

selbständig sein, freiberuflich
tätig sein
die Selbständigen
selbständiger, freier Journalist

• Elle **s'est mise/s'est installée à son compte** l'année dernière.

engl. *independence, independent*
span. *independencia, independiente*
ital. *indipendenza, indipendente*

supérieur, e *m f*

Vorgesetzter

span. *superior*
ital. *superiore*

bureau *m*

    après le ~

1. Büro
2. Schreibtisch
nach Dienstschluss

entretien *m*

Unterredung

réunion *f*
    être en ~

Sitzung, Besprechung
in einer Sitzung, Besprechung
sein

span. *reunión*
ital. *riunione*

Apprendre l'utile

chômage *m*	Arbeitslosigkeit	
~ **partiel**	Kurzarbeit	
~ technique	Arbeitslosigkeit aus technischen Gründen *(Streik der Zulieferer etc.)*	
~ caché	verdeckte Arbeitslosigkeit	
~ croissant	steigende Arbeitslosigkeit	
~ temporaire	vorübergehende Arbeitslosigkeit	
~ record de x %/millions de personnes	Rekordarbeitslosigkeit von x %/Millionen Personen	
taux *m* de ~	Arbeitslosenquote	
le taux de ~ s'élève à x %	die Arbeitslosenquote liegt bei x %	
(taux *m* de) ~ élevé	hohe Arbeitslosigkeit	
assurance-~ *f*	Arbeitslosenversicherung	
allocation (de) ~ *f*	Arbeitslosengeld	
allocation *f* de fin de droits	Arbeitslosenhilfe	
être au ~	arbeitslos sein	
s'inscrire au ~	sich arbeitslos melden	
réduire le ~	die Arbeitslosigkeit verringern	
résorber le ~	die Arbeitslosigkeit beseitigen	
pointer au ~ *(fam.)*	stempeln	
être touché, e par le ~	von der Arbeitslosigkeit betroffen sein	
il y a beaucoup de ~	es herrscht hohe Arbeitslosigkeit	
le ~ dépasse les 5 millions	die Arbeitslosigkeit übersteigt die 5 Millionen	
le ~ augmente (à/de x %)	die Arbeitslosigkeit steigt (auf/um x %)	
le ~ baisse (à/de x %)	die Arbeitslosigkeit sinkt (auf/um x %)	
le ~ recule (à/de x%)	die Arbeitslosigkeit geht zurück (auf/um x %)	
le ~ progresse (à/de x %)	die Arbeitslosigkeit setzt sich fort, steigt weiter an (auf/um x %)	
mettre qn au ~ **partiel**	jn. in Kurzarbeit schicken	
chômeur, euse *m f*	Arbeitsloser	
~ de longue durée	Langzeitarbeitsloser	
chômer	arbeitslos sein, nicht arbeiten	
on ne chôme pas *(fam.)*	wir haben ganz schön viel zu tun	

Assedic *f pl*   Arbeitslosenversicherung
toucher les ~   Arbeitslosengeld bekommen

qualification *f* **(professionnelle)**	(berufliche) Befähigung, Eignung	
qualifié, e *adj*	befähigt, geeignet	
ouvrier *m* ~	Facharbeiter	
personnel *m* ~	geschultes Personal, Fachkräfte	
qualifier qn pour qc	jn. für/zu etw. befähigen	

stage *m*	Praktikum	
~ professionnel	Berufspraktikum	
stagiaire *m f*	Praktikant	

Right-hand sidebar notes:

- Je voulais **faire une demande d'allocation-chômage**, mais on m'a dit que je n'étais pas encore **inscrite au chômage**.
- Le secteur de l'automobile **est le plus touché par le chômage.**
- Les immigrés **sont** deux fois plus **touchés par le chômage** que le reste de la population active.
- L'entreprise s'est engagée à ne licencier aucun des **salariés touchés par le chômage partiel**.
- Lors de la crise financière, les entreprises **ont mis les ouvriers au chômage partiel.**

- **Assedic** = Associations pour l'Emploi Dans l'Industrie et le Commerce

engl. *qualification, qualified, qualify*
span. *calificación, cualificado, calificar*
ital. *qualificazione, qualificato, qualificare*

ital. *stage*

Chresto
Lernen was nützlich ist

C.V. *m*	Lebenslauf	• **C.V.** = curriculum vitæ
		engl. *curriculum vitae* **span.** *curriculum vitae* **ital.** *curriculum vitae*
débouchés *m pl*	Berufsaussichten	
ne pas offrir de ~	keine Berufsaussichten eröffnen	
embaucher qn	jn. ein-, anstellen	• Désolée, **on n'embauche pas.**
se faire ~	eine Beschäftigung annehmen	• J'**ai passé un entretien**
embauche *f*	Ein-, Anstellung	**d'embauche** qui promettait
chercher de l'~	eine Stelle, Arbeit suchen	beaucoup, mais au final, je n'ai
entretien *m* **d'~**	Vorstellungsgespräch	pas eu le poste.
emploi *m* (→ 5.3)	Beschäftigung, Anstellung	• La tendance générale **sur le**
plein ~	Vollbeschäftigung	**marché de l'emploi** reste
marché *m* **de l'~**	Arbeits-, Stellenmarkt	calme et particulièrement
demande *f* d'~	Stellengesuch	favorable aux jeunes diplômés.
demandeur, euse *m f* d'~	Stellensuchender	• Le gouvernement présentera
offre *f* d'~	Stellenangebot	demain son **plan de relance**
relance *f* **de l'~**	Belebung auf dem Arbeitsmarkt	**de l'emploi des jeunes**.
suppression *f* **d'~**	Stellen-, Arbeitsplatzabbau	• Peugeot a annoncé la
avoir un ~	eine Stelle haben	**suppression de 5.000 emplois**
entrer dans un ~	eine Stelle antreten	dans le monde, dont la moitié
chercher un ~	Arbeit, eine Stelle suchen	en France.
être sans ~	arbeitslos sein, keine Anstellung haben	**engl.** *employment, employ,*
créer des ~s	Arbeitsplätze schaffen	*employee, employer*
employer qn	jn. beschäftigen, Arbeit geben	**span.** *empleo, emplear,*
être employé, e *adj*	im Angestelltenverhältnis stehen,	*empleador, empleado*
(chez)	angestellt sein (bei)	
employeur, euse *m f*	Arbeitgeber	
employé, e *m f*	Angestellter	
lettre *f*	Brief	**engl.** *letter*
~ de motivation	Anschreiben,	**ital.** *lettera*
	Bewerbungsschreiben	
~ recommandée	Einschreiben	
recevoir une ~	einen Brief bekommen, erhalten	
poster une ~	einen Brief einwerfen	
poster une ~ à la poste	einen Brief auf der Post aufgeben	
revenu *m* (→ 5.1)	Einkommen	• **R.M.I.** = Revenu Minimum
RMI *m*	Sozialhilfe	d'Insertion
RMIste *m f*	Sozialhilfeempfänger	
délai *m* **de préavis**	Kündigungsfrist	**ital.** *periodo di preavviso*
licencier qn	jn. entlassen, kündigen	**span.** *licenciar*
~ qn sans préavis	jn. fristlos entlassen	**ital.** *licenziare, licenziamento*
licenciement *m*	Entlassung, Kündigung	

personnel *m*	Personal, Belegschaft	• La **réduction du personnel** constitue souvent une mesure d'économie pour les entreprises.
~ auxiliaire	Aushilfspersonal	
réduire le ~	Personal abbauen	
manque *m* de ~	Personalmangel	
compression *f* de ~	Personalabbau	
besoin *m* **en ~**	Personalbedarf	• Dans certains domaines, le **besoin en personnel qualifié** se fait de plus en plus sentir.

engl. *personnel*
span. *personal*
ital. *personale*

cotisation *f* à qc	Beitragszahlung
cotiser à qc	an etw. einen Beitrag zahlen, entrichten
cotisant, e *m f*	Beitragszahler

ANPE *f*	nationale Agentur für Arbeit *(zentrale Arbeitsvermittlungsstelle Frankreichs)*	• **ANPE** = Agence nationale pour l'Emploi
être inscrit, e à l'°~	beim Arbeitsamt gemeldet sein	

formation *f*	(Aus-)Bildung	• J'ai **fait une formation de** secrétaire médicale / **en** secrétariat médical.
~ professionnelle	Berufs(aus)bildung	
~ continue	Weiterbildung	
faire/suivre une ~	eine Ausbildung, Schulung machen	**span.** *formación, formador, formar*
formateur, trice *m f*	Ausbilder, Trainee, Supervisor	**ital.** *formazione*
former qn	jn. ausbilden	

recyclage *m*	Umschulung	**span.** *reciclaje, reciclar*
se recycler dans qc	auf etw. umschulen, sich umschulen lassen	

reconversion *f*	Umschulung, Umorientierung	**span.** *reconversión, reconvertirse*
se reconvertir dans qc	auf etw. umschulen	

retraite *f* (→ 7.9)	1. Rente, Ruhestand
	2. (Alters-)Rente, Pension *(Geld)*
à la/en ~	im Ruhestand, pensioniert
mise *f* à la ~	Versetzung in den Ruhestand
mettre qn à la/en ~	jn. in den Ruhestand versetzen, pensionieren
partir à la ~/prendre sa ~	in den Ruhestand treten, gehen
âge *m* de la ~	Rentenalter
retraité, e *m f et adj*	I. Rentner, Ruheständler II. im Ruhestand
préretraite *f*	Frührente, Vorruhestand
préretraité, e *m f*	Frührentner

recrutement *m*	Rekrutierung, Einstellung	↔ der Rekrut = la recrue
cabinet *m* de ~	Personalvermittlungsbüro	
arrêt *m* du ~	Einstellungsstopp	**engl.** *recruitment, recruit*
recruter qn	jn. rekrutieren, einstellen	
recruteur *m*	(Mitglied)Werber	

candidature *f*	Bewerbung	**engl.** *candidature, candidate*
poser sa ~ à un poste	sich um eine Stelle bewerben	**span.** *candidatura, candidato*
candidat, e *m f* à un poste	Bewerber um eine Stelle	**ital.** *candidatura, candidato*
présélectionner les ~s	die Kandidaten in die engere Wahl nehmen	

Chresto Lernen was nützlich ist

réponse *f* **négative**	Absage *(nur Bewerbung)*	**span.** *negativa*
~ positive	Zusage	**ital.** *risposta negativa*
donner une ~ négative à qn	jm. absagen *(nur Bewerbung)*	
recevoir une ~ négative	eine Absage bekommen	
annonce *f* (→ 7.2)	Anzeige, Annonce	**span.** *anuncio, anunciador*
petites ~s	Anzeigenteil *(Rubrik)*	**ital.** *annuncio*
annonceur *m*	Inserent	
indemnité *f*	Abfindung, Entschädigung	**engl.** *indemnity*
~ parlementaire	Diäten	**span.** *indemnización, indemnizar*
~ kilométrique	Kilometergeld	**ital.** *indennizzo, indennizzare*
indemniser qn de qc	jn. für etw. entschädigen, jm. für etw. Schadensersatz leisten	
indemnisable *adj*	entschädigungsberechtigt	
cessation *f* d'activité progressive	Altersteilzeit	
poste *m*	Posten, Stelle	↔ la poste = die Post
~ vaccant	offene, freie Stelle	
postuler à/pour un ~	sich um/für eine Stelle bewerben	**engl.** *post*
supprimer des ~s	Stellen abbauen	**span.** *puesto*
suppression *f* de ~s	Stellenabbau	**ital.** *posto*

syndicat *m*	Gewerkschaft	• De nombreux ouvriers sont **organisés en syndicat**.
syndiqué, e *adj et m f*	I. gewerkschaftlich organisiert	• Sur un effectif total de 120 ouvriers, 70 **se sont syndiqués à la CGT**.
	II. Gewerkschaftler	
syndical, e *adj*	gewerkschaftlich, Gewerkschafts-	
délégué *m* ~	Gewerkschaftsvertreter	
syndicalisme *m*	Gewerkschaftsbewegung	**span.** *sindicato, sindicalista,*
faire du ~	aktives Mitglied einer	*sindical, sindicalismo*
	Gewerkschaft sein	**ital.** *sindacato, sindacalista,*
syndicalisation *f*	gewerkschaftliche Organisierung	*sindacale, sindacalismo*
se syndiquer	sich gewerkschaftlich	
	organisieren, zusammenschließen	
grève *f*	Streik, Arbeitsniederlegung	• Les syndicats les plus importants **ont annoncé une grève générale** pour jeudi prochain.
~ **générale**	Generalstreik	
~ de la faim	Hungerstreik	• Les ouvriers **en grève** ont occupé l'usine.
~ sur le tas	Sitzstreik	
~ d'avertissement	Warnstreik	
faire (la) ~	streiken	
être en ~	sich im Ausstand befinden, streiken	
se préparer à la ~	sich zum Streik rüsten	
appeler à la ~	zum Streik aufrufen	
briser une ~	einen Streik brechen	
représenter qn	jn. repräsentieren, vertreten	**engl.** *represent, representation, representative*
représentation *f*	Repräsentation, Vertretung	**span.** *representar, representación, representante*
représentant, e *m f*	Repräsentant, Vertreter	**ital.** *rappresentare, rappresentanza, rappresentante*
emploi *m* (→ 5.2)	Beschäftigung, Anstellung	**engl.** *employment, employ, employee, employer*
suppression *f* d'~	Stellen-, Arbeitsplatzabbau	**span.** *empleo, emplear, empleador, empleado*
employer qn	jn. beschäftigen, Arbeit geben	
être employé, e *adj* (chez)	im Angestelltenverhältnis stehen, angestellt sein (bei)	
employeur, euse *m f*	Arbeitgeber	
employé, e *m f*	Angestellter	
intérêts *m pl*	Interessen	• Les **intérêts des ouvriers sont défendus par** les syndicats.
défendre les ~s de qn	js. Interessen vertreten	• Il faut mettre fin à la grève générale, **c'est dans l'intérêt de tout le monde**.
les ~s réciproques	die beiderseitigen Interessen	
dans l'~ public	im öffentlichen Interesse	
c'est dans ton ~ de faire qc	es liegt in deinem Interesse etw. zu tun	
groupement *m* d'~s	Interessenverband	**engl.** *interests*
~s contraires	Interessengegensatz	**span.** *intereses*
~ particuliers	Einzelinteresse	**ital.** *interessi*
lobby *m*		**engl.** *lobby*
		span. *lobby*

Chresto Lernen was nützlich ist

négocier qc	etw. verhandeln	• Les syndicats **ont négocié les**
~ avec qn	mit jm. verhandeln	**35 heures avec** le patronat.
~ un accord	ein Abkommen aushandeln, über	• Les organisations syndicales
	ein Abkommen verhandeln	**ont engagé** avec les
négociation *f*	Verhandlung	organisations patronales
~s salariales	Lohnverhandlungen	**des négociations sur**
engager/entamer des	mit jm. Verhandlungen	l'augmentation des salaires.
~s avec qn	aufnehmen	• Les **négociations se sont**
être en ~ avec qn	mit jm. in Verhandlung stehen	**poursuivies** dans la soirée sans
mener des ~s	Verhandlungen führen	aboutir à un accord.
les ~s se sont	die Verhandlungen wurden	
poursuivies	fortgesetzt, fortgeführt	**engl.** negotiate, negotiation,
négociateur, trice *m f*	Unterhändler	negotiator
		span. negociar, negociación,
		negociador
		ital. negoziare, negoziato,
		negoziatore
augmentation *f* **de qc**	Erhöhung von etw.	• Il **a été augmenté de** 100 €.
augmenter qc	etw. erhöhen	
~ qn	js. Lohn, Gehalt erhöhen	**engl.** augment, augmentation
		span. aumento, aumentar
		ital. aumento, aumentare
travail *m* (→ 5.1)	Arbeit	**span.** trabajo
arrêter le ~	die Arbeit niederlegen	
temps *m* de ~	Arbeitszeit	
qc est déduit du temps	etw. geht von der Arbeitszeit ab	
de ~		
conditions *f pl* de ~	Arbeitsbedingungen	
amélioration *f* **de qc**	Verbesserung von etw.	**engl.** ameliorate, amelioration
améliorer qc	etw. verbessern	**span.** mejoramiento, mejorar
		ital. miglioramento, migliorare
sécurité *m*	Sicherheit	↔ assurer, assurance, rassurer
~ du travail	Arbeitsschutz	• On ne va pas l'attendre, **je suis**
en ~	in Sicherheit	**sûr qu'il est** en retard/**je ne**
s'imaginer en ~	sich in Sicherheit wähnen	**suis pas sûr qu'il soit** à l'heure.
sûr, e *adj*	sicher	• **Tu es sûre de** ce que tu dis ?
c'est ~ et certain	das ist ganz sicher, bombensicher	Cela me semble un peu bizarre.
être ~ de qc	einer Sache sicher, gewiss sein	• Olivier-Sylvain a raté son
être ~ de soi	selbstsicher, selbstbewusst sein	bac – Bah écoute, **j'en étais**
j'en étais ~	ich hab's ja gewusst	**quasiment sûr.**
sécuriser qn	jm. ein Gefühl der Sicherheit	
	geben	**engl.** security, secure, sure
sécurisant, e *adj*	ein Gefühl der Sicherheit	**span.** seguridad, seguro
	verleihend	**ital.** sicurezza, sicuro
revendication *f* **de qc**	Forderung, Anspruch nach/auf	• Les syndicats **n'ont pu faire**
	etw.	**valoir aucune revendication.**
~s salariales	Lohn-, Gehaltsforderungen	
répondre à une ~	einer Forderung nachgeben,	**ital.** rivendicazione
	-kommen	
faire valoir une ~	eine Forderung durchsetzen	
revendiquer qc	etw. fordern, verlangen	
~ qc avec fermeté	etw. mit Nachdruck fordern	
revendicateur, trice *adj*	fordernd	
revendicatif, ve *adj*	der Geltendmachung von	
	Forderungen dienend	
journée *f* ~ve	Aktionstag	

adhérent, e *m f*	Mitglied	• Pour **adhérer à un syndicat**, il est nécessaire de faire **une demande d'adhésion**.
adhérer à un syndicat	in eine Gewerkschaft eintreten, bei-	
adhésion *f* (à qc)	Beitritt	
		engl. adherent
		span. adherirse, adhesión
		ital. aderire, adesione
manifestation *f* (manif *f (fam.)*)	Demonstration, Kundgebung	↔ la démonstration = Beweis (-führung), Vorführung
contre qc	gegen etw.	
la ~ s'est déroulée dans le calme	die Demonstration verlief ruhig	*span.* manifestación, manifestarse, manifestante
manifester contre qc	gegen etw. demonstrieren	*ital.* manifestazione, manifestare, manifestante
manifestant, e *m f*	Demonstrant	
lutter contre/pour qc/qn	gegen/für/um etw./jn. kämpfen	• La lutte **s'annonce longue/ rude/dure/implacable/ chaude/serrée/féroce**...
lutte *f* contre/pour qc/qn	Kampf gegen/für/um etw./jn.	
~ des classes	Klassenkampf	• Les syndicats **mènent une lutte exemplaire pour** l'emploi.
~ acharnée	erbitterter Kampf	
~ violente	heftiger Kampf	
appeler à la ~	zum Kampf aufrufen	
engager la ~	den Kampf aufnehmen	
mener la ~ contre/pour qc/qn	gegen/für etw./jn. (be-)kämpfen, den Kampf führen	*span.* luchar, lucha, luchador
ne pas abandonner la ~	den Kampf nicht aufgeben	*ital.* lottare, lotta, lottatore
la ~ s'annonce + ADJ.	der Kampf fängt ADJ. an, kündigt sich ADJ. an	
lutteur, euse *m f*	Kämpfer	
mobilisation *f*		*engl.* mobilization, mobilize
se mobiliser		*span.* movilización, movilizar
		ital. mobilizzazione, mobilizzare
solidarité *f* **avec qn**		*engl.* solidarity
solidaire *adj* de qn		*span.* solidaridad, solidario, solidarizarse
se sentir ~ de qn	sich mit jm. ~ verbunden fühlen	
se solidariser avec qn		*ital.* solidarietà, solidale, solidarizzare
partenaires *m pl* **sociaux**	Tarifpartner	• Le gouvernement propose **aux partenaires sociaux** des réunions bilatérales pour mener à bien la réforme engagée.
précaire *adj*	prekär, unsicher, heikel *(Situation, Arbeit)*	*engl.* precarious
		span. precario, precariedad
précarité *f*	Prekarität, Unsicherheit	*ital.* precario, precarietà
vivre dans la ~	in sozialer Unsicherheit leben	
entreprise *f* (→ 5.1)	Unternehmen, Firma	*engl.* enterprise, entrepreneur
comité *m* d'~ (CE)	Betriebsrat	*span.* empresa, empresario
entrepreneur, euse *m f*	Unternehmer	

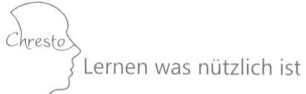

Lernen was nützlich ist

gestion *f*	Leitung, Verwaltung	***span.*** *gestión, gerente, gestionar,*
~ d'entreprise	Betriebsleitung, -führung	*cogestión, cogestionar*
gestionnaire *adj et m f*	I. Geschäftsführungs-,	***ital.*** *gestione, gestore, gerente,*
	Verwaltungs-	*gestire, cogestione, cogestire*
	II. Geschäftsführer, Verwalter	
gérer qc	etw. führen, verwalten	
gérant, e *m f*	Geschäftsführer, Pächter	
~ de succursale	Filialleiter	
cogestion *f*	Mitbestimmung	
droit *m* de ~	Mitbestimmungsrecht	
cogérer qc	in etw. mitbestimmen, etw.	
	mitverwalten	
personnel *m*	Personal, Belegschaft	***engl.*** *personnel*
délégué *m* du ~	Personal-, Arbeitnehmervertreter	***span.*** *personal*
		ital. *personale*
patron, ne *m f* (→ 5.1)	Arbeitgeber, Chef	***span.*** *patrón, patronal*
patronat *m*	Arbeitgeber(-schaft)	***ital.*** *padrone*
relations *f pl* ~-syndicats	Arbeitsverhältnisse *(zw. Arbeitgebern*	
	und Gewerkschaften)	
patronal, e *adj*	Arbeitgeber-	
salaire *m* (→ 5.1)	Lohn, Gehalt	• **S.M.I.C.** = salaire minimum
S.M.I.C. *m*	Mindestlohn	interprofessionnel de
~ mensuel	Monatslohn, -gehalt	croissance
~ horaire	Stundenlohn	
salarial, e *adj*	Lohn-	***engl.*** *salary*
salarié, e *m f*	Arbeitnehmer, Lohn-,	***span.*** *salario, asalariado*
	Gehaltsempfänger	***ital.*** *salario*
~ moyen	Normalverdiener	
salariat *m*	Arbeitnehmerschaft	
conflit *m*		• Les syndicats **sont entrés en**
~s sociaux	Arbeitskämpfe, Tarif~	**conflit avec** le patronariat au
~ larvé	schwelender ~	sujet des salaires.
mettre fin à un ~	einen ~ beilegen	• La réforme des 35 heures
entrer en ~ avec qn	mit jm. in ~ geraten	**a créé un conflit social**
créer un ~	einen ~ hervorrufen	**important** entre les
déclencher un ~	einen ~ auslösen	partenaires sociaux.
régler un ~	einen ~ beilegen	• **Un conflit violent oppose**
un ~ éclate	ein ~ tritt offen zu Tage	les organisations syndicales et
un ~ surgit	ein ~ tritt auf	patronales.
le ~ oppose x et y	der ~ macht x und y zu Gegnern,	
	Widersachern, konfrontiert x mit	***engl.*** *conflict*
	y	***span.*** *conflicto*
		ital. *conflitto*
disposition *f*	Bestimmung, Verfügung	***span.*** *disposición*
~s tarifaires	Tarifbestimmung(en)	***ital.*** *disposizione*

économie *f*	Wirtschaft	• Le Président de la République a exprimé clairement sa volonté de vouloir **bâtir une économie solide**.
~ agricole	Agrarwirtschaft	
~ libérale	freie (Markt-)Wirtschaft	
~ solide	solide Wirtschaft	
~ vigoureuse	kräftige Wirtschaft	• Le Premier ministre a annoncé une série de mesures pour **stimuler l'économie**.
~ florissante	florierende Wirtschaft	
~ de marché	Marktwirtschaft	
~ en expansion	expandierende Wirtschaft	• L'effondrement du secteur bancaire **a plongé l'économie dans une forte récession**.
redresser/relancer l'~	die Wirtschaft wiederbeleben	
stimuler l'~	die Wirtschaft ankurbeln	
revigorer l'~	die Wirtschaft kräftigen	• L'**économie a connu une croissance lente/accélérée/ dynamique/annuelle de 2,5 %**.
plonger l'~ dans la crise	die Wirtschaft in die Krise stürzen	
l'~ connaît une croissance ADJ. **/ de x %**	die Wirtschaft wächst ADJ. / um X %	
l'~ s'accélère	die Wirtschaft zieht an	• L'**économie a ralenti de** - 1,3 % au premier trimestre.
l'~ redémarre	die Wirtschaft erholt sich, zieht wieder an	
l'~ ralentit	die Wirtschaft lässt nach, flaut ab	*engl.* economy, economic, economics, economist
l'~ est en récession	die Wirtschaft geht zurück, ist rückläufig	*span.* economía, económico, economista
l'~ se dégrade	die Wirtschaft verschlechtert sich	*ital.* economia, economico, economista
l'~ s'essouffle	die Wirtschaft erlahmt, geht die Luft aus	
économique *adj*	Wirtschafts-, wirtschaftlich	
économiste *m f*	Wirtschaftswissenschaftler	
économe *m f*	Verwalter	
mondialisation *f*	Globalisierung	↔ le monde = die Welt
mondialiser qc	etw. globalisieren	mondial, e = weltweit
mondialiste *m f et adj*	I. Globalisierer	
	II. Globalisierungs-	*span.* mundialización
altermondialiste *m f et adj*	I. Globalisierungsgegner	
	II. gegen die Globalisierung	
marché *m*	Markt	• Connaissez-vous un **restaurant bon marché** dans le coin ?
~ aux puces/aux fleurs	Flohmarkt/Blumenmarkt	
le °~ commun	der Gemeinsame Markt, die EG	• L'année dernière, les cigarettes étaient encore **meilleur marché**.
le grand ~	der europäische Binnenmarkt	
lancer un produit sur le ~	ein Produkt auf den Markt bringen	• Un nouveau médicament contre le cancer **a été retiré du marché**.
retirer un produit du ~	ein Produkt vom Markt nehmen	
conquérir le ~ de qc	den Markt von etw. erschließen	• Peugeot **se retire du marché** automobile japonais.
bon ~ *adv (invariable)*	billig	
marchandise *f*	Ware	
remballer sa ~ *(fam.)*	auf seiner Ware sitzen bleiben	*engl.* market, merchant, merchandise
marchand, e *m f et adj*	I. Händler	*span.* mercado, mercancía, mercader
	II. Handel-	
~ en/de gros	Großhändler	*ital.* mercato, mercanzia, mercante, mercanteggiare, mercanteggiamento
marchander qc	um etw. handeln, feilschen	
marchandage *m de qc*	Handel, Feilschen um etw.	

Lernen was nützlich ist

secteur *m*	Wirtschaftssektor, Bereich	• Il y a plus d'emploi **dans le (secteur) tertiaire** que **dans le (secteur) primaire**.
~ **primaire**	Agrarwirtschaft und Bergbau, primärer Sektor	
~ secondaire	industrieller, sekundärer Sektor	
~ **tertiaire**	Dienstleistungs-, tertiärer Sektor	***engl.*** *sector*
~ privé	Privatwirtschaft	***span.*** *sector*
~ public	Staatswirtschaft	***ital.*** *settore*
~ artisanal	gewerblicher Sektor	
investisseur *m*	Investor, Anleger	***engl.*** *investor, invest, investment*
investir dans qc	in etw. investieren, anlegen	***span.*** *inversor, invertir, inversión*
investissement *m* dans qc	Investition, Anlage in etw.	***ital.*** *investitore, investire,*
réaliser un ~	eine Investition tätigen	*investimento*
fonder qc	etw. gründen	***engl.*** *found, foundation, founder*
fondateur, trice *m f*	Gründer	***span.*** *fundar, fundador, fundación*
fondation *f*	Gründung	***ital.*** *fondare, fondatore,*
		fondazione
commerce *m*	1. Handel	• Ce produit est tout récent, il n'est pas encore **dans le commerce**.
	2. Geschäft, Laden	
~ extérieur	Außenhandel	• Où est-ce que tu as eu ton nouvel appareil photo ? Ça **se trouve dans le commerce**.
~ intérieur	Binnenhandel	
~ équitable	fairer Handel	• Mes parents **tiennent un petit commerce** au coin de la rue.
~ de détail	Einzelhandel	
~ de gros	Großhandel	• La maison Brossard **fait le commerce de** tous les vins du Sud.
dans le ~ de détail/gros	im Einzel-/Großhandel	
être dans le ~	im Handel tätig sein	• **Le petit commerce** subit une forte concurrence des supermarchés.
faire du ~ avec qn	mit jm. Handel treiben	
faire le ~ de qc	mit etw. handeln	• Demain, c'est un jour férié et tous **les commerçants** seront fermés.
tenir un ~	ein Geschäft haben, führen	
le petit ~	die kleinen Kaufleute, der Einzelhandel	
employé, e *m f* de ~	kaufmännisch Angestellter	
commerçant, e *m f et adj*	I. Kaufmann	
	II. Handels-, Geschäfts-	***engl.*** *commerce, commercial,*
les petits ~s	die kleinen Kaufleute, Einzelhändler	*commercialism, commercialize, commercialization*
rue *f* ~e	Geschäftsstraße	***span.*** *comercio, comerciante,*
commercer avec qn	mit jm. Handel treiben	*comerciar, comercial,*
commercial, e *adj*	Handels-, kaufmännisch, kommerziell	*comercializar, comercialización*
relations *f pl* ~es	Handelsbeziehungen	***ital.*** *commercio, commerciante,*
entretenir des relations ~es avec qn	mit jm. Handelsbeziehungen unterhalten	*commerciare, commerciale,*
gros succès *m* ~	Verkaufsschlager	*commercializzare,*
commercialiser qc	etw. vermarkten, kommerzialisieren	*commercializzazione*
commercialisation *f*	Vermarktung, Kommerzialisierung	

clientèle *f* — Kundschaft
    fidéliser la ~ — die Kundschaft (an sich) binden
    se créer une ~ — sich einen Kundenstamm aufbauen
    développer la ~ — den Kundenstamm erweitern
    suivi *m* de la ~ — Kundenbetreuung
client, e *m f* — Kunde
    ~ fidèle — Stammkunde
    ~ satisfait — zufriedener Kunde
    ~ insatisfait — unzufriedener Kunde
    prospecter de nouveaux ~s — Neukunden werben, akquirieren

- On espère que les nouvelles modalités de paiement **fidéliseront la clientèle.**
- La compagnie Falk & fils **a développé sa clientèle** de 5 % dans les pays germanophones.

engl. clientele, client
span. clientela, cliente
ital. clientela, cliente

fournisseur *m* — Lieferant
    fournir qc à qn — jm. etw. liefern, besorgen
    ~ qn en qc — jm. mit etw. beliefern, versorgen
    fourniture *f* — Lieferung

- Vous avez de belles choses, chez qui **vous fournissez-vous** ? / qui est votre **fournisseur** ?
- On **a fourni** une centaine de tables à l'entreprise Dupont.
- Deux fermes **nous fournissent en** légumes frais.

ital. fornitore, fornire, fornitura

livrer qc à qn — jm. etw. liefern, anliefern
    ~ qc à domicile — etw. ins Haus liefern, zustellen
    livreur *m* — Auslieferer, Ausfahrer
    livraison *f* — Lieferung, Anlieferung
    ~ à domicile — Lieferung ins Haus
    ~ contre remboursement — Lieferung gegen Nachnahme
    livrable/disponible *adj* — lieferbar

- On vous **livrera** dès que l'article sera **disponible.**
- Vous devez **payer à la livraison.**

engl. deliver, deliverer, delivery, deliverable

acheter qc — etw. kaufen
    ~ qc à qn — 1. jm. etw. kaufen / 2. jm. etw. abkaufen
    ~ qc chez qn — etw. bei jm. kaufen
    ~ qc (pour) X € — etw. für X € kaufen
    inciter les gens à ~ — die Kauflust steigern
    proposer d'~ qc — etw. zum Kauf anbieten
    acheteur, euse *m f* — Käufer, Abnehmer
    achetable *adj* — käuflich
    achat *m* — Kauf, Einkauf, Ankauf
    pouvoir *m* d'~ — Kaufkraft

vendre qc à qn — jm. etw. verkaufen
    ~ qc (à) X € — etw. für X € verkaufen
    à ~ — zu verkaufen *(Plakat, Anzeige)*
    vendeur, euse *m f* — Verkäufer
    je ne suis pas ~ — ich verkaufe (es) nicht
    vendable *adj* — verkäuflich
    vente *f* — Verkauf, Vertrieb
    ~ aux enchères — Versteigerung
    ~ à tempérament — Ratenkauf
    ~ en gros — Großvertrieb
    ~ par correspondance — Versandhandel
    en ~ chez/dans — erhältlich bei/in
    mettre qc en ~ — etw. zum Verkauf bringen, anbieten
    retirer qc de la ~ — etw. aus dem Verkauf nehmen
    doper la ~ — die Verkaufszahlen steigern

- Il voulait acheter ma voiture, mais **je ne suis pas vendeuse.**
- Nivea **a retiré de la vente** une crème qui provoque de fortes irritations cutanées (= de la peau).
- Internet **dope** sans doute **la vente** à distance.

span. vender, vendedor, vendible, venta
ital. vendere, venditore, vendibile, vendita

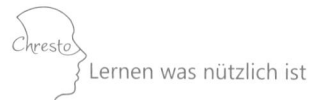

Chresto
Lernen was nützlich ist

offre *f*	Angebot	• Peugeot **a lancé une offre publique d'achat sur** Renault.
~ **publique d'achat (O.P.A.)**	Übernahmeangebot	
~ limitée	begrenztes, knappes Angebot	*engl.* offer
faire une ~	ein Angebot abgeben, erstellen	*span.* oferta, ofrecer, ofrecedor, oferente
profiter d'une ~	ein Angebot wahrnehmen	
offrir qc à qn pour qc	jm. etw. für etw. anbieten	*ital.* offerta, offrire, offerente
offreur *m*	Anbieter *(eines Produkts)*	
offrant *m*	Bietender	
le plus ~	der Meist-, Höchstbietende	
demande *f* de qc	Nachfrage nach etw.	• Apple **a enregistré une demande croissante** pour son iPod au premier trimestre.
~ élevée	lebhafte, rege Nachfrage	
~ **croissante**	steigende Nachfrage	
animer la ~	die Nachfrage beleben	
la ~ excède l'offre	die Nachfrage übersteigt das Angebot	*engl.* demand
		span. demanda
la ~ s'est accélérée	die Nachfrage ist angezogen	*ital.* domanda
la ~ augmente	die Nachfrage steigt	
la ~ baisse	die Nachfrage geht zurück	
la ~ ralentit	die Nachfrage lässt nach, flaut ab	
être demandé, e	nachgefragt, begehrt sein	
stagnation *f*		*engl.* stagnation, stagnate
stagner		*ital.* stagnazione, stagnare
essor *m*	Aufschwung, Boom	• Les produits bio sont un marché **en plein essor**.
en plein ~	in vollem Aufschwung, aufstrebend	
prendre un ~	einen Aufschwung erfahren	
récession *f*		• « **Une récession se profile** dès cette année en France », estime O.-S. Le Tarn, économiste qui prévoit une baisse de 0,2 % du PIB.
une ~ se profile	eine ~ zeichnet sich ab	
la ~ se poursuit	die ~ setzt sich fort	
la ~ s'installe en France/dans l'industrie	Frankreich/die Industrie gerät in eine ~; die ~ erfasst Frankreich/die Industrie	• La **récession s'installe dans l'industrie automobile** et les licenciements ne vont pas tarder à se multiplier.
		engl. recession
		span. recesión
		ital. recessione
régression *f*	Rückgang, Abschwung	• La crise économique **se traduit par une grave régression**.
être en (voie de) ~	im Rückgang, rückläufig sein	
qc se traduit par une ~	etw. äußert sich durch einen Abschwung, etw. schlägt sich in einem Abschwung nieder	*engl.* regression, regress, regressive
régresser	zurückgehen	*span.* regresión, regresivo
régressif, ve *adj*	rückläufig, regressiv	*ial.* regressione, regredire, regressivo
société *f*	Gesellschaft	*span.* sociedad, socio
~ anonyme (= SA)	Aktiengesellschaft	*ital.* società, socio
~ à responsabilité limitée (= SARL)	Gesellschaft mit begrenzter Haftung, GmbH	
sociétaire *m f*	Gesellschafter	
siège *m* social	Firmen-, Geschäftssitz	

compétition f	Wettbewerb, Konkurrenzkampf	• Apple et Microsoft **se**
~ acharnée	erbitterter, unerbittlicher	**retrouvent en compétition**
	Konkurrenzkampf	sur le marché de l'ordinateur.
se retrouver en ~ avec qn	sich mit jm. im Konkurrenzkampf befinden	
faire face à la ~	dem Wettbewerb die Stirn bieten	**engl.** competition,
compétitivité f	Wettbewerbs-,	competitiveness, competitive
	Konkurrenzfähigkeit	**span.** competición,
renforcer la ~	die Konkurrenzfähigkeit stärken	competitividad, competitivo
compétitif, ve adj	wettbewerbs-, konkurrenzfähig	**ital.** competizione, competitività, competitivo
concurrence f	Konkurrenz, Wettbewerb	• Pour **soutenir la concurrence**,
libre ~	freier Wettbewerb	il faut que **nous nous**
~ déloyale	unlauterer Wettbewerb	**démarquions** par de nouveaux
entrer en ~ avec qn	mit jm. in Wettbewerb treten	produits.
être en ~ avec qn	mit jm. in Konkurrenz stehen	
soutenir la ~	mit der Konkurrenz Schritt halten, konkurrenzfähig sein	**ital.** concorrenza, concorrente, concorrere
se démarquer de la ~	sich von der Konkurrenz absetzen	
écraser la ~	die Konkurrenz ausschalten, verdrängen	
fausser la ~	den Wettbewerb verfälschen	
Conseil m de la ~	Kartellamt	
concurrent, e adj et m f	I. konkurrierend, Konkurrenz- II. Konkurrent, Wettbewerber	
concurrentiel, le adj	konkurrierend, Konkurrenz-	
prix m pl ~s	konkurrenzfähige Preise	
concurrencer qn	jm. konkurrieren, Konkurrenz machen	
croissance f de X %	Wachstum von X %	↔ en berne = wörtlich : auf
~ durable	anhaltendes, nachhaltiges Wachstum	Halbmast
		• La France **a enregistré une**
~ nulle	Nullwachstum	**croissance nulle** au deuxième
~ continue	kontinuierliches Wachstum	trimestre.
~ solide	solides Wachstum	• Journal : Hautes technologies –
~ accélérée	beschleunigtes Wachstum	**Europe en perte de vitesse**.
~ vigoureuse	kräftiges Wachstum	• La croissance du marché
~ fulgurante	rasantes Wachstum	automobile est **en perte de**
~ en perte de vitesse	nachlassendes, rückläufiges Wachstum	**vitesse**.
		• Le ministre de l'Économie
~ faible/molle	schwaches Wachstum	prévoit une **croissance molle**
~ en berne	schleppendes Wachstum	pour 2012.
générer une ~	ein Wachstum erzeugen	• Une **croissance en berne**
connaître une ~	wachsen, ein Wachstum erfahren	menace l'équilibre du budget
enregistrer une ~ de X %	ein Wachstum von X % verzeichnen	public.
		• Le gouvernement **table sur**
tabler sur une ~ de X %	mit einem Wachstum von X % rechnen	**une croissance** du PIB français de 1,7 % en 2012.
renforcer la ~	das Wachstum stärken	
stimuler la ~	das Wachstum ankurbeln	**span.** crecimiento
enregistrer une ~ ADJ./ de X %	ein ADJ. Wachstum/von X % verzeichnen	**ital.** crescita
la ~ rebondit à X %	das Wachstum steigt auf X % an	
la ~ s'accélère	das Wachstum zieht an	
la ~ est supérieure à X %	das Wachstum liegt über X %	
la ~ est inférieure à X %	das Wachstum liegt unter X %	
la ~ (se) ralentit	das Wachstum lässt nach, geht zurück	

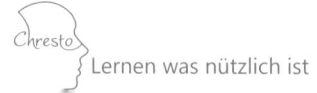

Chresto
Lernen was nützlich ist

conjoncture *f*	Konjunktur, Wirtschaftslage	• **Dans la conjoncture actuelle**, ça va être difficile de trouver un emploi.
~ défavorable	schlechte Konjunktur	
~ à la *hausse	steigende Konjunktur	
~ à la baisse	rückläufige Konjunktur	• La **crise financière a affecté la conjoncture** mondiale.
~ morose	flaue Konjunktur	
relancer la ~	die Konjunktur ankurbeln	
freiner la ~	die Konjunktur dämpfen	**span.** *coyuntura, coyuntural*
la ~ s'améliore	die Konjunktur bessert sich	**ital.** *congiuntura, congiunturale*
la ~ se dégrade	die Konjunktur verschlechtert sich	
la ~ se redresse	die Konjunktur erholt sich	
la ~ faiblit	die Konjunktur lässt nach	
la ~ se retourne	die Konjunktur dreht	
x affecte la ~	x erschüttert, trifft die Konjunktur	
conjoncturel, le *adj*	konjunkturell, konjunkturbedingt	
conjoncturiste *m f*	Konjunkturexperte	
trou *m* **d'air**	Konjunkturdelle	
bénéfice *m* (bénéf *fam.*)	Gewinn, Ertrag	→ bénéficier de qc
~ escompté	erhoffter Gewinn	• Comment expliquer que les entreprises suppriment des postes, alors qu'ils **engrangent de gros bénéfices** ?
~ imposable	steuerpflichtiger Gewinn	
de gros ~s	saftige Gewinne	
faire/réaliser/dégager un ~	einen Gewinn erzielen	
produire des ~s	Gewinn abwerfen	**span.** *beneficio, beneficiario*
engranger des ~s	Gewinne einfahren	**ital.** *beneficio, beneficiario*
être en ~	in den schwarzen Zahlen sein	
le ~ par action ressort à X €	der Gewinn pro Aktie liegt bei X €	
bénéficiaire *adj*	gewinnbringend, Gewinn-	
être ~	mit Gewinn arbeiten, Gewinn erwirtschaften	
marge *f* de ~	Gewinnspanne, Marge	
bilan *m*	Bilanz, Abschluss	
établir/dresser un ~ *(aussi fig.)*	eine Bilanz aufstellen	
faire le ~ de qc	die Bilanz aus etw. ziehen	
déposer le ~	Konkurs anmelden	
déficit *m*	Defizit	**engl.** *deficit*
~ budgétaire	Haushaltsdefizit	**span.** *déficit, deficitario*
être en ~	ein Defizit aufweisen, in den roten Zahlen stehen	**ital.** *deficit, deficitario*
déficitaire *adj*	mit Verlust abschließend, verlustreich	
dépense *f*	Ausgabe, Aufwendung	• Je te donne de l'argent, mais tu ne vas pas le **dépenser en** cigarettes.
~s publiques	öffentliche Ausgaben, Staats-	
faire une grosse ~	viel Geld ausgeben	
dépenser de l'argent	Geld ausgeben, aufwenden	
~ sans compter	Geld mit vollen Händen ausgeben	
dépensier, ère *adj et m f*	I. verschwenderisch	
	II. Verschwender	

frais *m pl* — Kosten, Unkosten, Ausgaben

~ de déplacement — Reisekosten
~ d'entretien — Instandhaltungskosten
~ d'exploitation — Betriebskosten
aux ~ de la princesse *(fam.)* — auf Staats-, Betriebskosten

tous ~ compris — einschließlich aller Unkosten
qc fait des ~ — etw. verursacht Kosten
faire ses ~ *(fam.)* — seine Kosten decken
se mettre en ~ — sich in Unkosten stürzen
supporter les ~ de qc — für etw. die Kosten tragen
entraîner des ~ — mit Kosten verbunden sein, verursachen
les ~ s'élèvent à X € — die Kosten belaufen sich auf X €

> • Que penser des ministres qui partent en vacances **aux frais de la princesse** ?
> • L'entreprise est loin de **faire ses frais**.

privatisation *f*
privatiser qc

> ***engl.*** *privatize, privatization*
> ***span.*** *privatización, privatizar*
> ***ital.*** *privatizzazione, privatizzare*

production *f*
produire qc
produit *m*
PIB *m* — Bruttoinlands~
PNB *m* — Bruttosozial~
producteur, trice *m f et adj* — I. / II.
productif, ve *adj*
productivité *f*

> • **PIB** = produit intérieur brut
> • **PNB** = produit national brut

> ***engl.*** *production, produce, product, producer, productive, productivity*
> ***span.*** *producción, producir, producto, productor, productivo, productividad*
> ***ital.*** *produzione, produrre, prodotto, produttore, produttivo, produttività*

profit *m*
profitable *adj*
profiteur, euse *m f*

> ↔ profiter de qc

> ***engl.*** *profit, profitable*
> ***ital.*** *profitto*

industrie *f*
~ lourde — Schwer~
industriel, le *adj et m f* — I. / II.
industrialiser qc
industrialisation *f*

> ***engl.*** *industry, industrial, industrialize, industrialization*
> ***span.*** *industria, industrial, industrializar, industrialización*
> ***ital.*** *industria, industriale, industrializzare, industrializzazione*

prospérité *f* — Wohlstand, Prosperität
être en pleine ~ — eine Hochkonjunktur erleben
prospérer — blühen, florieren, prosperieren
prospère *adj* — blühend, florierend, prosperierend

> ***engl.*** *prosperity, prosper, prosperous*
> ***span.*** *prosperidad, prosperar, próspero*
> ***ital.*** *prosperità, prosperare, prospero*

rentabilité *f*
rentable *adj*
rentabiliser qc

> ***span.*** *rentabilidad, rentable, rentabilizar*

restructuration
restructurer qc

> ***engl.*** *restructuring, restructure*
> ***span.*** *reestructuración, reestructurar*
> ***ital.*** *ristrutturazione, ristrutturare*

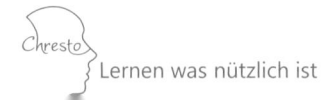

faillite *f*	Konkurs, Bankrott	***ital.*** *fallimento*
être en ~	bankrott, pleite sein	
faire ~	Bankrott, Pleite machen	
chiffre *m* **d'affaires**	Umsatz	***ital.*** *cifra d'affari*
augmenter le ~ d'affaires	den Umsatz steigern	
le ~ d'affaires baisse/est en baisse	der Umsatz geht zurück, sinkt	
réaliser un ~ d'affaires de X €	einen Umsatz von X € machen	

Bourse *f*	Börse	
cotation *f* en °~	Börsennotierung	
chute *f* de la °~	Börsensturz	
introduction *f* à la °~	Börsengang, Einführung an der Börse	
s'introduire/entrer en °~	an die Börse gehen	
être coté, e en °~	an der Börse gehandelt werden	
spéculer à la °~	an der Börse spekulieren	
revigorer la °~	die Börse kräftigen	
placer de l'argent en °~	Geld an der Börse anlegen	
la °~ monte/est à la *hausse	die Börse steigt	
la °~ baisse/est à la baisse	die Börse sinkt, fällt	
la °~ plonge	die Börse sinkt, fällt	***span.*** *Bolsa*
la °~ clôture en hausse	die Börse schließt freundlich	***ital.*** *Borsa*
la °~ s'effondre	die Börse bricht zusammen	
la °~ est volatile	die Börse schwankt, ist unbeständig	
la °~ se redresse	die Börse erholt sich	
la °~ est en chute libre	die Börse ist auf Talfahrt	
la °~ a apprécié qc/que	die Börse hat etw. freundlich aufgenommen/dass	
la °~ a anticipé qc	die Börse hat etw. vorweggenommen	
boursier, ère *adj et m f*	I. Börsen- II. Börsenmakler	
cours *m* ~	Börsenkurs	
code *m* ~	Wertpapierkennnummer, WKN	
tuyau *m* ~	Börsentipp	
boursicoter	kleine Börsengeschäfte machen, ein wenig an der Börse spekulieren	
boursicotage *m*	kleine Börsengeschäfte	

> - Wall Street **a clôturé en hausse de** 0,75 % à 9.243 points.
> - La Bourse **a apprécié l'annonce** de 35 000 licenciements/**les résultats** du premier trimestre de Peugeot.
> - La Bourse **a apprécié que** le parti de gauche n'ait pas remporté les élections législatives.
> - La Bourse **a anticipé la reprise** de l'écomomie mondiale.

libre-échange *m*	Freihandel	↔ un échange, échanger
libre-échangiste *adj et m f*	I. Freihandels- II. Anhänger des Freihandels	
libéralisation *f*		↔ libre, liberté, libération, libérer
libéraliser qc		***span.*** *liberalización, liberalizar, liberalismo*
libéralisme *m*		***ital.*** *iberalizzazione, liberalizzare, liberalismo*

monopole *m*
    détenir un ~   eine ~stellung innehaben
    avoir le ~ de qc   das ~ für/auf etw. haben
  monopoliser qc
  monopolisation *f*
  monopoliste *adj et m f*   I.
                            II.

engl. monopoly, monopolize, monopolist, monoplistic
span. monopolio, monopolizar, monopolización, monopolista
ital. monopolio, monopolizzare, monopolizzazione, monopolista

subvention *f*
  subventionner qc

engl. subvention
span. subvención, subvencionar
ital. sovvenzione, sovvenzionare

capital *m*
    fournir des capitaux   ~ aufbringen
    procurer des capitaux ~ beschaffen
    riche *adj* en capitaux ~kräftig
    mouvement *m* des   ~fluss, Geldfluss
    capitaux
    fuite *f* des capitaux   ~flucht
  capitalisation *f*
  capitaliser qc
  capitalisme *m*
  capitaliste *adj et m f*   I.
                            II.
  capitalisable *adj*

engl. capital, capitalization, capitalism, capitalist, capitalize, capitalistic
span. capital, capitalización, capitalizar, capitalismo, capitalista, capitalizable
ital. capitale, capitalizzazione, capitalizzare, capitalismo, capitalista

expansion *f*
    être en ~   expandieren
  expansif, ve *adj*
  expansionnisme *m*
  expansionniste *adj*

engl. expansion, expand, expansionism, expansionist, expansive
span. expansión, expansivo, expansionismo
ital. espansione, espansivo, espansionismo, espansionistico

délocalisation *f*   Aus-, Verlagerung
  délocaliser qc   etw. aus-, verlagern

↔ lokal

span. dislocación, deslocalizar
ital. dislocamento, dislocare

rationalisation *f*
  rationaliser qc

engl. rationalize, rationalization
span. racionalización, racionalizar
ital. razionalizzazione, razionalizzare

Chresto
Lernen was nützlich ist

couple *m*
le ~ franco-allemand

former un ~

Paar, Ehe-
das dt.-frz. Paar, die dt.-frz.
Partnerschaft
ein Paar bilden, abgeben

engl. *couple*
ital. *coppia*

revendication *f* (de qc)
~s territoriales
la ~ vise à qc/à faire qc

adresser une ~ à qn
refuser/rejeter une ~

revendiquer qc

~ une compensation

revendicateur, trice *adj*

Forderung, Anspruch (auf etw.)
Gebietsforderungen, -ansprüche
die Forderung zielt auf etw. ab/
darauf ab, etw. zu tun
an jn. eine Forderung richten
eine Forderung ab-,
zurückweisen
etw. fordern, verlangen,
beanspruchen
einen Ausgleich fordern,
verlangen
fordernd

• Les entreprises **refusent/
rejettent les revendications
salariales** des ouvriers en
prenant comme prétexte la
crise financière violente.

span. *reivindicación, reivindicar,
reivindicador*
ital. *rivendicazione, rivendicare,
rivendicativo*

Rhin *m*
outre-Rhin

rhénan, e *adj*

Rhein
auf der anderen Seite des Rheins
(=Deutschland)
rheinisch

• Il y a outre-Rhin environ
160.000 Français expatriés.

engl. *Rhine, Rhenish*
span. *Rin*
ital. *Reno, renano*

guerre *f* (→ 3.1)
~ franco-allemande
Première/Seconde °~
mondiale
pendant la Seconde°~
mondiale
~ de mouvement
~ de positions
entre-deux-~s *m*

la drôle de ~

~ froide

Krieg
dt.-frz. Krieg
1./2. Weltkrieg

im 2. Weltkrieg

Bewegungskrieg
Stellungskrieg
Zwischenkriegszeit (1. – 2.
Weltkrieg)
die ersten ereignislosen Monate
des 2. Weltkrieges
Kalter Krieg

• **Dans l'entre-deux-guerres**,
la crise économique de 29 a
touché toute l'Europe.

span. *guerra*
ital. *guerra*

humilier qn
humiliation *f*
subir une ~
humiliant, e *adj*
humilié, e *adj*

jn. demütigen, erniedrigen
Demütigung, Erniedrigung
eine Demütigung erleiden
demütigend, erniedrigend
gedemütigt, erniedrigt

engl. *humiliate, humiliation,
humiliating, humiliated*
span. *humillar, humillación,
humillante, humillado*
ital. *umiliare, umiliazione,
umiliante, umiliato*

ressentiment *m*
**éprouver du ~ envers/à
l'égard de qn**

Ressentiment, Gefühl des Grolls
jm. gegenüber Ressentiments
haben/hegen

↔ (res)sentir
• À la suite du Traité de
Versailles, de nombreux
Allemands **ont éprouvé un
vif ressentiment envers** les
Français.

engl. *resentment*
span. *resentimiento*
ital. *risentimento*

rivalité *f*
rival, e *m f et adj*

rivaliser (avec qn de qc)

I.
II.

engl. *rivalry, rival*
span. *rivalidad, rival, rivalizar*
ital. *rivalità, rivale, rivaleggiare*

nazi, e m f et adj

nazisme m

I.
II.

engl. *Nazi, Nazism*
span. *nazi, nacismo*
ital. *nazista, nazismo*

national-socialisme m
national-socialiste m f et adj

I.
II.

engl. *National Socialism*
span. *nacionalsocialismo,*
nacionalsocialista
ital. *nazionalsocialismo,*
nazionalsocialista

rattachement m **d'un territoire**

rattacher un territoire à qc

Anschluss, Angliederung eines
Gebiets
ein Gebiet an etw. anschließen,
angliedern

↔ attacher, attachement

rapports m pl

~s étroits/amicaux/
cordiaux (entre x et y)
avoir de bons ~s avec
qn
entretenir de bons ~s
avec qn
créer/établir des ~s avec
qn
avoir des ~s tendus
avec qn
établir un ~ (entre qc
et qc)

Beziehungen, Verhältnis *(Personen,*
Länder)
enges/freundschaftliches/
herzliches Verhältnis (zw. x und y)
ein gutes Verhältnis zu jm. haben

gute Beziehungen zu jm.
unterhalten
zu jm. Beziehungen knüpfen,
aufbauen
ein angespanntes Verhältnis zu/
mit jm. haben
eine Beziehung herstellen
(zwischen etw. und etw.)

• Merkel et Sarkozy
entretiennent-ils de bons
rapports amicaux ou **ont-ils**
des rapports tendus ?
• **J'ai de bons rapports avec**
mes parents.
• La recherche médicale **a établi**
un rapport étroit entre
la cigarette et le cancer du
poumon.

engl. *rapport*
ital. *rapporto*

rapport m **de force**
~ de force économique/
militaire/ politique
créer un ~ de force
inverser le ~ de force

Kräfteverhältnis
wirtschaftliches/militärisches/
politisches Kräfteverhältnis
ein Kräfteverhältnis schaffen
das Kräfteverhältnis umkehren

ital. *rapporto di forze*

rapprochement m **(avec qn)**

~culturel/économique/
politique

engager un ~

faire un ~ (avec/entre
qc)

rapprocher des personnes

se ~

se ~ de qn

Annäherung, Verständigung (mit
jm.)
kulturelle/wirtschaftliche/
politische Annäherung,
Verständigung
eine Annäherung, Verständigung
beginnen, einleiten
einen Zusammenhang,
Verbindung herstellen (mit/
zwischen etw.)
Leute einander näher bringen,
zusammenbringen
sich annähern, sich näher
kommen
jm. näher kommen, sich jm.
annähern

↔ proche, approcher
• **Le rapprochement franco-**
allemand connaît un premier
point fort en 1963 avec le
Traité de l'Élysée.
• En 1971, Willy Brandt a obtenu
le prix Nobel de la paix pour sa
politique de rapprochement
entre l'Allemagne de l'Ouest et
les pays communistes de l'Est.
• Lorsque des cimetières juifs ont
été dévastés en France, certains
n'ont pas pu s'empêcher de
faire le rapprochement avec
l'Allemagne nazie.

traité m
~ bilatéral
conclure un ~ bilatéral

°~ de l'Élysée

Vertrag
bilateraler Vertrag
einen bilateralen Vertrag
schließen
dt.-frz. Freundschaftsvertrag

• **Le Traité de l'Élysée** signé
le 22 janvier 1963 donne
naissance au couple franco-
allemand.

engl. *treaty*
span. *tratado*
ital. *trattato*

RDA *f*	DDR	↔ République Démocratique Allemande
en ~	in der DDR	
l'ancienne ~	die ehemalige DDR	
dans l'ancienne ~	in der ehemaligen DDR	***engl.*** *GDR = German Democratic Republic* ***span.*** *RDA = República Democrática Alemana* ***ital.*** *RDT = Repubblica Democratica Tedesca*
RFA *f*	BRD	↔ République fédérale d'Allemagne
en ~	in der BRD	
		engl. *Federal Republic of Germany* ***span.*** *República Federal Alemana* ***ital.*** *Repubblica Federale di Germania*
réconciliation *f*	Ver-, Aussöhnung	↔ konziliant
esprit *m* de ~	Versöhnungsbereitschaft	• La fondation de l'OFAJ est certainement une initiative qui **a favorisé la réconciliation entre** les jeunes allemands et français.
favoriser la ~	die Versöhnung fördern, unterstützen	
sceller la ~	die Versöhnung besiegeln	
se réconcilier (avec qn)	sich ver-, aussöhnen (mit jm.)	
		engl. *reconciliation, reconcile* ***span.*** *reconciliar, reconciliación* ***ital.*** *riconciliazione, riconciliare*
OFAJ *m*	deutsch-französisches Jugendwerk	• OFAJ = office franco-allemand pour la jeunesse
rencontre *f*	Treffen, Begegnung	• Konrad Adenauer **est allé à la rencontre** du gouvernement français.
faire la ~ de qn	js. Bekanntschaft machen	
organiser une ~	ein Treffen arrangieren	• Dans les relations franco-allemandes depuis 1945, on **a rencontré quelques difficultés à** se mettre d'accord sur tous les projets.
aller/venir à la ~ de qn	jm. entgegengehen/-kommen	
rencontrer qn	jn. treffen, begegnen	
~ des difficultés	auf Schwierigkeiten stoßen	
se ~	sich treffen, begegnen	
		span. *encontrar, encuentro* ***ital.*** *incontro, incontrare*
échange *m*	(Aus-)Tausch	• Peu à peu, la France et l'Allemagne **ont intensifié leurs échanges commerciaux**.
~ scolaire	Schüleraustausch	
~s commerciaux	Handelsverkehr	• Ok, je fais la cuisine et **en échange** tu fais la vaisselle après.
intensifier les ~s commerciaux	den Handelsverkehr ausbauen	
en ~ *adv*	als Gegenleistung, dafür	• Il m'apprend à jouer de la guitare **en échange de** quelques cours de maths.
en ~ de qc *prép*	als Gegenleistung für etw.	
échanger qc (contre qc)	etw. (aus-)tauschen (gegen etw.)	
~ quelques mots	ein paar Worte wechseln	
		engl. *exchange*

exporter qc		**engl.** *export, exportation, import, importation*
exportation *f*		**span.** *exportar, exportación,*
export *m*		*importar, importación*
importer qc		**ital.** *esportare, esportazione,*
importation *f*		*importare, importazione*
import *m*		

ami, e *m f*	Freund	• Je n'aime pas les profs qui te
~ d'enfance	Jugendfreund	parlent comme si **on était**
~ de longue durée	langjähriger Freund	**amis** depuis longtemps.
se faire des ~s	Freunde gewinnen	• Rencontres : Maman,
être (très) ~ avec qn	mit jm. (eng) befreundet sein	célibataire, 3 enfants, cherche
ce sont de grands ~s	sie sind dicke Freunde	à **se lier d'amitié avec** d'autres
amitié *f*	Freundschaft	mamans.
~ sincère	aufrichtige Freundschaft	• **Je suis ennemie de** ces
par ~	aus Freundschaft	extrémistes de droite qui n'ont
se lier d'~ avec qn	sich mit jm. anfreunden,	toujours rien compris.
	Freundschaft schließen	• Les extrémistes de droite **sont**
prendre qn en ~	jn. lieb gewinnen, ins Herz	**ennemis de** l'ordre social
	schließen	établi.
amical, e *adj*	freundschaftlich	
amicalement *adj*	freundschaftlich, mit herzlichem	**engl.** *amity, enemy, enmity*
	Gruß *(Briefende)*	**span.** *amigo, amistad, amistoso,*
ennemi, e *m f et adj*	I. Feind, Gegner	*enemigo, enemistad*
	II. feindlich, gegnerisch	**ital.** *amico, amicizia, amichevole,*
~ héréditaire	Erbfeind	*amichevolmente, nemico,*
~s déclarés	erklärte Feinde	*inimicizia*
se faire des ~s	sich Feinde machen, schaffen	
passer à l'~	zum Feind überlaufen	
être ~ de qc/qn	einer Sache/jm. Feind sein	
inimitié *f (rech.)*	Feindschaft	

entente *f*	Verständigung	↔ s'entendre bien/mal avec qn
l'°~ franco-allemande	die dt.-frz. Verständigung	
		span. *entendimiento*
		ital. *entente*

chaîne *f* **de télévision**	Fernsehkanal	**engl.** *TV channel*
		ital. *canale televisivo*

ARTE *f*	ARTE	• **ARTE** = association relative à la
		télévision européenne
		• **ARTE**, fondée le 02 octobre
		1990, est une chaîne de
		télévision franco-allemande.

diffuser une émission	eine Sendung ausstrahlen,	
	übertragen	
diffusion *f*	Ausstrahlung, Übertragung	
~ en direct	Live-, Direktübertragung	

unification *f* **(d'un pays)**	(Ver-)Einigung (eines Landes)	↔ die Union
réunification *f*	Wiedervereinigung	↔ une réunion ; réunir
unifier un pays	ein Land einigen	
réunifier qc	etw. wieder vereinigen	**engl.** *unification, reunification,*
uni, e *adj*	vereint, vereinigt	*unify, reunify, reunite, unite,*
réuni, e *adj*	wieder vereinigt, vereint	*united*
		span. *unificación, reunificación,*
		unificar, unido, reunido
		ital. *unificazione, riunificazione,*
		unificare, riunificare, unito, riunito

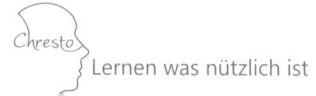
Chresto Lernen was nützlich ist

mur *m*	Mauer	• La nuit dernière, ma fille de 16 ans **a fait le mur** pour aller chez son copain.
chute *f* du ~ (de Berlin)	Mauerfall (von Berlin)	
faire le ~ *(fam.)*	1. eine Mauer bilden *(Sport)*	
	2. heimlich, unerlaubt weggehen	
mural, e *adj*	Mauer-, Wand-	**span.** *muro, mural, amurallar, muralla*
murer qc	etw. mauern, ver-, zu-	**ital.** *muro, murario, murare*
muret *m* / murette *f*	niedrige Mauer, Mäuerchen	
muraille *f*	(Stadt-, Befestigungs-)Mauer	
la Grande °~ de Chine	die Chinesische Mauer	
jumelage *m*	Städtepartnerschaft	↔ jumeau/jumelle = Zwilling
villes *f pl* jumelées	Partnerstädte	• La ville de Paris **est jumelée avec** Berlin.
		ital. *gemellaggio*
filière *f*	Ausbildungs-, Studiengang	
~ bilingue	bilingualer Zweig	
AbiBac *m*	dt.-frz. Abitur	
passer l'~	das dt.-frz. Abitur machen	
méfiance *f* **(envers/à l'égard de)**	Misstrauen (gegenüber)	• Au début, le réarmement allemand **a suscité la méfiance de** la France.
éveiller la ~ de qn	js. Misstrauen wecken	• **Méfie-toi**, il y a des voleurs partout dans le métro.
susciter la ~ de qn	js. Misstrauen hervorrufen	• **Méfie-toi**, si tu fais vraiment ça, je ne te parlerai plus.
avec ~	misstrauisch	
considérer qc avec ~	etw. misstrauisch betrachten	
méfiant, e *adj* (envers/à l'égard de)	misstrauisch (gegenüber)	
rendre qn ~	jn. misstrauisch machen	
se méfier de qc/qn	1. etw./jm. misstrauen	
	2. sich vor etw./jm. hüten, vorsehen	
fonder qc	etw. (be-)gründen, ins Leben rufen	• L'amitié franco-allemande **est fondée sur** le Traité de l'Elysée de 1963.
fondé, e *adj*	begründet, gerechtfertigt	**engl.** *to found, foundation*
être ~ *adj* sur qc	auf etw. beruhen, basieren	**span.** *fundar, fundación*
fondation *f*	(Be-)Gründung	**ital.** *fondare, fondazione*
université *f*		• http://www.dfh-ufa.org/fr
°~ franco-allemande		**engl.** *university*
		span. *universidad*
		ital. *università*

Europe *f*
    en °~ de l'Est — in Ost~
    Européen, ne *m f*
    européen, ne *adj*
        Commission *f* ~ne
        Parlement *m* ~
        Banque *f* centrale ~ne
    européaniser qc
        s'~
    européanisme *m* — Europäertum, europäischer Charakter

    euroscepticisme *m*
    [ørosɛptisism(ə)]
    eurosceptique *m f et adj* — I.
        II.

- **Site Internet de l'Union Europénne** : http:// ec.europa.eu/france/index_fr.htm
- **Info concernant l'Europe** : http://www.touteleurope.fr

engl. Europe, European
span. Europa, europeo
ital. Europa, europeo

Communauté *f* **européenne du charbon et de l'acier (CECA)** — Europäische Gemeinschaft für Kohle und Stahl, Montanunion

engl. European Coal and Steal Community
span. Comunidad Europea del Carbón y del Acero (CECA)
ital. Comunità europea del carbone e dell'acciaio

Communauté *f* **économique européenne (CEE)** — europäische Wirtschaftsgemeinschaft

engl. European Economic Community
span. Comunidad Económica Europea
ital. Comunità economica europea

confédération *f* — Staatenbund
    États *m pl* confédérés — verbündete, zusammengeschlossene Staaten
    confédéral, e *adj* — des, eines Staatenbundes
    confédérer — konföderieren, sich durch ein Bündnis vereinigen

engl. confederation, confederate, confederal
span. confederación, confederal, confederarse
ital. confederazione, confederale, confederare

monnaie *f* — Währung
    ~ nationale — Landeswährung
    ~ étrangère — ausländische, fremde Währung
    ~ unique — Einheitswährung
    ~ forte — harte Währung
    fausse ~ — Falschgeld
    c'est ~ courante *(fam.)* — das ist gang und gäbe, so üblich
    monétaire *adj* — Währungs-, Geld-
    union *f* ~ — Währungsunion
    marché *m* ~ — Geldmarkt

- Je (ne) sais pas si **c'est monnaie courante** ce genre de choses, mais moi je (ne) peux pas m'y faire.

span. moneda, monetario
ital. moneta (anche: valuta), monetario (anche: valutario)

Traité *m* **de Rome** — Römische Verträge
    ~ de Maastricht — Vertrag von Maastricht

- **Le Traité de Maastricht** signé le 07 février 1992 a donné naissance à l'Union européen. De ce fait, on l'appelle également « **traité sur l'Union européenne** ».

engl. Treaties of Rome
span. Tratados de Roma
ital. Trattati di Roma

marché *m* **commun européen** — gemeinsamer Europäischer Binnenmarkt

engl. European Single Market
span. Mercado Común Europeo
ital. mercato comune europeo

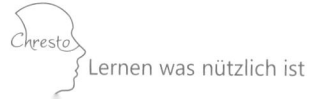
Chresto Lernen was nützlich ist

liberté de circulation	(Reise-)Freizügigkeit	**span.** *libertad de circulación* **ital.** *libertà di circolazione*
membre *m* État/pays ~	Mitglied, Angehöriger Mitgliedsstaat, Mitgliedsland	**engl.** *member* **span.** *miembro* **ital.** *membro*
libre-échange *m* zone *f* de ~	Freihandel Freihandelszone	

douane *f*
    passer à la ~
    déclarer qc à la ~
    droit *m* de ~
    douanier, ère *m et adj*
 	
    abolir les restrictions *f pl*
    ~ères
	Zoll
	durch den Zoll gehen
	etw. verzollen
	Zoll *(Gebühr)*
	I. Zollbeamter
	II. Zoll-
	die Zollbeschränkungen
	aufheben
		• Avez-vous quelque chose à
		  déclarer ?
		
		span. *aduana, aduanero*
		ital. *dogana, doganiere, doganale*

résolution *f*
    adopter une ~
    appliquer les ~s
 	
    résoudre de faire qc
    se ~ à faire qc
	Beschluss
	einen Beschluss annehmen
	die Beschlüsse umsetzen,
	anwenden
	beschließen, etw. zu tun
	sich entschließen, etw. zu tun
		• Le gouvernement français
		  s'est résolu à ne plus faire
		  de référendum sur le traité
		  européen.
		
		engl. *resolution, resolve*
		span. *resolución, resolver*
		ital. *risoluzione, risolvere*

politique *f et adj* (→ 1.2)
 	
    ~ agricole
    définir la ~ monétaire
 	
    politicien *m*
	I.
	II.
	Landwirtschafts~
	die Währungspolitik festlegen,
	bestimmen
		• La Banque centrale européenne
		  **définit les grandes lignes de
		  la politique monétaire**.
		
		engl. *politics, politicians*
		span. *política, político*
		ital. *politica, politico*

stabilité *f*
    ~ monétaire
    assurer la ~
    maintenir la ~
    pacte *m* **de ~ et de
    croissance**
    stabilisation *f*
    stabiliser qc
    stable *adj*
    monnaie *f* ~
	Währungs~
	die ~ gewährleisten
	die ~ aufrechterhalten
	~s- und Wachstumspakt
	
	~ Währung
		• Face à la crise financière,
		  faut-il **suspendre le pacte de
		  stabilité et de croissance** ?
		
		engl. *stability, monetary stability,
		stabilize, stabilization, stable*
		span. *estabilidad, estabilitación,
		estabilizar, estable*
		ital. *stabilità, stabilizzazione,
		stabilizzare, stabile*

institution *f*
    institutionnel, le *adj*
    institutionnalisation *f*
    institutionnaliser qc
		engl. *institution, institutional,
		institutionalization,
		institutionalize*
		span. *institución, institucional,
		institucionalización,
		institucionalizar*
		ital. *istituzione, istituzionale,
		istituzionalizzazione,
		istituzionalizzare*

Conseil *m* **européen**
   °~ des ministres

Europäischer Rat
Ministerrat

- Site Internet du **Conseil européen** :
  http://europa.eu/european-council/index_fr.htm

  engl. *European Council*
  span. *Consejo europeo*
  ital. *Consiglio europeo*

cour *f*
   °~ *f* de justice

Hof
Gerichtshof

span. *corte*
ital. *corte*

euro *m* (pluriel : euros)
   avènement de l'~
   zone *f* ~
   centime *m*

Einführung des ~
Eurozone, Euroraum
(Euro-)Cent

engl. *euro, cent*
span. *euro, céntimo*
ital. *euro, centesimo*

croissance *f*
   ~ économique
   favoriser la ~

Wachstum
Wirtschaftswachstum
das Wachstum fördern, ankurbeln

- La Chine **connaît une forte croissance** depuis quelques années.

   connaître une ~ + ADJ
   être en ~
   la ~ s'accélère
   la ~ ralentit
   freiner la ~
   favorable à la ~
   défavorable à la ~
   croissant, e *adj*
   croître en qc *(participe passé : crû, crue)*
   accroître qc

   accroissement *m*

ADJ + wachsen
wachsen, im Wachstum sein
das Wachstum zieht an
das Wachstum verlangsamt sich
das Wachstum bremsen, drücken
wachstumsfördernd
wachstumshemmend
wachsend, steigend, zunehmend
an etw. wachsen, zunehmen, sich steigern
etw. vermehren, vergrößern, steigern
Zunahme, Vergrößerung, Steigerung

span. *crecimiento, creciente, crecer*
ital. *crescita, crescente*

déficit *m*

   ~ public
   ~ budgétaire
   être en ~
   déplorer un ~ (de x millions)
   déficitaire *adj*
   affaire *f* ~

Staats~, Staatsverschuldung
Haushalts~
ein ~ aufweisen
ein ~ beklagen (von x Millionen)

Verlustgeschäft

- Le Conseil européen peut prendre des sanctions, si un État membre **dépasse le critère de déficit public** fixé à 3 % du PIB.

  engl. *deficit*
  span. *déficit, deficitario*
  ital. *deficit, deficitario*

moteur *m*

Motor

span. *motor*
ital. *motore*

compromis *m*
   faire un ~
   prêt, e à faire un ~

einen ~ schließen
~bereit sein

engl. *compromise*
span. *compromiso*
ital. *compromesso*

partenaire *m*
   ~ social
   partenariat *m*
   ~ privilégié

Partner
Tarifpartner
Partnerschaft
privilegierte Partnerschaft

- Angela Merkel propose un **partenariat privilégié** comme alternative à l'adhésion de la Turquie à l'Union Européenne.

  engl. *partner, partnership*
  span. *partenaire*
  ital. *partner, partenariato*

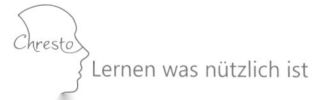

Lernen was nützlich ist

souveraineté *f*		**engl.** *sovereignty*
État *m* souverain	~ Staat	**span.** *soberanía*
		ital. *sovranità*
élargissement *m* **à l'Est**	Osterweiterung	↔ large = weit, breit
~ de l'Europe	Erweiterung Europas	
élargir qc	etw. erweitern, vergrößern	**engl.** *enlargement, enlarge*
		ital. *allargamento all'est,*
		allargare
Turquie *f*		**engl.** *Turkey, Turk, Turkish*
Turc *m*, Turque *f*		**span.** *Turquía, turco*
turc, turque *adj*		**ital.** *Turchia, turco*
entrée *f* **dans l'Union**	Beitritt zur Europäischen Union	**span.** *entrada en la Unión*
Européenne		*Europea*
repousser l'~ de qn dans	js. Beitritt in die Europäische	**ital.** *entrata nell'Unione Europea*
l'Union	Union aufschieben	
adhésion *f* **(à qc)**	Beitritt	**engl.** *adherent*
pays *m* candidat à l'~	Beitrittskandidat	**span.** *adhesión, adherente,*
faire une demande *f* d'~	einen Beitrittsantrag stellen,	*adherir(se),*
	einreichen	**ital.** *adesione, aderire*
déclaration *f* d'~	Beitrittserklärung	
négociations *f pl* d'~	Beitrittsverhandlungen	
engager des	Beitrittsverhandlungen	
négociations d'~	aufnehmen	
adhérent, e *m f*	Mitglied	
adhérer à l'UE	der EU beitreten	
espace *m* **Schengen**	Schengenraum	• Le **premier accord Schengen**
dans l'~	im Schengenraum	a été signé le 14 juin 1985.
entrer dans l'~	in den Schengenraum einreisen	
		engl. *Schengen area*
		span. *espacio Schengen*
		ital. *spazio di Schengen*
frontière *f*	Grenze	**engl.** *frontier*
passer la ~	über die Grenze gehen/fahren	**span.** *frontera, fronterizo*
ouverture *f* des ~s	Grenzöffnungen	**ital.** *frontiera, frontaliere*
frontalier, ère *adj*	Grenz-	
visa *m*		**engl.** *visa*
obtenir un ~	ein ~ bekommen	**span.** *visado*
délivrer un ~	ein ~ ausstellen	**ital.** *visto*

France *f*
    français, e *m et adj*
    Français, e *m f*
    francophonie *f*   französischsprachige
         Gemeinschaft, Frankophonie
    Francophonie *f*   Gesamtheit des Bundes
         der Staaten die Französisch
         verwenden
    franco-... *adj*   französisch-...
        relations *f pl* franco-   deutsch-französische
        allemandes   Beziehungen
    francophone *m f et adj*   I. Französischsprachiger
         II. französischsprachig
    francophile *m f et adj*   I. Frankophiler,
         Frankreichliebhaber
         II. frankophil, frankreichliebend
    francophobe *m f et adj*   I. Frankophober,
         Frankreichfeindlicher
         II. frankophob, frankreichfeindlich
    Franconie *f*   Franken
    Franconien, ne *m f*   I. Franke
    franconien, ne *m f*   II. fränkisch

- **Site Internet de la Francophonie** : www.francophonie.org

engl. *France, French, Francophile, francophone, Franconia, Franconian*
span. *Francia, francés, francófono, francófilo, francófobo, Franconía, franco*
ital. *Francia, francese, francofono, francofilo, francofobo, Franconia, franco*

espace *m*   Raum *(nicht im Sinne von „Zimmer")*
    ~ linguistique   Sprachraum
    dans l'~ francophone   im französischsprachigen Raum

span. *espacio*
ital. *spazio*

communauté *f*   Gemeinschaft
    ~ d'intérêts   Interessengemeinschaft
    former une ~ d'intérêts   eine Interessengemeinschaft
         bilden
    commun, e *adj*   gemeinsam, Gemeinschafts-
        en ~ *adj et adv*   gemeinsam, zusammen,
         Gemeinschafts-
        travailler en ~   gemeinsam, zusammen arbeit
        travail *m* en ~   Gemeinschaftsarbeit
        avoir un point ~ avec qn   mit jm. etw. gemeinsam haben

- ↔ la commune, communal
- Pas la peine de me comparer à lui, on n'a **rien en commun**.
- Le voyage scolaire a été préparé **en commun** par toute la classe.

engl. *community, common*
span. *comunidad, común*
ital. *comunità, comune*

monde *m*   Welt
    dans le ~ entier   in der ganzen Welt
    parcourir le ~   die Welt bereisen
    aller avec qn au bout du   mit jm. durch Dick und Dünn
    ~   gehen
    tout le ~   jeder, alle
    Monsieur Tout-le-~   der Otto Normalverbraucher
    Tiers-Monde *m*   dritte Welt
    dans le Tiers-~   in der dritten Welt
    tiers-mondiste *adj*   sich mit der dritten Welt
         solidarisierend
    Quart-Monde *m*   vierte Welt
    mondial, e *adj*   Welt-, weltweit
    mondialisation *f*   Globalisierung

- Bien qu'elle soit chancelière, Angela Merkel fait ses courses au supermarché comme **Madame Tout-le-monde.**

span. *mundo, mundial, tercer mundo, cuarto mundo*
ital. *mondo, mondiale, Terzo mondo, Quarto mondo*

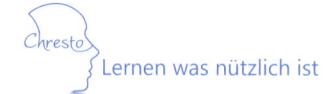

ONU *f* (Organisation des Nations Unies)	UNO	• **Site Internet de l'ONU** : www.onu.fr
		engl. UNO (United Nations Organization) **span.** ONU (Organización de las Naciones Unidas) **ital.** ONU (Organizzazione delle Nazioni Unite)
OIF *f* (Organisation internationale de la Francophonie)	internationale Organisation, Instanz der Frankophonie	• Abdou Diouf, ancien président du Sénégal, est le secrétaire général actuel de l'**OIF**.
sommet *m*	Gipfel(treffen)	**engl.** summit **ital.** sommità
promouvoir qc promotion *f*	etw. fördern Förderung	**engl.** promote, promotion **span.** promover, promoción **ital.** promuovere, promozione
TV 5 Monde	frankophone Fernsehstation	
journée internationale de la Francophonie	internationaler Tag der Frankophonie	• La **journée internationale de la Francophonie** a lieu tous les 20 mars.
d'outre-mer *adj* département *m* ~ (= D.O.M.) territoire *m* ~ (= T.O.M.) collectivité *f* ~ (=C.O.M.)	Übersee-, in Übersee überseeisches Departement überseeisches Territorium überseeische Gebietskörperschaft	• **Les départements et régions d'outre-mer** (la Réunion, la Guyane, la Martinique, la Guadeloupe) ont le même statut que les départements et les régions de la France métropolitaine et font partie de l'Union Européenne.
		span. ultramar **ital.** oltremare
coopération *f* en ~ avec qn **renforcer la ~**	die Zusammenarbeit intensivieren, weiter ausbauen	• Les États francophones tendent à **renforcer leur coopération** sur les plans économique, culturel et scientifique.
coopératif, ve *adj* coopérateur, trice *m f* coopérer à qc coopérant, e *m f*	an etw. mitarbeiten, mitwirken Entwicklungshelfer	**engl.** cooperation, cooperative, cooperator, cooperate **span.** cooperación, cooperativo, cooperativista, cooperar **ital.** cooperazione, cooperativo, cooperatore, cooperare
relations *f pl* être en ~(s) avec qn entrer en ~(s) avec qn mettre qn en ~(s) avec qn **entretenir des ~s avec qn** avoir de bonnes ~ avec qn	Beziehungen, Verbindung(en) mit jm. in Verbindung stehen, zu jm. Beziehungen haben mit jm. in Verbindung treten, zu jm. Beziehungen aufnehmen Beziehungen, eine Verbindung zw. jm. und jm. herstellen Beziehungen zu jm. unterhalten ein gutes Verhältnis zu jm. haben	• La France **entretient des relations économiques privilégiées avec** ses anciennes colonies. **engl.** relation **span.** relación **ital.** relazione

colonie *f* (→ 3.3)		**engl.** *colony, decolonize,*
fonder des ~s	~ gründen	*decolonization*
décolonisation *f*		**span.** *colonia, descolonización,*
décoloniser un pays	ein Land ~	*descolonizar*
		ital. *colonia, decolonizzazione,*
		decolonizzare

aide *f*	Hilfe, Beistand	↔ finanziell = financier, ère !
~ financière	finanzielle Hilfe	• Vous pouvez faire la traduction
accorder une ~	jm. finanzielle Hilfe gewähren	**à l'aide d'**un dictionnaire.
financière à qn		• J'ai préparé mon exposé **avec**
à l'~ de qc	mithilfe von, mittels etw. *(Sachen)*	**l'aide de** mon grand frère.
avec l'~ de qn	mit js. Hilfe, Unterstützung *(Person)*	• Elle **est venue en aide à** un
appeler (qn) à l'~	(jn.) um Hilfe rufen	enfant qui était tombé dans la
apporter son ~ à qn	jm. Hilfe, Beistand leisten	piscine.
venir en ~ à qn	jm. zur Hilfe kommen	
aide *m f*	Helfer, Gehilfe	**engl.** *aid*
aider qn à faire qc	jm. helfen etw. zu tun	**span.** *ayuda, ayudar*
~ qn dans qc	jm. bei/in etw. helfen	**ital.** *aiuto, aiutante, aiutare*
~ à qc	zu etw. beitragen, einer Sache	
	dienlich/förderlich sein	
s'entraider	sich gegenseitig helfen	

pays *m* (→ 2.1)	I. Land	**span.** *país*
	II. Heimat, Vaterland	**ital.** *paese*
~ en (voie de)	Entwicklungsland	
développement		

imposer qc à qn	jm. etw. aufzwingen, auferlegen	**engl.** *impose*
s'~ qc (de faire qc)	sich etw. auferlegen, zur Pflicht	**span.** *imponer*
	machen (etw. zu tun)	**ital.** *imporre*

passé *m*	Vergangenheit	**engl.** *past*
assumer le ~	die Vergangenheit akzeptieren	**span.** *pasado*
		ital. *passato*

racine *f*	Wurzel	**span.** *raíz*
avoir de profondes ~s	in einem Land fest verwurzelt	**ital.** *radice*
dans un pays	sein	
prendre ~	Wurzeln schlagen	

identité *f*		**engl.** *identity, identify, identical,*
identifier qc/qn		*identifiable*
identique *adj*		**span.** *identidad, identificarse,*
identifiable *adj*		*idéntico, identificable*
		ital. *identità, identificare,*
		identico, identificabile

continent *m*		**engl.** *continent, continental*
continental, e *adj*		**span.** *continente, continental*
		ital. *continente, continentale*

expansion *f*	~, Ausdehnung, Ausweitung	**engl.** *expansion*
		span. *expansión*
		ital. *espansione*

langue *f*	Sprache	• Tous ceux qui **ont acquis une**
maîtriser une ~	eine Sprache beherrschen	**première langue romane** en
maîtrise *f* d'une ~	Beherrschung einer Sprache	profitent pour en apprendre
acquérir une ~	eine Sprache erwerben	une deuxième.
acquisition *f* d'une ~	Spracherwerb	
~ maternelle	Muttersprache	*engl. language, monolingual,*
~ officielle	offizielle Sprache, Staats-~	*bilingual, multilingual*
~ administrative	Verwaltungssprache	*span. lengua, lenguaje,*
~ d'enseignement	Unterrichtssprache	*lingüístico, monolingüe, bilingüe,*
~ de travail	Arbeitssprache	*multilingüe*
~ véhiculaire	Verkehrssprache	*ital. lingua, linguaggio,*
~ majoritaire	Mehrheitssprache	*monolingue, bilingue, plurilingue*
langagier, ère *adj*	sprachlich	
langage *m*	Sprache, Rede-, Sprechweise	
~ populaire	Volkssprache, Volksmund	
monolingue *adj*	einsprachig	
monolinguisme *m*	Einsprachigkeit	
bilingue *adj*	zweisprachig	
bilinguisme *m*	Zweisprachigkeit	
multilingue *adj*	mehrsprachig	
multilinguisme *m*	Mehrsprachigkeit	
Suisse *f*	Schweiz	*engl. Switzerland, Swiss*
en ~ romande	in der französischsprachigen	*span. Suiza, suizo*
	Schweiz	*ital. Svizzera, svizzero*
Suisse *m*, Suissesse *f*	Schweizer	
suisse *adj (invariable)*	schweizerisch	
Wallonie *f*	Wallonie	*engl. Wallonia, Walloon*
Wallon, ne *m f*	Wallone	*span. valón, valona*
wallon, ne *adj*	wallonisch	
statut *m*	Status, Stellung	*engl. status*
		span. estatus
		ital. stato
communication *f*		*engl. communication,*
engager la ~ avec qn	mit jm. ein Gespräch beginnen	*communicative, communicate*
communicatif, ve *adj*		*span. comunicación, comunicar,*
communiquer avec qn		*comunicativo*
		ital. comunicazione,
		comunicativo, comunicare
enrichissement *m*	Bereicherung	→ riche, la richesse
expérience *f*	bereichernde, Gewinn bringende	
enrichissante	Erfahrung	*engl. enrichment, enrich*
enrichir qc de qc	etw. um etw. bereichern	*span. enriquecimiento, enriquecer*
~ son vocabulaire	seinen Wortschatz erweitern	*ital. arricchimento, arricchire*
rayonnement *m*	Ausstrahlung, Wirkung,	↔ le rayon = (Licht-)strahl
	Verbreitung *(Person, Gesellschaft,*	• La Francophonie est soucieuse
	Sprache)	d'assurer la présence et **le**
rayonner	ausstrahlen, verbreitet sein,	**rayonnement du français**
	wirken	dans le monde entier.
il rayonne de joie	er strahlt vor Freude	
usage *m*	Gebrauch, Verwendung	*engl. usage, use, user*
~ du français	Sprachgebrauch des	*span. uso, usuario*
	Französischen	*ital. uso, utente*
l'~ du français recule	der Sprachgebrauch des	
	Französischen geht zurück,	
	nimmt ab	
usager *m*	Nutzer, Benutzer	

Apprendre l'utile

diversité *f*	Vielfalt, Verschiedenheit	***engl.*** *diversity, diverse, diversify*
divers, e *adj*	1. vielfältig, verschiedenartig	***span.*** *diversidad, diverso,*
	2. divers, unterschiedlich	*diversificar*
diversifier qc	etw. vielseitiger machen,	***ital.*** *diversità, diverso,*
	abwechslungsreicher gestalten	*diversificare*
diversifié, e *adj*	vielfältig, divers, verschieden	
parler (le) français	französisch sprechen	***ital.*** *parlare, parlante*
~ à/avec qn	mit jm. sprechen, reden	
~ de qc	von jm., über jn. sprechen, reden	
beau parleur *m*	Schönredner, Schwätzer	
locuteur, trice *m f*	Sprecher	
~ natif	Muttersprachler	
Québec *m*	Quebec *(Stadt und Provinz)*	***engl.*** *Quebec*
au ~	in Quebec *(Provinz)*	***span.*** *Quebec, quebequense/qués*
à ~	in Quebec *(Stadt)*	***ital.*** *Quebec*
québécois, e *adj*	von Quebec	
Québécois, e *m f*	Quebecer *(Stadt und Provinz)*	
Maghreb *m*	Maghreb	***engl.*** *Maghrib/Maghreb*
maghrébin, e *adj*	des Maghreb, maghrebinisch	
Maghrébin, e *m f*	Nordafrikaner	
Afrique *f*		***engl.*** *Africa, African*
africain, e *adj*		***span.*** *Africa, africano*
Africain, e *m f*		***ital.*** *Africa, africano*
Algérie *f*		***engl.*** *Algeria, Algerian*
algérien, ne *adj*		***span.*** *Argelia, argelino*
Algérien, ne *m f*		***ital.*** *Algeria, algerino*

élève *m f*	Schüler *(alle Schularten)*
~ appliqué, e	fleißiger Schüler
~ dissipé, e	undisziplinierter Schüler
école *f*	Schule
~ maternelle	Kindergarten, Vorschule
~ primaire	Grundschule
~ publique	staatliche Schule
~ privée	Privatschule
~ libre	Konfessionsschule
grande ~	Elitehochschule
aller à l'~	in die/zur Schule gehen
sécher l'~	die Schule schwänzen, blau machen
renvoyer qn de l'~	jn. von der Schule verweisen
manquer qc à l'~	etw. in der Schule versäumen
manquer l'~	in der Schule fehlen
écolier, ère *m f*	Grundschüler
scolaire *adj*	Schul-, schulisch
système *m* ~	Schulsystem
année *f* ~	Schuljahr
programme *m* ~	Lehrplan
établissement *m* ~	Unterrichts-, Bildungsanstalt
être en échec *m* ~	in der Schule versagen
scolarité *f*	Schulzeit
~ obligatoire	Pflichtschulzeit
scolarisation *f*	Einschulung
scolariser qn	jn. einschulen
scolarisable *adj*	schulreif

- L'**école publique** est laïque et gratuite. En revanche, la majorité des **écoles privées** sont gérées par l'Église catholique et l'on parle aussi d'**écoles libres**.
- Contrairement à l'Allemagne, le **système scolaire français** est centralisé. De ce fait, les **programmes scolaires** ainsi que les épreuves du bac sont identiques dans toute la France.
- Il a été malade pendant deux semaines. Maintenant, il doit **rattraper tout ce qu'il a manqué à l'école**.
- Parfois, les **élèves en échec** voient l'école comme une punition.

engl. *school*
span. *esucela, escolar, escolaridad, escolarización, escolarizar*
ital. *scuola, scolaro, scolastico*

doigt *m*	Finger
lever le ~	sich melden, aufzeigen

ital. *dito*

cours *m*	1. Unterrichtsstunde
	2. Kurs
~ préparatoire (= CP)	erste Grundschulklasse
~ élémentaire (= CE)	2. + 3. Grundschulklasse
~ moyen (= CM)	4. + 5. Grundschulklasse
~ renforcé/spécialité *f*	Leistungskurs
~ de base	Grundkurs
~ particulier/~ de rattrapage	Nachhilfe
donner des ~	unterrichten, Unterricht geben
faire un ~	eine Stunde geben, halten
avoir ~	Unterricht haben
suivre le ~	dem Unterricht folgen
en ~	im Unterricht
prendre des ~ particuliers / de rattrapage	Nachhilfe nehmen

↔ la cour = der Hof
↔ les courses = die Einkäufe
- Le prof d'histoire nous a **fait un cours intéressant** sur Napoléon.
- **J'ai cours** jusqu'à seize heures.
- Cet après-midi, j'**ai quatre heures de cours**.

engl. *course* (nur 2.)
ital. *corso* (nur 2.)

classe *f*
    salle *f* de ~ | ~zimmer
    délégué, e *m f* de ~ | ~sprecher
    conseil *m* de ~ | Klassen-, Notenkonferenz
    redoubler une ~ | eine ~ wiederholen
    apprendre qc en ~ | etw. in der Schule lernen

- En France, les **classes** se comptent en sens inverse : 6ᵉ – 3ᵉ = collège ; 2ⁿᵈᵉ – première – terminale = lycée
- Tu es **en quelle classe ? En** cinquième.

engl. *class*
span. *clase*
ital. *classe*

laïc / laïque *adj* | bekenntnisneutral, -frei, konfessionslos
    laïcisation *f* | Befreiung von religiöser, kirchlicher Bindung
    laïciser qc | etw. entkonfessionalisieren, bekenntnisneutral gestalten
    laïcisme *m* | Laizismus
    laïcité *f* | religiöse, bekenntnismäßige Neutralität des Staates, Trennung von Staat und Kirche

span. *laico, laicización, laicizar, laicismo, laicidad*
ital. *laico, laicizzazione, laicizzare, laicismo, laicità*

classe *f* **préparatoire** (= prépa *fam.*) | zweijähriger Vorbereitungskurs für die Aufnahmeprüfung an den frz. Elitehochschulen (Grandes Écoles)
    être en prépa | in der „prépa" sein, eine „prépa" machen
    avoir fait une prépa | eine „prépa" besucht haben

- J'ai fait une prépa et je te jure qu'il n'y a rien de pire. J'ai bossé à fond pendant deux ans.

tableau *m* | Tafel
    aller/passer au ~ | an die Tafel kommen, abgefragt werden
    écrire qc au ~ | etw. an die Tafel schreiben
    effacer le ~ | die Tafel wischen

- Notre prof de maths **m'a fait passer au tableau** pour corriger les devoirs.

interroger qn (sur qc) | jn. (über etw.) abfragen
    interrogation *f* | Abfrage

ital. *interrogare, interrogazione*

devoir *m* | Schulaufgabe, Klassenarbeit
    ~ sur table | Klausur

devoirs *m pl* | Hausaufgaben
    ~(s) supplémentaire(s) | Strafarbeit, Zusatzaufgabe
    faire ses ~s | die/seine Hausaufgaben machen
    comme ~s | als Hausaufgabe

- Vous **avez des devoirs** pour demain ?

span. *deberes*

contrôle *m* | Schulaufgabe, Klassenarbeit
    ~ surprise | Extemporale, Stegreifaufgabe, unangekündigter Kurztest

Chresto } Lernen was nützlich ist

enseigner qc à qn	jm. etw. unterrichten, beibringen	• L'**enseignement primaire** comprend trois cycles : le cours préparatoire (CP), les cours élémentaires (CE1 et CE2) et les cours moyens (CM1 et CM2).
~ le français	Französisch unterrichten, geben	
enseignement *m*	1. Unterrichten	
	2. Schul-, Unterrichtswesen	
~ public	staatliches Schulwesen	
~ privé	Privatschulwesen	• L'**enseignement secondaire** comprend le collège et le lycée.
~ primaire/élémentaire	Grundschule	
~ secondaire	Sekundarschulwesen	• Quant à l'**enseignement supérieur**, l'on peut s'inscrire à l'université ou à l'IUT. On peut également tenter un des concours d'entrée des Grandes Écoles après un ou deux ans de classes préparatoires.
~ supérieur	Hochschulwesen	
~ religieux	Religionsunterricht	
~ de soutien	Förderunterricht	
être dans l'~	im Schuldienst sein	
enseignant, e *m f*	Lehrkraft, Lehrer	
		span. enseñar, enseñanza
		ital. insegnare, insegnamento, insegnante
professeur *m f* (prof *fam.*)	1. Lehrer	**engl.** professor (nur 2.)
	2. Hochschullehrer, Dozent	**span.** profesor, profesorado
~ de français	Französischlehrer	**ital.** professore, professorato
~ principal	Klassenlehrer	
~ de lycée	Gymnasiallehrer	
~ des écoles	Grundschullehrer	
salle *f* des ~s	Lehrerzimmer	
professorat *m*	höheres Lehramt, Lehrberuf	
surveillant, e *m f*	Aufsichtsperson, Verantwortlicher für Ordnung und Disziplin	**ital.** sorvegliante, sorvegliare, sorveglianza
surveiller qn/qc	jn./etw. beaufsichtigen, die Aufsicht führen	
surveillance *f*	Aufsicht, Beaufsichtigung	
sans ~	unbeaufsichtigt	
éducation *f*	1. Erziehung	**engl.** education, educative, educator
	2. Bildung	
~ physique et sportive (= E.P.S.)	Sportunterricht	**span.** educación, educar, educativo, educacional, educador, educable
~ politique	politische Bildung	
~ civique	Sozialkundeunterricht	**ital.** educazione, educativo, educatore, educabile, educare
~ sexuelle	Sexualkunde	
~ des adultes	Erwachsenenbildung	
système *m* d'~	Bildungssystem	
avoir de l'~	gut erzogen sein	
avoir reçu, e une bonne ~	eine gute Erziehung genossen haben	
éducatif, ve *adj*	1. erzieherisch	
	2. bildend, pädagogisch (wertvoll)	
film *m* ~	Lehrfilm	
éducateur, trice *m f*	Erzieher	
éducable *adj*	erziehbar	
éduquer qn	jn. erziehen	
épreuve *f* **écrite/orale**	schriftliche/mündliche Prüfung	
mettre qn à l'~	jn. auf die Probe stellen	

examen *m* (exam *fam.*) — Prüfung, Klausur
~ d'entrée — Aufnahmeprüfung
~ de rattrapage — Versetzungs-, Nachprüfung
passer un ~ — eine Prüfung machen, ablegen
échouer à un ~ — bei einer Prüfung durchfallen
réussir un ~/**être reçu, e** — eine Prüfung bestehen
à un ~

planter un ~ *(fam.)* — eine Prüfung in den Sand setzen
bosser un ~ *(fam.)* — für eine Prüfung büffeln
examinateur, trice *m f* — Prüfer
examiner qc — etw. prüfen, untersuchen

- Comme il **avait planté plusieurs examens**, il a dû **se présenter à l'examen de rattrapage/se présenter aux rattrapages**.
- Youpi, je **suis reçue** au bac.
- Phuu, il me reste **les maths à bosser** et je n'y comprends rien.

engl. exam, examiner, examine
span. examen, examinar, examinante
ital. esame, esaminatore, esaminare

baccalauréat *m* (bac *fam.*) — Abitur
~ professionnel (bac pro — Fachabitur
fam.)
passer le/son ~ — das Abitur machen
rater/louper son ~ — durch das Abitur fallen
avoir son ~ avec — das Abitur mit „sehr gut"
mention « très bien » — bestehen
bac + 3 — Abitur und 3-jährige Ausbildung/ Studium

candidat, e *m f* au ~ — Abiturient *(vor der Prüfung)*
bachelier, ère *m f* — Abiturient *(nach Bestehen)*

- Pour **passer le bac**, l'on choisit une des sections proposées : **bac scientifique (bac S), bac littéraire (bac L)** ou **bac économique et social (bac ES).**

span. bachillerato

section *f* — Fachrichtung, Zug

- L'école maternelle en France est divisée en **petite, moyenne et grande section.**

lecture *f* — 1. Lesen / 2. Lektüre
faire la ~ à qn — jm. vorlesen
lecteur, trice *m f* — 1. Leser / 2. Vorleser

lire qc — etw. lesen
~ qc à qn — jm. etw. vorlesen
~ qc à haute voix — etw. laut vorlesen
~ pour soi/en silence — still lesen
lisible *adj* — lesbar, leserlich
illisible *adj* — unlesbar, unleserlich

span. lectura, lector, leer, legible, leíble, ilegible
ital. lettura, lettore, leggere, leggibile, illeggibile

cycle *m* — Stufe, Abschnitt
premier ~ — Grundstudium
second ~ — Hauptstudium
troisième ~ — Aufbau-/Promotionsstudium

span. ciclo
ital. ciclo

matière *f* — Unterrichtsfach
~ principale — Hauptfach
~ secondaire — Nebenfach
~ facultative — Wahlfach

ital. materia

option *f* — Wahlpflichtfach

ital. opzione

Chresto
Lernen was nützlich ist

calcul *m*	Rechnen	• Je n'ai pas le même résultat que toi, tu es sûre que tes **calculs sont justes** ?
~ mental	Kopfrechnen	
~ des probabilités	Wahrscheinlichkeitsrechnung	• On **a fait le calcul** : ça nous revient moins cher de prendre la voiture que le train.
~ des fractions	Bruchrechnung	
faire une erreur de ~	einen Rechenfehler machen, sich verrechnen	
faire le ~ de qc	etw. be-, ausrechnen	
faire à qn le ~ de qc	jm. etw. vorrechnen	***engl.*** calculate, calculator
se tromper dans ses ~s *(fig.)*	sich verrechnen, verkalkulieren	***span.*** cálculo, calcular, calculadora, calculable
calculer qc	etw. rechnen, be-, aus-	***ital.*** calcolo, calcolare, calcolatrice, calcolabile
~ qc de tête	etw. im Kopf ausrechnen	
calculette *f*	Taschenrechner	
calculable *adj*	berechenbar	
histoire *f*	Geschichte	***engl.*** history, historian, historical
~ moderne	neuere Geschichte	***span.*** historia, historiador, histórico
historien, ne *m f*	Historiker	***ital.*** storia, storico
historique *adj*	Geschichts-, historisch	
dessin *m*	1. Zeichnen	***engl.*** design, designer
	2. Zeichnung	***ital.*** disegno, disegnare, disegnatore
dessiner qc à qn	jm. etw. zeichnen	
~ qc au crayon	etw. mit dem Bleistift zeichnen	
dessinateur, trice *m f*	Zeichner	
géographie *f* (géo *fam.*)		***engl.*** geography, geographic, geographer
géographe *m f*		***span.*** geografía, geógrafo, geográfico
géographique *adj*		***ital.*** geografia, geografo, geografico
chimie *f*		***engl.*** chemistry, chemical
chimiste *m f*		***span.*** química, químico
chimique *adj*		***ital.*** chimica, chimico
physique *f et adj*	I.	↔ le physique = das Äußere, die äußere Erscheinung
	II.	
physicien, ne *m f*		***engl.*** physics, physical
		span. física, físico
		ital. fisica, fisico
IUT *m*	entspricht der dt. Fachhochschule	• **IUT** = institut universitaire de technologie
université *f*		***engl.*** university
s'inscrire à l'~	sich an der ~ einschreiben	***span.*** universidad, universitario
universitaire *m f et adj*	I.	***ital.*** università, universitario
	II.	
études *f pl* ~s	Universitäts-, Hochschulstudium	
terminale *f*	Abitur-, Abschlussklasse	↔ terminer
être en ~	in der Abiturklasse sein	

lycée *m* | Gymnasium | *ital.* liceo, liceale
~ professionnel | entspricht etwa der Fachoberschule
~ classique | humanistisches Gymnasium
aller au ~ | auf das Gymnasium gehen
quitter le ~ | vom Gymnasium abgehen
lycéen, ne *m f* | Gymnasiast

collège *m* | entspricht etwa Gesamtschule der Sekundarstufe I (4 Jahre)
collégien, ne *m f* | Schüler des „collège"

• Tous les élèves restent quatre années **au collège**, de la 6ᵉ à la 3ᵉ. En fin de 3ᵉ, ils passent le **brevet des collèges**. Ensuite l'on peut commencer un apprentissage ou s'orienter vers le lycée.

span. colegio
ital. college

CAP *m* | entspricht dem dt. Facharbeiterbrief

• **CAP** = certificat d'aptitude professionnelle

apprendre qc | 1. etw. lernen, erlernen / 2. etw. erfahren, hören
~ le français | Französisch lernen
~ qc à qn | jm. etw. beibringen
~ à faire qc | lernen etw. zu tun
je lui apprendrai ! | das werde ich ihm austreiben!
apprentissage *m* | 1. Lernen, Erlernen / 2. Lehre, Ausbildung
avoir terminé son ~ | ausgelernt haben
apprenti, e *m f* | Lehrling, Auszubildender

• Quel petit con, **je lui apprendrai** bien les bonnes manières.

engl. apprenticeship, apprentice
span. aprender, aprendizaje, aprendiz
ital. apprendere, apprendistato, apprendista

brevet *m* | Abschlusszeugnis, Befähigungsnachweis
~ des collèges | entspricht etwa der mittleren Reife
BEP *m* | entspricht dem dt. Fachoberschulabschluss

• **BEP** = brevet d'études professionnelles

discipline¹ *f* | Fachrichtung, Unterrichtsfach

span. disciplina
ital. disciplina

discipline² *f*
conseil *m* de ~ | Disziplinarausschuss
discipliner qn
discipliné, e *adj*
disciplinaire *adj*
sanction *f* ~ | ~strafe

engl. discipline, disciplined
span. disciplina, disciplinar, disciplinado, disciplinario
ital. disciplina, disciplinare, disciplinato

langue *f* | Sprache
~ **vivante (= LV)** | lebende, moderne Sprache
~ vivante étrangère | lebende, moderne Fremdsprache
~ morte | tote Sprache

• J'aimerais prendre allemand **en LV1**, car je ne m'intéresse pas beaucoup à l'anglais.

engl. language
span. lengua
ital. lingua

mathématiques *f pl* (maths *fam.*)
mathématique *adj*
mathématicien, ne *m f*
matheux, euse *m f (fam.)* | Ass in Mathe

engl. maths (mathematics), mathematical, mathematician
span. matemáticas, matemático
ital. matematica, matematico

Chresto

Lernen was nützlich ist

rentrée *f*

    à la ~

1. Schuljahres-, Unianfang
2. Schulbeginn *(nach den Ferien)*
bei(m) Schul-/Unibeginn

diplôme *m*
    obtenir son ~ en droit
    décrocher son ~ *(fam.)*

sein ~ in Jura erhalten
sein ~ kriegen

engl. *diploma*
span. *diploma*
ital. *diploma*

études *f pl*
    faire des/ses ~s
    faire des ~s de médecine
    terminer ses ~s
    étudiant, e *m f*
        ~ en médecine
    étudier qc

Studium
studieren
Medizin studieren
sein Studium abschließen
Student
Medizinstudent
etw. studieren

engl. *studies, student, study*
span. *estudios, estudiante,*
estudiar
ital. *studio, studente, studiare*

emploi *m* **du temps**
    établir un ~ du temps

Stundenplan
einen Stundenplan erstellen

faculté *f* (fac *fam.*)

    aller à la ~
    ~ de lettres/de droit

    s'inscrire à la ~

1. Fakultät
2. Uni
an die Uni gehen
philosophische/juristische
Fakultät
sich an der Uni einschreiben

engl. *faculty*
span. *facultad*
ital. *facoltà*

bachelor *m*

engl. *bachelor*
span. *bachelor*
ital. *bachelor*

master *m*
    ~ I
    ~ II
    ~ professionnel (~ pro
    fam.)

erstes Jahr des ~
zweites Jahr des ~
berufsbezogener ~

engl. *master*
span. *master*
ital. *master*

concours *m*

    ~ d'entrée
    passer le ~ d'entrée

Prüfung/Examen im
Auswahlverfahren
Aufnahmeprüfung
die Aufnahmeprüfung machen/
ablegen

ital. *concorso (per esami)*

ENS *f*

    normalien, ne *m f*

bekannteste Elitehochschule
im geistes- und
naturwissenschaftlichen Bereich
Student der ENS

• **ENS** = École normale
  supérieure

ital. *Scuola Normale Superiore*

ENA *f*

    énarque *m f*

Elitehochschule zur Ausbildung
des Nachwuchses für höhere
Staatsämter
Absolvent der ENA

• **ENA** = École normale
  d'administration

École polytechnique (= X *fam.*)

    polytechnicien, ne *m f*

Elitehochschule zur Ausbildung
von Ingenieuren
Absolvent der École
polytechnique

Apprendre l'utile

scientifique *m f et adj*

I. Wissenschaftler
II. wissenschaftlich,
   Wissenschafts-

engl. scientist, science, scientific
span. scientífico, sciencia
ital. scienziato, scientifico, scienza

science *f*
les ~s *f pl* (naturelles)
~s économiques
~s de la vie et de la terre
(=SVT)

Wissenschaft
die Naturwissenschaften
Wirtschaftswissenschaften
Biologie *(Schulfach)*

B.T.S. *m*

Abschlussdiplom einer höheren
Fachschule

• B.T.S. = brevet de technicien
  supérieur

instituteur, -trice *m f* (instit *fam.*)

Grundschullehrer

progrès *m*
faire des ~s
être en ~

Fortschritt
Fortschritte machen/erzielen
seine Leistungen verbessern,
bessere Leistungen bringen

• Votre fille **a fait de véritables
  progrès** au deuxième
  trimestre.

progresser

Fortschritte machen

engl. progress
span. progreso
ital. progresso

colle¹ *f (fam.)*
coller qn *(fam.)*

Nachsitzen
jn. nachsitzen lassen

• Mon prof de maths **m'a collée**
  mercredi après-midi.

colle² *f (fam.)*

1. schwierige, knifflige Frage
2. Einserbremse

• Cette prof ne m'aime pas du
  tout, elle **m'a collé un zéro au**
  test de maths.

poser une ~ à qn *(fam.)*

jm. eine schwierige, kniflige
Frage stellen

coller un zéro à qn *(fam.)*

jm. eine sechs verpassen,
reindrücken

pompe *f (fam.)*
pomper sur qn *(fam.)*

Spicker, Spickzettel
von jm. abschreiben, spicken

antisèche *f (fam.)*
utiliser une ~

Spicker, Spickzettel
spicken *(vom Spickzettel)*

bulletin *m*

Zeugnis

trimestre *m*

Trimester

engl. trimester
span. trimestre
ital. trimestre

heure *f* **de libre**

Freistunde

remplacement *m*
remplaçant, e *m f*
remplacer qn

Vertretung
Vertretung *(Person)*
jn. vertreten

permanence *f*

Klassenraum, in dem die Aufsicht
in der unterrichtsfreien Zeit
erfolgt

note *f*

span. nota

mettre une bonne ~ à qn
donner une ~ à qn
fin *f* des ~s

jm. eine gute ~ geben
jn. benoten
Notenschluss

taule/tôle *f (fam.)*
se prendre une ~ *(fam.)*

schlechte Note
eine schlechte Note kassieren

• Je **me suis pris une taule/tôle**
  en maths.

sabrer/ sacquer qn *(fam. ; aussi :
saquer)*

js. Note herunterdrücken, jn.
durchrasseln lassen

Lernen was nützlich ist

fayot *m (fam.)*	1. Streber 2. Schleimer	• Mais qu'est-ce qu'il m'énerve, celui-là. **Il fayotte tout le temps avec les profs** pour qu'ils lui mettent de bonnes notes.
fayoter avec qn	bei jm. schleimen	
ZEP *f*	Zone, in der üblicherweise Brandpunktschulen liegen	• **ZEP** = zone d'enseignement prioritaire
bahut *m (fam.)*	Gymnasium, Penne	
cancre *m (fam.)*	Faulpelz, schlechter Schüler	

bavarder *(fam.)*
   bavard, e *m f*
      ~ intarissable
      ~ incorrigible
	schwätzen
	Schwätzer, Plappermaul
	fürchterlicher Schwätzer
	unverbesserlicher Schwätzer	

question *f*
   poser une ~ à qn
   remettre qc en ~
   soulever une ~
   éluder une ~
   ce n'est pas la ~
   c'est une ~ de point de vue
   (il n'en est) pas ~ !
   ~ bateau
   questionner qn sur qc
   questionneur, euse *m f*
   questionnaire *m*
      remplir un ~
	Frage
	jm. eine Frage stellen
	etw. in Frage stellen
	eine Frage aufwerfen
	einer Frage ausweichen
	darum geht es (hier) nicht
	das ist Ansichts-, Auffassungssache
	das kommt nicht in Frage!
	Sechserbremse
	jn. über etw. be-, ausfragen
	Fragesteller, Ausfrager
	Fragebogen
	einen Fragebogen ausfüllen
		engl. *question, questionnaire*
		span. *cuestión, cuestionar, cuestionario*
		ital. *questione, questionario*

pion, ne *m f (fam.)*	Aufseher, Aufsicht	
cafard *m (fam.)* cafarder qn *(fam.)*	Petze jn. verpetzen	
moyenne *f* **avoir la ~**	1. Durchschnitt 2. 10 v. 20. Notenpunkten (= bestanden) den Durchschnitt, eine vier haben	• Alors, tu **as eu la moyenne** ? Non, même pas.

bourse *f*
   avoir/recevoir une ~
   boursier, ère *m f*
	Stipendium
	ein Stipendium bekommen
	Stipendiat
		ital. *borsa di studio, borsista*

directeur, trice *m f* directorat *m*	Schulrektor *(Kindergarten, Grundschule)* Direktorat	
principal, e *m f*	Direktor *(collège)*	**engl.** *principal (schools, colleges)*
proviseur *m*	Direktor *(lycée)*	
réunion *f* **de parents d'élèves**	Elternabend	
récréation *f* (récré *fam.*) cour *f* de ~	Pause Pausenhof	**span.** *recreo*
souffler qc à qn	jm. etw. vorsagen	↔ der Souffleur

copie *f*	1. Blatt, Bogen	
	2. (Klassen-, Haus-) Arbeit	
rendre les ~s	die Arbeiten zurückgeben	
ramasser les ~s	die Arbeiten einsammeln	
rendre une ~ blanche	ein leeres Blatt abgeben	
~ au propre	Reinschrift	
copier qc	1. etw. abschreiben	***engl.*** *copy*
	2. etw. abspicken	***span.*** *copiar*
~ qc sur qn	etw. von seinem Nachbarn abschreiben	***ital.*** *copiare*
~ qc dans un livre	etw. aus einem Buch abschreiben	
copieur, euse *m f*	Spicker, Abschreiber *(Person)*	
cartable *m*	Schultasche	***ital.*** *cartella*
Vous avez compris ?	Habt ihr das verstanden?	
Vous me suivez ?	Kommt ihr mit?	
Qui est absent ?	Wer fehlt?	
livre *m*	Buch	***span.*** *libro*
prenez vos ~s	Nehmt eure Bücher raus	***ital.*** *libro*
ouvrez vos ~ (à la page x)	Schlagt eure Bücher (auf der Seite x) auf	
fermez vos ~	Macht eure Bücher zu	
C'est à qui ?	Wer ist dran?	
Au suivant, s'il vous plaît !	Der Nächste, bitte!	
faire qc par groupe de deux	etw. in Zweiergruppen machen	
Vous avez fini ? / Ça y est ? [saJɛ]	Seid ihr fertig?	
trousse *f*	Federmäppchen	
rangez vos ~s dans vos sacs, s'il vous plaît.	die Federmäppchen in die Taschen, bitte.	

Chresto

Lernen was nützlich ist

médias *m pl* — Medien

    entendre parler de qc dans les ~s — von etw. in den Medien hören

• Ces derniers temps, on **entend beaucoup parler de** la réforme du gouvernement **dans les médias**.

médiatique *adj* — Medien-, in den Medien

    être ~ — medienwirksam sein

    paysage *m* ~ — Medienlandschaft

médiatiser *qc/qn* — etw./jn. durch die Medien bekannt machen

engl. *media*
span. *medios, mediático, mediatizar*

---

abonnement *m* (à qc) — Abonnement, laufender Bezug (von etw.)

span. *abono, abonar(se)*
ital. *abbonamento, abbonarsi, abbonato*

    prendre/souscrire un ~ à un journal — eine Zeitung abonnieren

    s'abonner (à une revue) — (eine Zeitschrift) abonnieren

    être abonné, e *adj* (à une revue) — (eine Zeitschrift) beziehen

    abonné, e *m f* — Abonnent, Bezieher

    désabonnement *m* (à qc) — Abbestellung (von etw.)

    se désabonner (à qc) — sein Abonnement (von etw.) abbestellen, auflösen

---

annonce *f* — Zeitungsannonce, Anzeige, Inserat

• Comment est-ce que tu as trouvé ta nouvelle voiture ? – **Dans les petites annonces**.

    petites ~s — Anzeigenteil *(Rubrik)*

    mettre/faire passer une ~ (dans qc) — eine Anzeige (in etw.) aufgeben, setzen, schalten

span. *anuncio*
ital. *annuncio*

    annonceur *m* — Inserent

---

article *m* —

engl. *article*
span. *artículo*
ital. *articolo*

    ~ de fond — Leit~

    ~ bien documenté — gut recherchierter ~

---

calomnie *f* — Verleumdung

    basse ~ — gemeine Verleumdung

    calomnier qn/qc — jn./etw. verleumden

    calomnieux, euse *adj* — verleumderisch

engl. *calumny, calumniate, calumnious*
span. *calumnia, calumniar, calumnioso*
ital. *calunnia, calunniare, calunnioso*

---

contenu *m* — Inhalt

    être pauvre de ~ — inhaltsarm sein

    contenir qc — etw. beinhalten

    cet article contient — in diesem Artikel steht, ist enthalten, dieser Artikel beinhaltet

engl. *content, contain*
span. *contenido, contenir*
ital. *contenuto, contenere*

---

couverture *f* — Cover, Titelseite, -blatt

    être en ~ de qc / faire la ~ de qc — auf der Titelseite sein, die Titelseite schmücken

• La mort de Michael Jackson **a fait la couverture de** tous les journaux.

    quatrième *f* de ~ — Buchrücken

engl. *cover*
ital. *copertina*

critique *f* (de qc/envers qn)

    (de qc)
    ~ de cinéma
    ~ impitoyable
    avoir une bonne/
    mauvaise ~
    faire la ~ d'un livre
    faire/formuler des ~s
    ne pas supporter la ~/
    les ~s
    encourir la ~
    prêter le flanc aux ~s
    être sous le feu de la ~
    être la cible des ~s
    les premières ~s se font
    entendre
critique *m f*
critiquer qc

critique *adj*

1. Kritik (an etw./an, gegenüber
    jm.)
2. Kritik, Besprechung *(eines Buches)*
Filmkritik
vernichtende Kritik
eine gute/schlechte Kritik
bekommen
ein Buch besprechen, rezensieren
Kritik üben
keine Kritik vertragen

sich der Kritik aussetzen
Anlass zur Kritik geben
im Kreuzfeuer der Kritik stehen
Zielscheibe der Kritik sein
die ersten Kritiken werden laut

Kritiker
etw. kritisieren, an etw. Kritik
üben
kritisch

- Mais calme-toi un peu, je **ne te fais pas de critique**.
- Le dernier Woody Allen **a eu une très bonne critique**.
- Afin d'éviter **d'encourir la critique de la subjectivité**, nous avons confié le dossier à quelqu'un d'autre.
- La Chine **prête souvent le flanc aux critiques** à cause de son mépris vis-à-vis des droits de l'Homme.

engl. critique, criticism, critic, critical, criticize
span. crítica, crítico, criticar, crítico
ital. critica, critico, criticare, critico

dénoncer qc
    dénonciation *f* (de qc)

etw. bemängeln, anprangern
Bemängelung, Anprangerung
(von etw.)

engl. denounce, denunciation
span. denunciar, denuncia
ital. denunciare, denuncia

édition *f*

    dernière ~
    ~ spéciale
    ~ du samedi
    nouvelle ~
    ~ augmentée
    maison *f* d'~
    éditer un livre
    ~ un CD
    éditeur, trice *m f*

1. Ausgabe
2. Auflage
neueste, letzte Ausgabe
Extrablatt, Sonderausgabe
Wochenendausgabe
Neuauflage
ergänzte, erweiterte Auflage
Verlag
ein Buch auflegen, herausgeben
eine CD herausbringen
Herausgeber, Verleger

engl. edition, edit, editor
span. edición, editar, editor
ital. edizione, editore

éditorial *m* (édito *fam.*)

Leitartikel

engl. editorial
span. editorial
ital. editoriale

faire-part *m inv*
    ~ de décès
    ~ de mariage
    ~ de naissance

(Familien-)Anzeige
Traueranzeige
Heiratsanzeige
Geburtsanzeige

titre *m*
    gros ~s *m pl*
    en gros ~s

Titel, Überschrift
Schlagzeilen
als Schlagzeile

- Le quotidien Le Monde **annonce en gros titre** le divorce du couple présidentiel.

engl. title
span. título
ital. titolo

une *f*
    à la ~
    faire la ~ des journaux

Titelseite, -blatt
auf der Titelseite
für Schlagzeilen sorgen,
Schlagzeilen machen

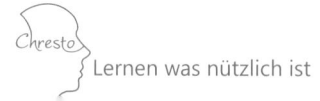

Chresto Lernen was nützlich ist

hebdomadaire *m et adj*	I. Wochenblatt, -zeitschrift	**span.** *semana*
	II. wöchentlich, Wochen-	**ital.** *ebdomadario, settimana*
semaine *f*	Woche	

journalisme *m*

journaliste *m f*

journalistique *adj*

journal *m* — (Tages-)Zeitung, Blatt

~ local/régional/national — Lokal-, Regionalzeitung, überregionale Zeitung

~ du dimanche — Sonntagszeitung, -blatt

~ télévisé — (Fernseh-)Nachrichten

acheter un ~ au numéro — eine Zeitung als Einzelausgabe kaufen

lire qc dans le ~ — etw. in der Zeitung lesen

feuilleter le ~ — die Zeitung durchblättern

parcourir le ~ — die Zeitung überfliegen

- Tu n'en es pas au courant ? **On en parle dans tous les journaux du soir.**
- Attends ! Je vais **feuilleter vite fait le journal** pour voir si l'article est déjà paru.

engl. *journalism, journal, journalist, journalistic*
ital. *giornalismo, giornalista, giornalistico, giornale*

lecteur, trice *m f* — Leser

~ *m* DVD — DVD-Player

courrier *m* des ~s — Leserbriefe *(Rubrik)*

captiver le ~ — den Leser fesseln

lire qc — etw. lesen

span. *lector, leer*
ital. *lettore, leggere*

magazine *m* — 1. Magazin, Illustrierte

2. Magazin *(Radio, Fernsehen)*

engl. *magazine*

supplément *m* — Beilage

- Spécial Football – les photos de l'équipe nationale **en supplément.**

engl. *supplement*
span. *suplemento*
ital. *supplemento*

mois *m* — Monat

tous les trois/six ~s — viertel-, halbjährlich

paraître tous les ~s — monatlich erscheinen

au ~ de janvier — im (Monat) Januar

le ~ dernier — letzten, im letzten Monat

mensuel, le *m et adj* — I. Monatszeitschrift

II. monatlich

mensualité *f* — Monatsrate, monatliche Zahlung

span. *mes, mensual, mensualidad*
ital. *mese, mensile, mensilità*

objectivité *f*

assurer l'~ — ~ gewährleisten, wahren

objectif, ve *adj*

engl. *objectivity, objective*
span. *objetividad, objetivo*
ital. *obiettività, obiettivo*

parution *f* — Erscheinen

jour *m* de ~ — Erscheinungstag

paraître *(souvent avec être)* — erscheinen, herauskommen

faire ~ qc — etw. herausbringen, -geben

à ~ — erscheint *(Ankündigung Buch, Artikel)*

- Son premier livre **est/a paru** le mois dernier.
- Cet article **est paru dans** un magazine en ligne.

sortie *f* — 1. Erscheinen *(Buch, Zeitung)*

2. Herausbringen *(neues Produkt)*

sortir — herauskommen, auf den Mark kommen *(Buch, Zeitung, neues Produkt)*

~ qc — etw. herausbringen

- Peugeot **a sorti** un nouveau modèle de la 206.

quotidien *m et adj* — I. Tageszeitung

II. täglich, all-

↔ le quotidien = *auch* Alltag

ital. *quotidiano*

rédacteur, trice *m f*
   ~ en chef
rédactionnel, le *adj*
rédaction *f* — 1. Redaktion, Schriftleitung
   2. Verfassen, Abfassen *(Text)*
rédiger qc — etw. verfassen, abfassen

span. redactor, redaccional, redacción, redactar
ital. redattore, redazionale, redazione, redigere

revue *f* — Zeitschrift, Revue
   ~ de mode — Modezeitschrift
   ~ spécialisée — Fachzeitschrift

engl. revue
span. revista
ital. rivista

sujet *m* — Thema, Stoff
   traiter un ~ — ein Thema behandeln

engl. subject
ital. soggetto

tirage *m* — 1. (Druck-)Auflage, Ausgabe
   2. Auflagenhöhe
   ~ élevé — hohe Auflage
   journal à grand ~ — auflagenstarke Zeitung, Massenblatt
   faire monter le ~ — die Auflage steigern

span. tirada

presse *f*
   ~ à sensation/~ people — Boulevard~, Klatsch~
   ~ écrite — ~medien
   ~ locale/régionale/ nationale — Lokal-, Regional~, überregionale ~
   ~ des jeunes — Jugend~, Jugendzeitschriften
   ~ quotidienne — Tages~
   la grande ~ — die großen Tageszeitungen
   liberté *f* de la ~ — ~freiheit
   maison *f* de la ~ — Zeitungsverlag
   agence *f* de ~ — Nachrichtenagentur

> • Comment, tu ne sais pas ce qui s'est passé ? **Toute la presse en parle** !
> • **La grande presse** comme Le Monde ou Le nouvel Observateur souffre-t-elle d'un désintérêt croissant des lecteurs ?

engl. press
span. prensa

rubrique *f* — Rubrik, Teil
   ~ économique — Wirtschaftsteil
   ~ sportive — Sportteil
   tenir la ~ sportive — für den Sportteil verantwortlich sein

ital. rubrica

actualité *f*
   ~s *f pl* — (Fernseh-)Nachrichten, Tagesschau
   actuel, le *adj*
   actualisation *f*
   actualiser qc

> • La crise financière est un **problème d'actualité**.
> • Allez, il est huit heures, on va **écouter les actualités à la radio**.

ital. attualità, attuale, attualizzazione, attualizzare

animateur, trice *m f* — Quiz-, Showmaster, Moderator, Diskussionsleiter
   animer un jeu télévisé — ein Fernsehquiz leiten, moderieren
   ~ le débat — die Debatte leiten
   ~ une émission — eine Sendung moderieren

↔ die Animation

antenne *f*
   ~ parabolique / parabole *f*
   être à/sur l'~ — auf Sendung sein

> • On trouve les **titres passés à l'/sur l'antenne** sur les sites Web des stations radio.

engl. antenna
span. antena
ital. antenna

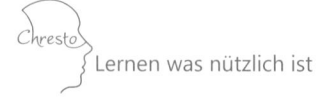

audience *f*	1. Hörer, Zuschauer, Publikum 2. Einschaltquote	• En fait, il ne s'agit ni de divertir ni d'informer, mais d'une **bataille pour l'audimat** que se livrent toutes les chaînes.
auditeur, trice *m f* **audimat** *m*	Hörer, Zuschauer (System zur Ermittlung der) Einschaltquote	
course *f* à l'~	Quotenrennen	*engl.* audience *span.* audiencia, auditor
chaîne *f*	Sender, Programm	*span.* cadena
sur la première ~ ~ locale/privée ~ à péage	im ersten Programm Lokal-/Privatsender Pay-TV	
documentaire *m*	Dokumentarfilm	*engl.* documentary *span.* documental *ital.* documentario
émission *f*	Sendung *(Radio, Fernsehen)*	• Cette **émission passe** tous les mardis soir.
suivre une ~ enregistrer une ~ l'~ repassera demain	eine Sendung verfolgen eine Sendung aufnehmen die Sendung wird morgen wiederholt	*span.* emisión, emisor, emitir *ital.* emissione, emittente, emettere
~ en direct émetteur *m* ~-récepteur *m* émettre des signaux	Live-Sendung Sender, Sendeanlage Sender- und Empfangsgerät Signale ausstrahlen, senden	
diffusion *f* **diffuser une émission** rediffusion *f* rediffuser une émission	Ausstrahlung eine Sendung ausstrahlen Wiederholung, -ssendung eine Sendung wiederholen, wieder ausstrahlen	• Ce soir, horaire exceptionnel : L'émission **sera diffusée** à 20h40 *span.* difusión, difundir *ital.* diffusione, diffondere
série *f*		*engl.* series *span.* serie *ital.* serie
présentateur, trice *m f* présenter une émission	Moderator, Ansager eine Sendung moderieren, durch eine Sendung führen	*span.* presentador *ital.* presentatore, presentare
programme *m*		*engl.* programme *span.* programa *ital.* programma
publicité *f* (pub *fam.*) ~ à la télévision/à la radio publicitaire *adj et m*	Werbung, Reklame Fernseh-, Radiowerbung I. Werbe- II. Werbefachmann	*span.* publicidad, publicitario *ital.* pubblicità, pubblicitario
spot *m* ~	Werbespot	
public *m*	Publikum; Leserschaft	*span.* público *ital.* pubblico
large ~ toucher un large ~ dans le ~	breites Publikum ein breites Publikum erreichen, ansprechen im Publikum	
redevance *f*	(Rundfunk-)Gebühr	↔ devoir qc à qn = jm. etw. schulden

reportage m
   reporter m

       engl. reporter
       span. reportaje, reportero
       ital. reportage, reporter

retransmission f d'une
émission
   ~ sportive
   retransmettre une émission

Übertragung einer Sendung

Sportübertragung
eine Sendung übertragen

ital. trasmissione, trasmettere

son m
   monter le ~

   baisser le ~

   mettre le ~ à fond
   sonore adj

Ton, Klang
lauter machen, stellen (Fernseher, Radio)
leiser machen, stellen (Fernseher, Radio)
voll aufdrehen (Fernseher, Radio)
Ton-

- **On n'entend rien, monte un peu le son de la télé.**

   engl. sound
   span. sonido
   ital. suono

taux m
   ~ d'écoute
   ~ d'audience

Quote
Einschaltquote (Radio)
Einschaltquote (Fernsehen)

   span. cuota
   ital. tasso

télévision f (**télé** fam.)
   (fam.)
   ~ en couleur
   ~ par câble/par satellite
   à la ~
   regarder la ~
   allumer la ~

   éteindre la ~

   téléspectateur, trice m f
   télévisé, e adj

   duel m ~
   téléviseur m
   télécommande f
   télédébat m

1. Fernsehen
2. Fernsehgerät
Farbfernsehen
Kabel-/Satellitenfernsehen
im Fernsehen
fernsehen
den Fernseher einschalten, anmachen
den Fernseher ausschalten, ausmachen
Fernsehzuschauer
im Fernsehen übertragen, Fernseh-
Fernsehduell, TV-duell
Fernsehapparat, -gerät
Fernbedienung
Fernsehdebatte

- Tu n'aurais pas les programmes de télévisions ? Je voudrais savoir ce qui **passe**, ce soir, à **la télé.**
- À force de **regarder tout le temps la télé**, il y a des gens qui oublient leur propre vie et ne sortent plus du tout.

   engl. television, televised
   span. televisor, telespectador, televisivo, televisión, telecontrol
   ital. televisione, telespettatore, televisivo, televisore, telecomando

divertissement m
   divertir qn
   se ~
   divertissant, e adj

Unterhaltung, Vergnügen
jn. unterhalten, belustigen
sich unterhalten, belustigen
unterhaltend, -sam, belustigend

- La télévision cherche de **nouveaux moyens de divertissement**, mais le zapping montre que la plupart des téléspectateurs s'ennuient quand même.

   engl. diversion, divert
   span. divertimiento, divertir(se), divertido
   ital. divertimento, divertire, divertente

colonne f

Spalte, Kolumne

   engl. column
   ital. colonna

publier qc
   publication f

etw. veröffentlichen, publizieren
Veröffentlichung, Publikation

   engl. publicise, publication
   span. publicar, publicación
   ital. pubblicare, pubblicazione

faits divers m pl

1. Lokalnachrichten
2. Vermischtes

Chresto
Lernen was nützlich ist

nouvelle *f*	Nachricht, Meldung	↔ nouveau, el, elle = neu
~s *f pl*	Nachrichten	
fausse ~	Falschmeldung	
~s du jours	Nachrichten/Meldungen vom Tage	
chronique *f*	Kolumne, Hintergrundbericht	• La gaffe politique d'Angela
défrayer la ~	im Mittelpunkt des Klatsches stehen, von sich Reden machen	Merkel **défraie la chronique** dans la presse allemande.
réception *f*	Empfang	***engl.** reception*
capter une chaîne	einen Sender empfangen, rein bekommen	***span.** recepción, recibir*
		***ital.** ricezione, captare*
communiqué *m*	Bekanntmachung, Meldung	↔ la communication,
~ de presse	Pressemeldung, -mitteilung	communiquer
émettre un ~ de presse	eine Pressemeldung herausgeben	• Il **a émis un communiqué de presse** pour annoncer sa démission.
		***span.** comunicado*
		***ital.** comunicato*
porte-parole *m f*	Pressesprecher	***span.** portavoz*
radio *f*	1. Radio, Rundfunk, Hörfunk	• Tu peux **changer de station** s'il
(poste *m* de) ~	2. Radiogerät	te plaît ? Je n'aime pas du tout
	3. Radiosender	la musique classique.
à la ~	im Radio	
écouter la ~	Radio hören	***engl.** radio*
passer à la ~	im Radio kommen, gespielt werden	***span.** radio*
		***ital.** radio*
régler la ~	das Radio einstellen	
radio-réveil *m*	Radiowecker	
~ libre	Privatsender	
station *f* (de ~)	Radiosender	
changer de station	auf einen anderen Sender umschalten	
transistor *m*	Transistor, Kofferradio	***span.** transistor*
speaker *m* / **speakerine** *f*	Ansager, Sprecher	• La **speakerine** a fait une excellente présentation du JT (= journal télévisé).
envoyé *m* **spécial**	Sonderberichterstatter	↔ *wörtlich :* un envoyé = ein Gesandter
		• « Avant de laisser la parole à notre **envoyé spécial**, rappelons brievement les faits. »
ondes *f pl*	Radio, Rundfunk	• J'ai entendu une chanson qui
passer sur les ~s	im Radio kommen, übertragen werden	**passe sur les ondes** en ce moment, mais je ne connais
grandes ~s	Langwelle	pas le titre.
petites ~s	Mittelwelle	• L'interview avec le chanteur du groupe **est passée sur les ondes** de NRJ.
quota *m*	Quote	***span.** cuota*
		***ital.** quota*

écran *m*	Bildschirm	
~ couleur	Farbbildschirm	
~ noir et blanc	Schwarz-weiß-Bildschirm	
~ plat	Flachbildschirm	
le petit ~	das Fernsehen	
décodeur *m*		**engl.** *decoder, decode*
décoder qc		
reality-show *m*		**engl.** *reality show*
prime-time *m* / **heure** *f* **de grand écoute**	Hauptsendezeit	• Combien coûtent 30 secondes de pub **aux heures de grande écoute** ?
au prime-time	zur Hauptsendezeit	
		engl. *prime time*
		ital. *prime time*
magnétoscope *m*	Videorekorder	**span.** *magnetoscopio*
zapper		**engl.** *zap, zapping*
zapping *m*		**span.** *zapping*

Lernen was nützlich ist

drogue f		• Elle **s'est droguée à la cocaïne** pendant plusieurs années.
~ douce	weiche ~	
~ dure	harte ~	
~ de substitution	Ersatz~	**engl.** *drug*
dépendance f à la ~	~abhängigkeit	**span.** *droga, drogadicto, drogarse*
abus m de ~	~missbrauch	**ital.** *droga, drogato*
consommer des ~s	~ konsumieren	
drogué, e m f et adj	I. ~süchtiger	
	II. ~süchtig	
être ~	unter ~ stehen	
se droguer	~ nehmen	

| **clean** adj | | **engl.** *clean* |

| **stupéfiant** m | Suchtmittel, Betäubungsmittel | **ital.** *stupefacente* |
| trafic m de ~s | Rauschgifthandel | |

dose f	Dosis	• Il ne faut pas **dépasser la dose prescrite**, sinon, ça peut être dangereux.
à haute/faible ~	in hohen/schwachen Dosen	
s'injecter une ~	sich einen Schuss setzen	• Le mercure (Quecksilber) est toxique, même **à faible dose**.
overdose f / surdose f	Überdosis	
doser qc	etw. dosieren	
dosage m	Dosierung	
		engl. *dose, dosage*
		span. *dosis, dosificar, dosificación*
		ital. *dose, dosare, dosatura*

seringue f	Spritze *(Gegenstand)*	↔ jm. eine Spritze geben = faire une piqûre à qn
		engl. *syringe*
		span. *jeringa*
		ital. *siringa*

prévention f **(de qc)**	Verhütung, Vorbeugung, Prävention (von etw.)	**engl.** *prevention, preventive, prevent*
~ des drogues	Drogenprävention	**span.** *prevención, preventivo, prevenir*
~ des dépendances	Suchtprävention	**ital.** *prevenzione, preventivo, prevenire*
préventif, ve adj	Verhütungs-, vorbeugend, präventiv	
prévenir qc	einer Sache vorbeugen, etw. verhüten	
mieux vaut ~ que guérir	Vorsicht ist besser als Nachsicht	

consommateur, trice m f	Konsument	**engl.** *consumer, consumption, consume*
~ de drogues	Drogenkonsument	**span.** *consumidor, consumo, consumir*
consommation f	Konsum	**ital.** *consumatore, consumo, consumare*
consommer qc	etw. konsumieren	

trafiquant, e m f	Schwarz-, Schleichhändler	• Le **trafic de drogue** est en augmentation de 7 % cette année.
~ de drogues	Drogenhändler	
trafiquer qc	mit etw. Schwarzhandel treiben	
~ de la drogue	Drogen verkaufen, verticken	**engl.** *drug-trafficking*
trafic m	Schwarz-, Schleichhandel	**span.** *traficante, traficar, tráfico*
~ de drogue	Drogen-, Rauschgifthandel	**ital.** *trafficante, traffico, trafficare*

| **dealer** m / **dealeur** m | | **engl.** *dealer, deal* |
| dealer qc | mit etw. ~ | |

toxicomanie *f*
  toxicomane *m f et adj*

  désintoxication *f*
    cure *f* de ~
  désintoxiquer qn de qc

Drogensucht, -abhängigkeit
I. Süchtiger, Drogenabhängiger
II. süchtig, drogenabhängig
Entgiftung, Entwöhnung
Entziehungskurs
jn. von etw. entgiften, entwöhnen

↔ **toxisch**

engl. detoxification, detoxify
ital. tossicomania, tossicomane,
disintossicazione, disintossicare

tranquillisant *m*

Beruhigungsmittel

↔ **tranquille**

engl. tranquilizer
span. tranquilizante
ital. tranquillante

manque *m*
    être en ~

Entzugserscheinungen
unter Entzugserscheinungen
leiden

↔ **manquer**
• Il était toujours violent quand il
  était en manque de cocaïne.

cocaïne *f* (coc *fam.*)

engl. cocaine
span. cocaína
ital. cocaina

crack *m*

engl. crack

haschisch *m*

engl. hashish
span. hachís
ital. hashish

herbe *f (fam.)*
  fumer de l'~ *(fam.)*

Gras
kiffen

span. hierba
ital. erba

joint *m* [ʒwɛ̃]
  rouler un ~

einen ~ drehen, bauen

engl. joint

pétard *m (fam.)*

Joint, Dübel

héroïne *f*

engl. heroin
span. heroína
ital. eroina

stone *adj (fam.)*

stoned, breit

engl. stoned

se caler *(fam.)*
  calé, e *adj (fam.)*

chillen, abchillen
chillig, gechillt

alcool *m*

  ~ **express**
  s'abstenir d'~
  brûler de l'~
  alcoolique *adj et m f*

  alcoolo *m f (fam.)*
  alcoolisme *m*
  alcootest *m*
  s'alcooliser

Komasaufen, -trinken
keinen ~ trinken
Schnaps brennen
I.
II.
Alkoholiker, Säufer

sich betrinken

• La bière **contient de l'alcool.**
• **La consommation d'alcool**
  est interdite aux moins de seize
  ans.

engl. alcohol, alcoholic,
alcoholism
span. alcohol, alcohólico,
alcoholismo, alcoholizarse
ital. alcol, alcolista, alcolico,
alcolismo

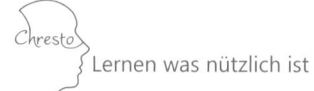

Chresto
Lernen was nützlich ist

boire qc — etw. trinken
~ un coup *(fam.)* — einen trinken, heben
aller ~ un coup *(fam.)* — einen, was trinken gehen
~ qc cul sec *(fam.)* — auf ex trinken
~ au succès de qn — auf js. Erfolg trinken
buveur, euse *m f* — Trinker
boisson *f* — Getränk
~ alcoolisée — alkoholhaltiges Getränk
~ sans alcool — alkoholfreies Getränk
buvable *adj* — trinkbar
buvette *f* — Ausschank, Erfrischungsstand
beuverie *f (rech.)* — Trink-, Saufgelage
pourboire *m* — Trinkgeld

↔ le cul = *hier :* Flaschenboden
↔ sec, sèche = trocken
• Ça te dit qu'on **aille boire un coup** après les cours ?
• Allez, **cul sec** !

span. beber, bebedor, bebida, bebile,
ital. bere, bevitore, bevanda, bevibile

ivre *adj et m f* — I. betrunken
II. Betrunkener
~ mort, e — sturzbetrunken, stockbesoffen
ivrogne *m f* — Säufer
ivresse *f* — Rausch
s'enivrer — sich betrinken

soûl, e *adj* — betrunken
soûlard, e *m f (fam.)* — Säufer, Schnapsdrossel
soûler qn — jn. betrunken, besoffen machen, abfüllen
se ~ — sich betrinken, sich einen Rausch antrinken
dessoûler — nüchtern werden, ausnüchtern
soûlerie *f (fam.)* — Saufgelage

• C'est un **soûlard**, ce mec. Mais il essaie de nous faire croire qu'il ne boit que quand il sort avec nous.

éméché, e *adj* — angeheitert, angetrunken

gorgée *f* — Schluck

eau-de-vie *f* — Schnaps

binge drinking *m* — Komasaufen, -trinken

engl. binge-drinking

picoler *(fam.)* — bechern, zechen
picoleur, euse *(fam.)* — Säufer

cigarette *f*
paquet *m* de ~s — ~schachtel
rouler une ~ — eine ~ drehen
tirer sur sa ~ — an seiner ~ ziehen

engl. cigarette
span. cigarrillo
ital. sigaretta

clope *f (fam.)* — Kippe, Glimmstängel
taxer une ~ à qn *(fam.)* — von jm. eine Kippe schnorren

tabac *m* — 1.
2. ~laden
bureau *m* de ~ — ~laden
tabagisme *m* — Nikotinsucht
tabagie *f* — verräucherte Bude

• Je suis vraiment contente de l'interdiction de fumer dans les lieux publics. Les fumeurs nous ont imposé leur **tabagie** pendant des dizaines d'années.

engl. tobacco
span. tabaco
ital. tabacco

fumeur, euse *m f*	Raucher	• Elle n'était vraiment pas une **grosse fumeuse**, mais quand elle a arrêté, le manque s'est quand même fait sentir assez fortement.
~ passif, ve	Passivraucher	
gros, se ~	Kettenraucher	
fumer	rauchen	
~ comme un pompier	rauchen wie ein Schlot	
~ la pipe/le cigare	Pfeife/Zigarre rauchen	
arrêter de ~	sich das Rauchen abgewöhnen	**span.** *fumador, fumar, humo*
fumée *f*	Rauch	**ital.** *fumatore, fumare, fumata*
avaler la ~	auf Lunge rauchen	
fumoir *m*	Rauchsalon	
cendre *f*	Asche	**span.** *ceniza, cenicero*
faire tomber la ~	abaschen	**ital.** *cenere, portacenere*
cendrier *m*	Aschenbecher	
santé *f* (→ 7.11)	Gesundheit	• Fumer **nuit gravement à votre santé** et celle de votre entourage. (écrit sur les paquets de cigarettes)
être en mauvaise ~	bei schlechter Gesundheit sein	
détruire sa ~	seine Gesundheit zugrunde richten	
nuire à sa ~	seine Gesundheit gefährden, schaden	**span.** *sanidad, sano*
sain, e *adj*	gesund	**ital.** *sanità, sano*

Lernen was nützlich ist

crime *m*	Verbrechen	• L'**auteur du crime** a été jugé.
commettre/perpétrer un ~	ein Verbrechen begehen	• Il **a commis un crime épouvantable** : il a tué trois personnes.
revendiquer un ~	sich zu einem Verbrechen bekennen	• Un **attentat revendiqué par** l'ETA a fait 17 blessés et 6 morts.
inculper qn d'un ~	jn. eines Verbrechens beschuldigen	
criminel, le *m f et adj*	I. Verbrecher, Krimineller	*engl.* crime, criminal, criminology, criminologist
	II. verbrecherisch, kriminell	*span.* crimen, criminal, criminalidad, criminología, criminólogo
grand ~	Schwerverbrecher	
criminalité *f*		
criminologie *f*		*ital.* crimine, criminale, criminalità, criminologia, criminologo
criminologue *m f*		

récidiviste *m f*	Wiederholungstäter, Rückfälliger	*engl.* recidivist
récidiver	rückfällig werden	*ital.* recidivo
récidivité *f*	Neigung zu Rückfällen	
récidivisme *m*	Rückfälligkeit	

délit *m*	Delikt, Vergehen	• **La petite délinquance** progresse de 4,6 % par rapport à l'année dernière.
commettre un ~	ein Delikt begehen	
délinquance *f*	Kriminalität, Straffälligkeit	
~ juvénile	Jugendkriminalität	*engl.* delict, delinquency, delinquent
petite ~	Kleinverbrechen, Kavaliersdelikt	*span.* delito, delincuencia, delincuente
grande ~	Schwerverbrechen	
délinquant, e *m f*	Straftäter	*ital.* delitto, delinquenza, delinquente

blanchir de l'argent	Geld waschen	*span.* blanquear
blanchissement *m*	Geldwaschen	

réinsertion *f*	Wiedereingliederung, Resozialisierung	*span.* reinserción, reinsertar
réinsérer qn	jn. wieder eingliedern, resozialisieren	*ital.* reinserimento, reinserire

loi *f* (→ 1.1)	Gesetz	*engl.* law, legal, legalise, legality
légal, e *adj*	gesetzlich, legal	*span.* ley, legal, legalizar, legalidad
légaliser qc	etw. legalisieren	
légalité *f*	Gesetzlichkeit, Legalität	*ital.* legge, legale, legalizzare, legalità
sortir de la ~	mit dem Gesetz in Konflikt geraten	

sanctionner qc	etw. bestrafen, ahnden	↔ sanktionieren
qc sanctionne qc	etw. wird mit etw. bestraft	• Des peines considérables **sanctionnent** le trafic de drogue.
sanction *f* contre	Sanktion, Zwangsmaßnahme gegen	
		engl. sanction
		span. sancionar, sanción
		ital. sancire, sanzione

violence *f* — Gewalt
    subir des ~s — Opfer einer Gewalttat werden
    commettre un acte de ~ — eine Gewalttat begehen
    commettre des ~s contre qn — gegen jn. Gewalt anwenden
    faire ~ à qn — auf jn. Zwang ausüben
    la ~ appelle la ~ — Gewalt erzeugt Gegengewalt
    violent, e *adj* — gewalttätig, brutal
    violer la loi — das Gesetz verletzen, brechen
    ~ une femme — eine Frau vergewaltigen
    ~ le domicile de qn — gewaltsam in js. Wohnung eindringen
    violation *f* **du droit** — Rechtsverstoß, -bruch
    ~ de domicile — Hausfriedensbruch
    viol *m* — Vergewaltigung
    violateur *m* — Gesetzes-, Rechtsbrecher
    violeur *m* — Vergewaltiger

> • Elle a été enlevée en voiture et **a subi des violences**.
> • Le clan **a commis un acte de violence** dans la rue **contre** des passants.
> • Certaines personnes **deviennent violentes** quand elles ont bu de l'alcool.
> • Il a été condamné pour **violation des droits d'auteur**.

engl. violence, violent, violate, violation, violator
span. violencia, violento, violar, violación, violador
ital. violenza, violento, violare, violazione, violatore

agression *f* **contre qn** — Angriff, Überall auf jn.
    agresser qn — jn. überfallen *(nur Personen)*
    se faire ~ — überfallen werden *(nur Personen)*
    se sentir agressé, e — sich angegriffen fühlen *(verbal)*

↔ aggressiv
> • Elle **s'est fait aggresser par** deux inconnus en sortant du cinéma.

engl. aggression
ital. aggressione, aggredire

attaquer qn/qc — jn./etw. überfallen
    se faire ~ — überfallen werden
    attaque *f* contre qn/qc — Angriff gegen/auf jn./etw.
    ~ à main armée — bewaffneter Raubüberfall

engl. attack
span. ataque, atacar
ital. attaccare, attacco

dévaliser qn/qc — jn./etw. ausrauben
    ~ une banque — eine Bank ausrauben

span. desvalijar

braquer qn/qc *(fam.)* — jn./etw. überfallen, ausrauben
    ~ une banque *(fam.)* — eine Bank überfallen
    braqueur, euse *m f* *(fam.)* — (Bank-)Räuber
    braquage *m* *(fam.)* — Raub-, Banküberfall

arrêter qn — jn. verhaften
    arrestation *f* — Verhaftung
    mandat *m* d'arrêt — Haftbefehl
    délivrer un ~ contre qn — einen Haftbefehl gegen jn. erlassen, ausstellen

> • Les cambrioleurs **se sont fait arrêter** juste au moment où ils voulaient s'enfuir.

engl. arrest
ital. arrestare, arresto

casseur *m* *(fam.)* — Einbrecher
    casser qc *(fam.)* — in etw. einbrechen
    casse *m* *(fam.)* — Einbruch, Bruch

cambrioleur, euse *m f* — Einbrecher
    cambrioler qc — in etw. einbrechen
    cambriolage *m* — Einbruch

chantage *m* — Erpressung
    faire chanter qn — jn. erpressen
    maître *m* chanteur — Erpresser

span. chantaje, chantajear, chantajista

condamner qn à qc	jn. zu etw. verurteilen	• Le tribunal **a prononcé une condamnation de 12 ans de prison ferme** contre un jeune homme accusé de meurtre.
~ qn à mort (pour)	jn. zum Tode verurteilen (wegen)	
condamnation *f*	Verurteilung	
prononcer une ~	eine Verurteilung aussprechen	• Le criminel **a déjà subi une condamnation pénale pour** tentative de meurtre sur un policier.
subir sa ~	seine Strafe verbüßen	
condamné, e *adj et m f*	I. verurteilt	
	II. Verurteilter	
condamnable *adj*	zu verurteilen(d), tadelnswert, verwerflich	

engl. condemn, condemnation, condemned, condemnable
span. condenar, condena, condenado, condenable
ital. condannare, condanna, condannato, condannabile

forces *f pl* de l'ordre	Polizei, Ordnungskräfte	
se rendre aux ~s de l'ordre	sich der Polizei stellen	
prison *f*	Gefängnis	• Il risque **trois ans de prison ferme pour** avoir agressé un gendarme.
~ ferme	Gefängnis-, Haftstrafe ohne Bewährung	
~ avec sursis	Gefängnis auf Bewährung	
~ à perpétuité	lebenslängliche Gefängnisstrafe	**engl.** prison, imprison, imprisonment, prisoner, carceral
être en ~	im Gefängnis sein	
mettre qn en ~	jn. ins Gefängnis stecken	**span.** prisión/cárcel, preso, encarcelar, carcelario, carcelero
condamner qn à dix ans de ~	jn. zu zehn Jahren Gefängnis verurteilen	**ital.** prigione, prigioniero, carcerare, carcerazione
prisonnier, ère *m f et adj*	I. Gefangener, Häftling	
	II. gefangen, eingesperrt	
emprisonner qn	jn. ins Gefängnis stecken, inhaftieren	
emprisonnement *m*	1. Gefängnis-, Haftstrafe	
	2. Inhaftierung	
carcéral, e *adj*	Gefängnis-	
punir qn pour qc	jn. für etw. bestrafen	• Elle **a été punie pour avoir téléchargé** de la musique sur Internet.
~ qn/qc de qc	jn./etw. mit etw. bestrafen	
~ qn sévèrement	jn. hart bestrafen	• L'aggression sexuelle est un délit **puni de 7 ans de prison**.
puni, e *adj*	bestraft	
être ~ de prison	mit Gefängnis bestraft werden	
punition *f* de qc	Bestrafung, Ahndung von etw.	**engl.** punish, punished, punishment, punitive
infliger une ~ à qn	über jn. eine Strafe verhängen, jn. zu einer Strafe verurteilen	**span.** punición, punitivo
punissable *adj*	strafwürdig, sträflich	**ital.** punire, punito, punizione, punibile, punitivo
punitif, ve *adj*	Straf-	
peine *f*	Strafe	↔ un penalty = ein Strafstoß, Elfmeter
~ de prison	Gefängnisstrafe	
~ de mort	Todesstrafe	• La Cour d'appel **a commué la peine à perpétuité** d'un jeune étudiant **en** 12 ans de prison.
donner une ~ trop légère à qn	jn. zu milde bestrafen	
commuer une ~	eine Strafe herabsetzen, mildern	**engl.** penalty, penalize, penal
pénaliser qn	jn. bestrafen *(auch Sport)*	**span.** pena, penalizar, penalización, penale
pénalité *f*	Strafe, Bußgeld	**ital.** pena, penalità, penale
pénalisation *f*	Strafpunkte, -minuten *(Sport)*	
pénal, e *adj*	Straf-, strafrechtlich	
droit *m* ~	Strafrecht	

voler qc à qn — jm. etw. stehlen
- ~ qn — jn. bestehlen
- **se faire ~** — bestohlen werden
- **on n'est pas volé** *(fam.)* — man hat was für sein Geld
- il ne l'a pas volé *(fam.)* — das hat er sich ehrlich, redlich verdient

- vol *m* — Diebstahl, Stehlen
  - ~ **à l'étalage** — Ladendiebstahl
  - ~ à la tire — Taschendiebstahl
  - ~ qualifié — schwerer Diebstahl
  - ~ simple — einfacher Diebstahl
  - commettre un ~ — einen Diebstahl begehen
  - **c'est du ~** *(fam.)* — das ist ja Wucher, die reinste Geldmacherei

- voleur, euse *m f* — Dieb
  - au voleur ! — Haltet den Dieb!
  - **c'est un ~** *(fam.)* — das ist ein Halsabschneider, Geldschneider

> - L'autre jour, je **me suis fait voler** mon porte-monnaie dans le métro.
> - Le repas nous est revenu à 20 €. Honnêtement, à ce prix, **on n'est pas volé**.
> - Il a été arrêté pour **vol à l'étalage**.
> - Tu as payé ce sandwich dix € ? Mais **c'est du vol quoi** !
> - On ne va qu'au marché, les commerçants du coin **sont tellement voleurs**.

tourner mal — auf die schiefe Bahn geraten

> - Il **a mal tourné** en commençant par voler des gens dans la rue.

gendarme *m* — Gendarm
- gendarmerie *f* — Gendarmerie, Polizeirevier
- ~ mobile — Bereitschaftspolizei

> **span.** *gendarme, gendarmería*
> **ital.** *gendarme, gendarmeria*

police *f*
- ~ judiciaire (= P.J.) — Kriminal~, Kripo
- être dans la ~ — bei der ~ sein
- agent *m* de ~ — ~beamter
- policier, ère *m f et adj* — I. / II.

> **engl.** *police*
> **span.** *policía, policial*
> **ital.** *polizia, poliziotto, poliziesco*

enquête *f* — Untersuchung, Ermittlung
- ~ secrète — verdeckte Ermittlung
- ~s en cours — laufende Ermittlungen
- **ouvrir une ~** — Ermittlungen einleiten
- enquêter sur qc — in einer Sache ermitteln, eine Untersuchung in/über etw. durchführen
- enquêteur, euse *m f* — Ermittler, Untersuchungsbeamter

> - La police de Lyon **a ouvert une enquête sur** l'attentat qui s'est produit samedi soir place Bellecour.

fraudeur, euse *m f* — Betrüger
- frauder qn — jn. betrügen
- ~ le fisc — Steuern hinterziehen
- frauduleux, euse *adj* — betrügerisch
- fraude *f* — Betrug, Betrügerei
  - ~ fiscale — Steuerhinterziehung

> **engl.** *fraud, fraudulent*
> **span.** *defraudador, defraudar, fraudulento, fraude*
> **ital.** *frodatore, frodare, fraudolento, frode*

escroc *m* — Betrüger, Gauner, Schwindler
- ~ au mariage — Heiratsschwindler
- escroquer qc — etw. erschwindeln, ergaunern
  - ~ qc à qn — jn. um etw. betrügen, prellen
  - ~ qn — jn. betrügen, begaunern
- escroquerie *f* — Betrug, Gaunerei, Schwindel
  - ~ au mariage — Heiratsschwindel
  - ~ à l'assurance — Versicherungsbetrug

enlever qn — jn. entführen
- enlèvement *m* — Entführung
- ravisseur, euse *m f* — Entführer

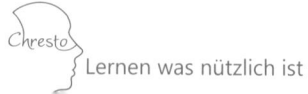

Chresto — Lernen was nützlich ist

otage *m*
    prise *f* d'~s
    prendre qn en ~
    preneur *m* d'~s

Geisel
Geiselnahme
jn. als Geisel nehmen
Geiselnehmer

- La caissière de la banque que les bandits **ont prise en otage** est encore sous choc.

engl. hostage
ital. ostaggio

assassin *m*
    assassiner qn
    assassinat *m*

Mörder
jn. ermorden
Mord

engl. assassin, assassinate, assassination
span. asesino, asesinar, asesinato
ital. assassino, assassinare, assassinio

meurtrier, -ère *adj et m*

    folie *f* ~ère
    meurtre *m* (de qn)
    commettre un ~

I.1. mörderisch *(Schlacht)*
I.2. verheerend *(Unfall, Epidemie)*
II. Mörder
Amoklauf
Mord (an jm.)
einen Mord verüben, begehen

- L'armistice de 1918 a mis un terme à une **guerre meurtrière**, mondiale, où plus d'un quart des Français de 18 à 27 ans ont trouvé la mort.
- Une **violente tempête meurtrière** dans le Midi a privé d'électricité des milliers de foyers.

engl. murder, murderer

justice *f*
    aller en ~
    assigner qn en ~
    traduire qn en ~

    passer en ~
    passer qn en ~
    représenter qn en ~
    juridique *adj*
    justiciable *adj*

    justicier, ère *m f*

Justiz, Rechtswesen
vor Gericht gehen
jn. vor Gericht laden, vorladen
jn. gerichtlich belangen, vor Gericht bringen
vor Gericht kommen
jn. vor Gericht bringen
jn. vor Gericht vertreten
Justiz-
der Gerichtsbarkeit unterliegend, unterworfen
Verfechter der Gerechtigkeit, Weltverbesserer

- Ma mère **est allée en justice** réclamer ses droits.
- Al Capone **a été traduit en justice** entre autres pour trafic d'alcool.
- **L'affaire est passée en justice** l'année dernière.
- Elle **est passée en justice** pour l'assassinat d'une touriste.
- Le procureur a tout fait pour faire **passer en justice les auteurs du crime**.

engl. justice
span. jurídico, judicial
ital. giustizia, giuridico

procès *m*
    ~ civil
    ~ pénal
    être en ~ avec qn

    reprendre un ~
    intenter un ~ à qn

    mettre fin à un ~

Prozess
Zivilprozess
Strafprozess
gegen jn. einen Prozess führen, mit jm. in einem Rechtsstreit liegen
einen Prozess neu aufrollen
gegen jn. einen Prozess anstrengen
einen Prozess einstellen

- La Cour **a repris le procès** de trois hommes condamnés pour meurtre.

span. proceso
ital. processo

Apprendre l'utile

tribunal *m* — Gericht
~ d'instance — Amtsgericht *(Zivilsachen)*
~ de grande instance — Landgericht
~ de police — Amtsgericht *(Strafsachen)*
~ pour enfants — Jugendgericht
saisir le ~ — vor Gericht gehen
le ~ est saisi d'une plainte pour qc — dem Gericht liegt eine Anklage wegen etw. vor
porter qc devant le ~ — etw. vor Gericht bringen
comparaître devant le ~ — vor Gericht erscheinen

- Ne croyez pas que ça se passe comme ça, **l'affaire ira devant les tribunaux**.
- Les voisins du dessus **ont saisi le tribunal pour** pollution sonore.
- Le comité olympique a décidé de **porter l'affaire de dopage devant le tribunal du sport**.

engl. *tribunal*
span. *tribunal*
ital. *tribunale*

procédure *f* — (Gerichts-)Verfahren
engager une ~ — ein Verfahren einleiten

engl. *procedure*
span. *procedimiento*
ital. *procedura*

infraction *f* à qc — Zuwiderhandlung, Verstoß gegen etw.

engl. *infraction*
span. *infracción*
ital. *infrazione*

contravention *f* — 1. Ordnungswidrigkeit, Verstoß
2. gebührenpflichtige Verwarnung

engl. *contravention*
ital. *contravvenzione*

amende *f* — Geldstrafe, Geldbuße
condamner qn à mille € d'~ — jn. zu einer Geldstrafe von 1000 € verurteilen
avis *m* d'~ — Bußgeldbescheid

↔ une amande = die Mandel

ital. *ammenda*

juger qn — über jn. richten, urteilen
~ qc — über etw. urteilen, in einer Sache entscheiden, befinden
juge *m* — Richter
~ d'instruction — Untersuchungsrichter
~ pour enfants — Jugendrichter
~ de l'application des peines — Haftrichter
se présenter devant le ~ — vor Gericht erscheinen
jugement *m* — Urteil, richterliche Entscheidung
rendre un ~ — ein Urteil fällen
attaquer un ~ — ein Urteil anfechten
porter un ~ sur qn/qc — ein Urteil über jn./etw. fällen

- Elle **a été jugée coupable de** complicité d'enlèvement d'un jeune enfant de 7 ans.
- Le procès **sera jugé** en fin de semaine.
- Le tribunal **rendra son jugement** fin avril.

engl. *judge, judgement*
span. *juzgar, juez, juicio*
ital. *giudicare, giudice, giudizio*

cour *f* — Gerichtshof
~ d'assises — Schwurgericht
~ d'appel — Berufungsgericht
~ de cassation — Kassationsgericht *(etwa: Bundesgerichtshof)*

↔ le cours = die Unterrichtsstunde
↔ les courses = die Einkäufe

engl. *court*
ital. *corte*

Chresto
Lernen was nützlich ist

jury *m*

le ~ se retire	die ~ zieht sich zurück
le ~ délibère	die ~ berät
juré, e *m f*	Geschworener
jurer qc	etw. schwören
serment *m*	Schwur, Eid
faux ~	Meineid
prêter ~	einen Eid ablegen, leisten
faire prêter ~ à qn	jn. vereidigen
violer le ~	den Eid brechen
sous (la foi du) ~	unter Eid, eidlich
déposer qc sous (la foi du) ~	etw. unter Eid aussagen

> • L'accusé **a juré ne pas avoir participé** au hold-up.
> • Il **m'a juré de ne plus recommencer**.

engl. jury
span. jurado, jurado, jurar, juramento
ital. giuria, giurato, giurare, giuramento

preuve *f*

les ~s *f pl*	Beweismaterial
manquer de ~s	keine Beweise haben
apporter la ~ de qc	für etw. den Beweis liefern
constituer une ~	einen Beweis darstellen, Beweiskraft haben *(Dokument, Aussage)*
~ irréfutable	unwiderlegbarer Beweis
prouver qc	etw. beweisen, belegen
~ son innocence	seine Unschuld beweisen
cela reste à ~	das muss erst noch bewiesen werden

Beweis

> • Ce document **constitue une preuve irréfutable**.

engl. proof, prove
span. prueba, probar
ital. prova, provare

procureur *m*

~ de la République	Oberstaatsanwalt

Staatsanwalt

ital. procuratore

interrogatoire *m*

interroger qn	jn. verhören

Verhör

engl. interrogation, interrogate
span. interrogatorio, interrogar
ital. interrogatorio, interrogare

perquisition *f*

mandat *m* de ~	Hausdurchsuchungsbefehl

Hausdurchsuchung

ital. perquisizione domiciliare

suspect, e *m et adj*

I.
II.

engl. suspect
span. sospechoso
ital. sospetto

garde *f* **à vue**

mettre qn en ~	jn. in Gewahrsam nehmen

Polizeigewahrsam

ital. guardina

aveu *m*

faire un ~	ein Geständnis ablegen
faire des ~x complets	ein umfassendes Geständnis ablegen
passer aux ~x	geständig werden
extorquer un ~ à qn	von jm. ein Geständnis erzwingen
avouer qc	etw. gestehen
~ avoir fait qc	gestehen etw. getan zu haben
s'~ coupable	sich schuldig bekennen

Geständnis

détention

~ provisoire	Untersuchungshaft
en ~	in Haft
détenir qn	jn. in Haft halten, gefangen halten
détenu, e *m f et adj*	I. Häftling, Inhaftierter
	II. inhaftiert

Haft

> • Voilà une semaine qu'elle **est détenue au** commissariat.

engl. detention, detain, detainee
span. detención, detener, detenido
ital. detenzione, detenuto

audience *f*
    en ~ publique
    tenir ~

Anhörung, Gerichtstermin
in öffentlicher Verhandlung
tagen, verhandeln *(Gericht)*

- Le tribunal d'instance **tient audience** tous les mardis.

span. *audición*
ital. *audizione*

accusé, e *m f et adj*

    accusation *f*
    accuser qn de qc

    être accusé, e d'avoir fait qc

    accusateur, trice *m f et adj*

I. Angeklagter, Beschuldigter
II. angeklagt, beschuldigt
Anklage
jn. wegen etw. anklagen, einer Sache beschuldigen
beschuldigt werden, unter Anklage stehen etw. getan zu haben
I. Ankläger
II. anklagend

engl. *accused, accusation, accuse, accuser*
span. *acusado, acusación, acusar, acusador*
ital. *accusato, accusa, accusare, accusatore*

témoin *m*
    ~ à charge
    ~ à décharge
    témoigner
    ~ en justice
    ~ de qc
    ~ de l'innocence de qn
    témoignage *m*
    faux ~
    condamner qn sur le ~ de qn

Zeuge
Belastungszeuge
Entlastungszeuge
als Zeuge aussagen
vor Gericht aussagen
etw. bezeugen
js. Unschuld bezeugen
Zeugenaussage
Falschaussage
jn. aufgrund js. Aussage verurteilen

- Tribunal : « Faites entrer le **premier témoin** ».
- Il n'a rien fait, je **peux en témoigner**.
- Elle **a témoigné que** l'accusé était avec elle ce soir-là.

span. *testigo, testificar, testimonio*
ital. *testimone, testimoniare, testimonianza*

coupable (de qc) *adj et m f*

    se rendre ~ de qc

    déclarer qn ~ de qc
    plaider ~
    non-~
    culpabilité *f*
    culpabiliser qn
    culpabilisation *f*

I. schuldig (an etw.)
II. Schuldiger
etw. verschulden, sich zuschulden kommen lassen
jn. für etw. schuldig erklären
auf schuldig plädieren
unschuldig
Schuld, Täterschaft
bei jm. Schuldgefühle erzeugen
Erzeugung von Schuldgefühlen

- Sandrine Y. et Christiane Z. ont été condamnées à vie pour **s'être rendues coupables de** meurtre.

engl. *culpable (fml), culpability*
span. *culpable, culpabilidad, culpabilizar, culpa*
ital. *colpevole, colpa/colpevolezza*

défendre qc/qn
    se ~
    défense *f*
    légitime ~
    en légitime ~

etw./jn. verteidigen
sich verteidigen
Verteidigung *(auch Gericht)*
Notwehr
in Notwehr

- Le policier **n'était pas en légitime défense** lorsqu'il a tiré sur le jeune homme.

engl. *defend, defense*
span. *defender, defensa*
ital. *difendere, difesa*

circonstances *f pl*
    ~s atténuantes

Umstände
mildernde Umstände

engl. *circumstances*
span. *circunstancias*
ital. *circostanze*

verdict *m*
    prononcer un ~

Urteil
ein Urteil verkünden

engl. *verdict*
span. *veredicto*
ital. *verdetto*

acquitter qn
    acquittement *m*

jn. freisprechen
Freispruch

engl. *acquit, acquittal*

répression *f*

Ahndung, strafrechtliche Verfolgung

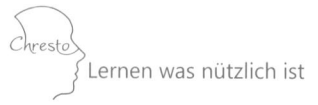

Chresto
Lernen was nützlich ist

avocat, e *m f*	Anwalt	*engl.* advocate
~ de la défense	Anwalt der Verteidigung	*span.* abogado
		ital. avvocato
CRS *f pl*	Spezialeinsatztruppe der frz. Polizei	↔ **CRS** = Compagnies Républicaines de Sécurité
*hold-up *m*	Raubüberfall, Bank-	*engl.* hold-up
prévenu, e *m f*	Beschuldigter	

pauvre *adj et m f*
    I. arm, ärmlich
    II. Armer

    être ~ en qc *(en vitamines, en idées, etc.)* — an etw. arm sein
    les ~s *m pl* — die Armen
    pauvreté *f* — Armut
        vivre dans la ~ — in Armut leben
        basculer qn dans la ~ — jn. in Armut stürzen
        seuil *m* **de ~** — Armutsgrenze
    appauvri, e *adj* — verarmt
    appauvrir qn — jn. arm machen, verarmen lassen
    appauvrissement *m* — Verarmung

- Il a grandi **dans les quartiers pauvres** de la ville, en banlieue.
- Le Japon est un pays **pauvre en** ressources naturelles.
- Il semble que, entre 2004 et 2007, 500.000 personnes **aient basculé dans la pauvreté**.
- En France, presque 8 millions de personnes **vivent en dessous du seuil de pauvreté**.
- Les spécialistes redoutent que l'**appauvrissement** de la population ait un effet désastreux sur l'économie.

engl. *poverty, impoverished, pauperise*
span. *pobre, pobreza, empobrecido, empobrecer, empobrecimiento*
ital. *povero, povertà, impoverito, impoverire, impoverimento*

mendier qc — um etw. betteln
    faire la manche *(fam.)* — betteln
    mendiant, e *m f* — Bettler

span. *mendigar, mendigo*
ital. *mendicare, mendicante*

souffrir de qc — an/unter etw. leiden
    souffrance *f* — Leiden, Leid
        soulager la ~ de qn — js. Leid lindern

engl. *suffer, suffering*
span. *sufrir, sufrimiento*
ital. *soffrire, sofferenza*

crise *f*
    ~ du logement — Wohnungsnot
    traverser une ~ — eine ~ durchmachen
    plonger qn dans une ~ — jn. in eine ~ stürzen
    être en ~ — in der ~ sein
    surmonter une ~ — eine ~ überstehen

- Nous **avons traversé une crise profonde**.
- Ses **remarques l'ont plongée dans une crise profonde**.

engl. *crisis*
span. *crisis*
ital. *crisi*

quart-monde *m* — vierte Welt

clochard, e *m f* — Stadtstreicher, Penner
    clochardisation *f* — Verelendung, Verwahrlosung

sans-abri *m f* — Obdachloser

S.D.F. *m f* — Obdachloser, Wohnsitzloser

- **S.D.F.** = sans domicile fixe

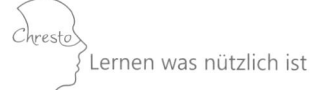
Chresto — Lernen was nützlich ist

mourir de qc
~ de froid
~ **de sa belle mort**
faire ~ qn
mort, e *adj et m f*

mort *f*
~ **violente**
se donner la ~
danger *m* de ~
mortalité *f*
mortel, le *adj*

an/vor etw. sterben
vor Kälte sterben
eines natürlichen Todes sterben
jn. ins Grab bringen
I. tot, gestorben
II. Toter
Tod
gewaltsamer Tod
sich das Leben nehmen
Lebensgefahr
Sterblichkeit, Mortalität
tödlich

• Elle **est morte** à 93 ans **de sa belle mort**.
• Elle est **décédée d'une mort violente** dans la nuit de dimanche à lundi.
• Elle **s'est donné la mort** en prison dans la nuit du 13 au 14 juin.

***engl.** mortality, mortal*
***span.** morir, muerto, muerte, mortalidad, mortal*
***ital.** morire, morto, morte, mortalità, mortale*

---

marge *f*
vivre en ~ (de la société)
marginal, e *adj et m f*

groupe *m* ~
marginaliser qn

marginalité *f*

Rand
am Rand der Gesellschaft leben

I. Rand-
II. (gesellschaftlicher) Außenseiter
Randgruppe
jn. an den Rand der Gesellschaft, ins soziale Abseits drängen
Existenz am Rande der Gesellschaft

• Il s'agit là d'un peuple minoritaire qui a été **marginalisé** pendant des années et qui en a marre de vivre **en marge de la société**.

***engl.** margin*
***span.** margen, marginal, marginalizar, marginalidad*
***ital.** margine, marginale, marginalizzare, marginalità*

---

allocation *f*
~ (de) logement
demander une ~
allocataire *m f*

Beihilfe, Unterstützung *(finanziell)*
Wohngeld, Mietzuschuss
Beihilfe beantragen
Empfänger, Bezugsberechtigter

dépourvu, e *adj* de qc
être ~ de ressources

ohne etw.
mittellos sein

***span.** desprovisto*

précaire *adj*

les jeunes en situation ~

précarité *f*
vivre dans la ~

prekär, unsicher, heikel *(Situation, Arbeit)*
die sozialschwachen Jugendlichen
Prekarität, Unsicherheit
in sozialer Unsicherheit leben

***engl.** precarious, precariousness*
***span.** precario, precariedad*
***ital.** precario, precarietà*

clandestin, e *m f et adj*

clandestinité *f*
vivre dans la ~

I. illegaler Einwanderer
II. heimlich, verborgen
Heimlichkeit, Verborgenheit
im Untergrund leben

***engl.** clandestine, clandestineness*
***span.** clandestino, clandestinidad*
***ital.** clandestino, clandestinità*

banlieue *f*
en ~
grande ~
banlieusard, e *m f*

Vorort, Stadtrandgebiet
im Vorort, Stadtrandgebiet
Einzugsgebiet, Umland
Vorortbewohner

• Il n'habite pas à Lyon même, il habite **la banlieue/en banlieue/dans la banlieue sud**.

défavorisé, e *adj*
venir d'un milieu ~

benachteiligt, schlechter gestellt
aus einem sozial schwachen Milieu kommen

• Ces enfants **viennent/sont issus d'un milieu défavorisé**.

logement *m*
~ social
~ abordable
marché *m* du ~
loger qn
~ chez qn
logeur, euse *m f*

Wohnung, Wohnraum
Sozialwohnung
erschwinglicher Wohnraum
Wohnungsmarkt
jn. beherbergen, aufnehmen
bei jm. wohnen
Zimmervermieter, Zimmerwirt

***engl.** lodgings*

Apprendre l'utile — Chresto

misère *f*
    ~ noire
    vivre dans la ~
    soulager la ~ de qn
    crier ~
    faire des ~s à qn
miséreux *m pl*
misérable *adj*

Armut, Elend, Not
bittere Armut, äußerstes Elend
im Elend leben
js. Armut, Elend, Not lindern
sein Elend, seine Not klagen
jn. quälen, plagen, piesacken
Armen, Not Leidenden
arm, ärmlich, armselig

- Les SDF (= sans domicile fixe) **vivent dans une misère noire** qui fait pitié.
- Ah, mon pauvre, qui **t'a fait des misères** ?
- **Mon ordi me fait des misères**. Il ne démarre plus.

engl. misery, miserable
span. miseria, mísero, miserable
ital. miseria, misero, miserabile

HLM *f*

Sozialwohnung

- **HLM** = habitation à loyer modéré

vie *f*
    niveau *m* de ~
    conditions *f pl* de ~

    coût *m* **de la ~**
    perdre la ~ dans qc
    gagner sa ~

    réussir sa ~

    construire sa ~
    rater sa ~
    ~ ratée
    ~ insouciante
vivre
survie *f*
survivant, e *m f*
survivre à qc/qn

Leben
Lebensstandard
Lebensbedingungen, -verhältnisse
Lebenshaltungskosten
bei etw. umkommen
seinen Lebensunterhalt, Brot verdienen
das Beste aus seinem Leben machen
etw. aus seinem Leben machen
sein Leben vermasseln
verfehltes Leben
sorgloses Leben
leben
Überleben
Überlebender
etw./jn. überleben

- **Le coût de la vie est très élevé** à Paris.
- Pour moi, **avoir bien réussi sa vie**, c'est trouver l'homme avec qui je veux rester pour toujours.

engl. survival, survival, survivor
span. vida, vivir, supervivencia, sobrevivir, superviviente
ital. vita, vivere, sopravvita, sopravvivere

société *f*
    vie *f* en ~
social, e *adj*
asocial, e *adj et m f*

Gesellschaft
Leben in der Gesellschaft
sozial, Gesellschafts-
I.
II.

engl. society, social, antisocial
span. sociedad, social, asocial
ital. società, sociale, asociale

religion *f*

  ~ d'État — Staats~

  religieux, -euse *adj et m f* — I. / II. Ordensmitglied; Nonne

  religiosité *f*

- Même si beaucoup de Français sont catholiques, il n'y a pas de **religion d'État** en France – c'est un pays laïque.

engl. religion, religious, religiousness
span. religión, religioso, religiosidad
ital. religione, religioso, religiosità

croyance *f* — Glaube

  ~ en Dieu — Glaube an Gott

  ~s religieuses — Glaubensüberzeugungen, religiöse Überzeugungen

  croyant, e *adj et m f* — I. gläubig, religiös / II. Gläubiger

    très ~ — tiefgläubig, -religiös

  croire en Dieu — an Gott glauben

- Les principales **croyances religieuses** en France, ce sont le catholicisme et l'islam, mais il y a aussi beaucoup de gens qui **ne croient pas en Dieu.**

span. créer, creyente
ital. credo, credente, credere

Dieu *m* — Gott

  le bon °~ — der liebe Gott

  °~ vous bénisse — Gott segne Sie

  °~ vous garde — Gott schütze Sie

  °~ vous le rende — vergelt's Gott

  prier °~ — zu Gott beten

  implorer °~ — zu Gott flehen

  paraître devant °~ — vor Gott treten

  offenser °~ — sich gegen Gott versündigen

  divin, e *adj* — göttlich, Gottes-

    le ~ enfant *m* — das Jesus-, Christuskind

  diviniser qn — jn. zum Gott erheben, als Gott verehren

  divinisation *f* — Erhebung zum Gott, Vergötterung

  divinité *f* — 1. Göttlichkeit / 2. Gottheit

engl. divine, divinity
span. Dios, divino, divinizar, divinización, divinidad
ital. Dio, divino, divinizzare, divinizzazione, divinità

enfer *m* — Hölle

  ~s *m pl* — Unterwelt

  aller en ~ — in die Hölle kommen

  infernal, e *adj* — höllisch, Höllen-

- « L'**enfer**, c'est les autres ». (Jean-Paul Sartre : Huis clos)

engl. infernal
span. infierno, infernal
ital. inferno, infernale

judaïsme *m* — Judentum

  judaïque *adj* — judäisch, jüdisch

  judéo-chrétien, ne *adj* — judeochristlich

  Juif, ve *m f* — Jude

  juif, ve *adj* — jüdisch

engl. Judaism, Judean, Jew, Jewish
span. judaísmo, judaico, judeocristiano, judio, judio
ital. giudaismo, giudaio, giudeo, giudaico

hébreu, hébraïque *adj* — hebräisch

  Hébreu, Hébraïque *m f* — Hebräer

  l'hébreu *m* — das Hebräische

engl. Hebrew
span. hebreo/hebraico, hebreo, hebreo
ital. ebraico, ebreo

Apprendre l'utile

monothéiste *adj et m f*	I. II.	**engl.** *monotheist, monotheism,* *polytheist, polytheism*
monothéisme *m*		**span.** *monoteísta, monoteísmo,*
polythéiste *adj et m f*	I. II.	*politeísta, politeísmo*
polythéisme *m*		**ital.** *monoteistico, monoteismo,* *politeistico, politeismo*

Christ *m* [krist]	Christus	• Il est **mort en chrétien**.
avant/après Jésus-~	vor/nach Christus	• Prêtre : « Si tu **as toujours**
christianisme *m*	Christentum	**vécu en bon chrétien**,
christianiser qn	jn. zum Christentum bekehren	mon enfant, ton âme ira au
christianisation *f*	Christianisierung	paradis. »
chrétien, ne *adj et m f*	I. christlich	
	II. Christ	**engl.** *Christ, Christianity,*
vivre en bon ~	als guter Christ leben	*Christian,*
chrétienté *f*	Christenheit	**span.** *Cristo, cristianismo,* *cristianizar, cristianización,* *cristiano* **ital.** *Cristo, cristianesimo,* *cristianizzare, cristianizzazione,* *cristiano, cristianità*

foi *f*	Glaube	↔ le foie = die Leber
faire qc en toute bonne ~	etw. im guten Glauben tun	↔ la fois = das Mal
être de bonne ~	gutgläubig sein	• Ne te fâche pas, je l'**ai fait en toute bonne foi**.
abuser de la bonne ~ de qn	js. Gutgläubigkeit ausnutzen	• Paul est hypocrite et **de mauvaise foi**.
être de mauvaise ~	böswillig, unaufrichtig sein	• Après avoir entendu cet
qn est digne de ~	jn. ist glaubwürdig	**argument de mauvaise foi**,
avoir la ~	gläubig sein	elle a été très énervée.
n'avoir ni ~ ni loi	weder Glauben noch Moral besitzen	
confesser sa ~	seinen Glauben bekennen	**span.** *fe*
pratiquer la ~	seinen Glauben praktizieren	**ital.** *fede*
~ profonde	tiefer Glaube	

musulman, e *m f et adj*	I. Moslem	**engl.** *Muslim*
	II. moslemisch	**span.** *musulmán*
		ital. *musulmano*

saint, e *adj et m f*	I. heilig	• Après tout ce qui s'est passé, **je**
	II. Heiliger	**ne sais plus à quel saint me**
guerre *f* ~e	heiliger Krieg	**vouer.**
l'histoire *f* ~e	die Biblische Geschichte	
jeudi *m* ~	Gründonnerstag	**engl.** *saint, sanctity*
semaine *f* ~e	Karwoche	**span.** *santo, santidad*
vendredi *m* ~	Karfreitag	**ital.** *santo, santità*
la Terre ~e	das Heilige Land	
ne pas savoir à quel ~ se vouer	nicht ein noch aus wissen	
ne pas être un ~	kein Unschuldslamm sein	
sainteté *f*	Heiligkeit	
ne pas être en odeur de ~ auprès de qn *(fam.)*	bei jm. nicht gut angeschrieben sein, nicht gern gesehen sein	

catholicisme *m*		**engl.** *Catholicism, Catholic*
catholique *m f et adj* (catho *fam.*)	I. II.	**span.** *catolicismo, católico* **ital.** *cattolicesima, cattolico*
~ romain, e *adj*		

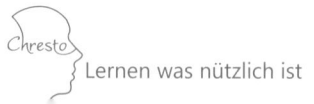

Chresto
Lernen was nützlich ist

baptême *m* [batεm(ə)]	Taufe	**engl.** *baptism, baptise, baptised*
baptiser qn/qc [batize]	jn./etw. taufen	**span.** *bautizo, bautizar, bautizado*
~ qn X	jn. (auf den Namen) X taufen	**ital.** *battesimo, battezzare,*
être baptisé, e *adj* [batize]	katholisch getauft sein	*battezzato*
catholique		
protestantisme *m*		**engl.** *Protestantism, Protestant*
protestant, e *m f et adj*	I.	**span.** *protestantismo, protestante*
	II.	**ital.** *protestantesimo, protestante*

laïc / laïque *adj*	bekenntnisneutral, -frei, konfessionslos	• La **laïcité** est un concept très important en France qui désigne la séparation du civil et du religieux. Il n'y a donc pas de religion d'État en France.
laïcisation *f*	Befreiung von religiöser, kirchlicher Bindung	
laïciser qc	etw. entkonfessionalisieren, bekenntnisneutral gestalten	
laïcisme *m*	Laizismus	**span.** *laico, laicización, laicizar,*
laïcité *f*	religiöse, bekenntnismäßige Neutralität des Staates, Trennung von Staat und Kirche	*laicismo, laicidad* **ital.** *laico, laicizzazione, laicizzare, laicismo, laicità*

église *f*	Kirche *(Gebäude)*	↔ église klein geschrieben = Gebäude
l'°~	die Kirche *(Institution)*	↔ Église groß geschrieben = Institution
se marier à l'~	sich kirchlich trauen lassen	• Je vis en bon chrétien. Je **vais à l'église** tous les dimanches et je respecte les dix commandements. Les gens qui ne **vont à l'église que pour Noël**, je les trouve hypocrites.
aller à l'~	in die Kirche gehen	
aller à l'~ pour Noël	an Weihnachten in die Kirche gehen	
ecclésiastique *adj et m*	I. kirchlich, Kirchen-	
	II. Geistlicher, Kleriker	
		span. *iglesia, eclesiástico* **ital.** *chiesa, ecclesiastico*

pape *m*	Papst	**engl.** *pope, papal, papacy*
papal, e *adj*	päpstlich, Papst-	**span.** *papa, papal, papado*
papauté *f*	Papsttum	**ital.** *papa, papale, papato*
évêque *m*	Bischof	
évêché *m*	Bistum	
archevêque *m*	Erzbischof	
archevêché *m*	Erzbistum	

messe *f*		• Aujourd'hui, c'est le troisième anniversaire de la mort de ma grand-mère. Il faut qu'on **fasse dire une messe pour** le repos de son âme.
~ de minuit	Christmette	
aller à la ~	in die Kirche gehen	
dire la ~	die ~ halten, lesen	
faire dire la ~ pour qn	für jn. eine ~ lesen lassen	
servir la ~	ministrieren	
célébrer la ~	die ~ begehen	**engl.** *mass* **span.** *misa* **ital.** *messa*

curé *m*	Pfarrer *(katholische Kirche)*	**span.** *cura* **ital.** *curato*
pasteur *m*	Pfarrer, Pastor *(protestantische Kirche)*	**engl.** *pastor* **span.** *pastor* **ital.** *pastore*

rabbin *m*

engl. rabbi
span. rabí
ital. rabbino

prêtre *m* | Priester | *engl.* priest
prêtrise *f* | Priesteramt, -würde | *ital.* prete

confession *f* | Beichte, Sündenbekenntnis | *engl.* confession, confess,
entendre qn en ~ | jm. die Beichte abnehmen | confessor, confessional
confesser qn | jm. die Beichte abnehmen | *span.* confesión, confesar(se),
se ~ | beichten, die Beichte ablegen | confesor, confesonario
se ~ à qn | jm. beichten | *ital.* confessione, confessarsi,
~ qc | etw. eingestehen, zugeben | confessore, confessionale
confesseur *m* | Beichtvater
confessionnal *m* | Beichtstuhl

pratiquant, e *m f* | praktizierender Katholik | *engl.* practising
il est très ~ | er ist ein eifriger Kirchgänger | *span.* practicante
| | *ital.* praticante

catéchisme *m* [kateʃism(ə)] | Religionsunterricht, Katechismus | • Dans les écoles publiques
catéchiste *m f* | Religionslehrer | en France, il n'y a pas de
| | **catéchisme** puisqu'il s'agit
| | d'un pays laïque.

engl. catechism
span. catecismo
ital. catechismo

communion *f* | | *engl.* communion
~ solennelle | Erst~ | *span.* comunión
faire sa première ~ | zur Erst~ gehen, die erste heilige | *ital.* comunione, comunicarsi
| ~ empfangen

communier

mariage¹ *m* | Ehe, Eheschließung, Heirat | • Ils **ont fait un mariage**
~ civil | standesamtliche Trauung | **religieux**, mais c'est pour faire
~ religieux | kirchliche Trauung, Hochzeit | plaisir à leurs parents.
~ forcé | Zwangsehe | • Malheureusement, il existe
faire un ~ de raison | eine Vernunftheirat eingehen | encore des pays où le **mariage**
enfant né hors ~ | uneheliches Kind | **forcé** se pratique toujours.
enfant issu d'un | Kind aus erster Ehe | • C'est **mon épouse** qui m'a
premier ~ | | **demandé en mariage** alors
demander qn en ~ | um js. Hand anhalten | que j'étais déjà divorcé et que
demande *f* en ~ | Heiratsantrag | j'avais un **enfant issu d'un**
faire un beau ~ | eine gute Partie machen | **premier mariage**.
marié, e *adj* | verheiratet | • Son père **l'a mariée avec** le fils
mari *m* | Ehemann, Gatte | du voisin.
épouse *f* (!) | Ehefrau, Gattin | • Ils **se sont mariés** l'été dernier
marier qn | jn. trauen | après avoir été ensemble
~ sa fille avec qn (!) | seine Tochter mit jm. verheiraten | depuis cinq ans.
se ~ avec qn (!) | jn. heiraten | • Doris **s'est mariée avec** un
conjugal, e *adj* | Ehe- | jeune historien.
lit *m* ~ | Ehebett
conseiller *m* ~ | Eheberater

engl. marriage, married, marry
span. matrimonio, marido,
esposa, conyugal
ital. matrimonio, marito, moglie,
ammogliarsi, coniugale

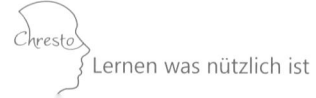

Chresto Lernen was nützlich ist

mariage[2] *m*	Hochzeit	• Ma copine rêve d'un **mariage en blanc**.
~ **en blanc** (!)	Hochzeit in Weiß	
~ **blanc** (!)	Scheinehe	• Ils **ont fait un mariage blanc** pour qu'il puisse rester en Europe.
anniversaire *m* de ~	Hochzeitstag	
marié, e *m f*	Bräutigam, Braut	• Si mon grand-père n'était pas mort, mes grands-parents auraient fêté **leurs noces d'or** l'année prochaine.
les ~s *m pl*	Brautpaar	
nuptial, e *adj*	Hochzeits-, Braut-	
marche *f* ~e	Hochzeitsmarsch	
nuptialité *f*	Zahl der Eheschließungen	
noces *f pl*	Hochzeit, Hochzeitsfeier	*span.* matrimonio
~s **d'argent/d'or/de diamant**	silberne/goldene/diamantene Hochzeit	*ital.* matrimonio, nuziale, nozze
nuit *f* de ~s	Hochzeitsnacht	
en premières/secondes ~s	in erster/zweiter Ehe	
partir en voyage de ~s	in die Flitterwochen fahren	
noce *f*	Hochzeitsgesellschaft	
fiançailles *f pl*	Verlobung	• Quand il a appris qu'elle l'avait trompé, il **a rompu ses fiançailles avec** elle.
rompre ses ~s	die Verlobung lösen, sich entloben	
		• Elle **s'est fiancée avec** un ancien camarade de classe.
fiancé, e *m f*	Verlobter	
se fiancer avec qn	sich mit jm. verloben	*ital.* fidanzamento, fidanzato, fidanzarsi
divorce *m* (**d'avec/de qn**)	Scheidung (von jm.)	↔ sich scheiden lassen = divorcer (ohne « se » !)
être en ~ avec qn	mit jm. in Scheidung leben	
demander le ~	die Scheidung einreichen	• De nos jours, **un couple sur deux divorce**.
divorcé, e *adj et m f*	I. geschieden	
	II. Geschiedener	• Deux ans plus tard, il **a divorcé d'avec sa femme** quand il a découvert qu'elle avait entamé une liaison orageuse avec un artiste.
divorcer (!) **d'avec qn/de qc**	sich von jm. scheiden lassen	
		engl. divorce
		span. divorcio, divorciado, divorciar
		ital. divorzio, divorziato, divorziare
enterrement *m*	Beerdigung, Bestattung	*span.* entierro, enterrar
~ de vie de garçon	Junggesellenabschied	
~ de vie de jeune fille	Junggesellinnenabschied	
enterrer qn	jn. beerdigen, bestatten	
il nous enterrera tous	er wird uns alle überleben	
Pâques	Ostern	↔ Pâques alleinstehend: *m sg* ohne Artikel
à °~	an/zu Ostern	
joyeuses °~ !	frohe Ostern!	↔ Pâques + Adjektiv : *f pl*
vacances *f pl* de °~	Osterferien	
pascal, e *adj*	österlich, Oster-	*span.* Pascua, pascual
		ital. pasqua, pasquale
Pentecôte *f*	Pfingsten	*engl.* pentecost
à la °~	an/zu Pfingsten	*span.* Pentecostés
vacances *f pl* de la °~	Pfingstferien	*ital.* pentecoste

Ascension *f*	Christi Himmelfahrt	**engl.** *Ascension* **span.** *Ascención* **ital.** *Ascensione*
Assomption *f*	Maria Himmelfahrt	**span.** *Asunción* **ital.** *Assunzione*
Toussaint *f* à la °~ vacances *f pl* de la °~	Allerheiligen an/zu Allerheiligen Herbstferien	**ital.** *ognissanti*
Réforme *f* Contre-°~	Reformation Gegenreformation	**engl.** *reformation* **span.** *Reforma* **ital.** *Riforma*
bible *f* la °~ biblique *adj*	*(Buch)* *(Heilige Schrift)*	**engl.** *bible, biblical* **span.** *biblia, bíblico* **ital.** *bibbia, biblico*
prière *f* ~ fervente dire une/sa ~ prier ~ Dieu	Gebet Stoßgebet ein Gebet sprechen, beten beten zu Gott beten	**engl.** *prayer, pray* **ital.** *preghiera, pregare*
culte *m* liberté *f* de ~	Religion, Konfession Bekenntnis-, glaubensfreiheit	**engl.** *cult* **span.** *culto* **ital.** *culto*
temple *m* templier *m*		**engl.** *temple* **span.** *templo* **ital.** *tempio*
mosquée *f*	Moschee	**engl.** *mosque* **ital.** *moschea*
commandement *m* **les dix ~s**	Gebot die zehn Gebote	• Premier des **dix commandements** : « Tu n'auras pas d'autres dieux devant ma face. » **engl.** *commandment* **ital.** *comandamento*
pèlerinage *m* pèlerin *m*	1. Pilgerfahrt, Wallfahrt 2. Wallfahrtsort Pilger, Wallfahrer	**span.** *peregrinaje/peregrinación, peregrino* **ital.** *pellegrinaggio, pellegrino*
Mecque *f*	Mekka	**engl.** *Mecca* **span.** *Meca* **ital.** *Mecca*
jeûner [ʒøne] jeûne *m* [ʒøn] à jeun *adv* [ʒɛ̃] être à ~	fasten Fasten nüchtern, auf nüchternem Magen nüchtern sein, nichts gegessen haben	

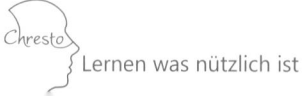

Chresto Lernen was nützlich ist

voile *m*	Schleier	↔ la voile = das Segel
lever le ~ *(fig.)*	den Schleier lüften	• Le **port du voile** est interdit
voilé, e *adj*	verschleiert	dans les établissements publics
		en France.
		span. *velo, velado*
		ital. *velo, velato*
piété *f*	Frömmigkeit	**engl.** *piety, pious*
pieux, euse *adj*	fromm	**span.** *piedad, piadoso*
		ital. *pietà, pio*
doctrine *f*		**engl.** *doctrine, doctrinal*
doctrinal, e *adj*		**span.** *doctrina, doctrinal,*
doctrinaire *m*	Ideologe	*doctrinario*
		ital. *dottrina, dottrinale,*
		dottrinario
péché *m*	Sünde	↔ pêcher = fischen, angeln
faire/commettre un ~	eine Sünde begehen	↔ le pêcheur = der Fischer,
vivre dans le ~	in Sünde leben	Angler
~ **mignon** *(fam. ; fig.)*	kleine Sünde, Schwäche	• Le vin, la cigarette et les bons
pécher	sündigen	plats cuisinés, voilà ses **péchés**
~ contre qc	gegen etw. verstoßen, sich an	**mignons**.
	etw. versündigen	
pécheur, eresse *m f*	Sünder	**span.** *pecado, pecar, pecador*
peccable *adj*	sündhaft	**ital.** *peccato, peccare,*
impeccable *adj*	tadellos, einwandfrei	*peccaminoso, impeccabile*
moine *m*	Mönch	**engl.** *monk, monastery, monastic*
l'habit ne fait pas le ~	der Schein trügt	**span.** *monje, monasterio,*
monastère *f*	Kloster	*monástico*
monastique *adj*	klösterlich, Kloster-	**ital.** *monaco, monastero,*
		monastico
célibat *m*	Zölibat, Ehelosigkeit	**engl.** *celibacy, (to be) celibate*
faire vœu de ~	das Zölibat ablegen	**span.** *celibato*
célibataire *m f et adj*	I. Junggeselle	**ital.** *celibato, celibe*
	II. ledig, unverheiratet	
~ endurci	eingefleischter Junggeselle	
couvent *m*	Kloster	↔ Konvent
aller au ~	ins Kloster gehen	
		engl. *convent*
		span. *convento*
		ital. *convento*
foulard *m*	Kopftuch	
secte *f*		**engl.** *sect*
		span. *secta*
		ital. *setta*
rite *m*	Ritus, Kulthandlung	**engl.** *rite, ritual*
rituel, le *adj et m*	I. rituell, kultisch	**span.** *rito, ritual*
	II. Ritual	**ital.** *rito, rituale*
diable *m*	Teufel	• Il n'a pas un sou, **il tire le**
tirer le ~ par la queue	am Hungertuch nagen	**diable par la queue**.
petit ~	Teufels-, Satansbraten	
diabolique *adj*	teuflisch, diabolisch	**engl.** *devil, diabolic*
diaboliser qn/qc	jn./etw. verteufeln	**span.** *diablo, diabólico*
		ital. *diavolo, diabolico*

sermon *m*
    faire un ~ à qn

sermonneur *m*
prêcher
    ~ d'exemple
prédicateur, trice *m f*
prêchi-prêcha *m (fam.)*

Predigt
jm. eine Straf-, Moralpredigt,
Standpauke halten
Moralprediger
predigen
mit gutem Beispiel vorangehen
Prediger
Moralpredigten, moralisierendes
Geschwätz

- Je ne suis rentrée qu'à trois heures du matin et le lendemain, ma mère **m'a fait un sermon**.
- Plutôt de me faire des remarques, il pourrait **prêcher d'exemple**.
- Désolée pour ce **prêchi-prêcha**, mais crois-tu vraiment que ce soit une bonne idée ?

engl. *sermon, preacher, preach*
span. *sermón, predicador, predicar*
ital. *predicare, predicatore*

paroisse *f*
    paroissien, ne *m f*
    paroissial, e *adj*

Kirchen-, Pfarrgemeinde
Gemeindemitglied
Pfarr-, Gemeinde-

engl. *parish, parishioner, parochial*
span. *parroquia, parroquial*
ital. *parrocchia, parrocchiano, parrocchiale*

sabbat *m*

engl. *sabbath*
span. *sab(b)ath*
ital. *sabato*

Coran *m*

engl. *Koran (Qur'an)*
span. *Corán*
ital. *corano*

intégrisme *m*
    intégriste *adj et m f*

Fundamentalismus
I. fundamentalistisch
II. Fundamentalist

span. *integrismo, integrista*

Chresto Lernen was nützlich ist

sport *m*	1.	• On **est allé aux sports d'hiver** en février.
~ amateur/professionnel	2. ~art	
~ de compétition	Amateur-/Berufs~	*engl.* sport
~ d'élite	Leistungs~	*span.* deporte, deportivo,
~ d'équipe	Hochleistungs~	deportista
~ d'endurance	Mannschafts~	*ital.* sport, sportivo, sportività
~ nautique	Ausdauer~	
terrain *m* de ~	Wassersport	
faire du ~	~platz, ~gelände	
sportif, ve *adj et m*	~ machen, treiben	
	I.	
	II.	
association *f* ~	~verein	
sportivité *f*		

jeu *m*	Spiel	• L'entraîneur **a fait sortir**
c'est le ~	das ist die (Spiel-)Regel	**l'attaquant** qui avait marqué le premier but.
joueur, euse *m f*	Spieler	
faire entrer un ~	einen Spieler einwechseln	*span.* juego, jugador, jugar,
faire sortir un ~	einen Spieler auswechseln	juguete, lúdico
jouer à qc	etw. Spielen *(Sportart, Spiel)*	*ital.* gioco, giocatore, giocare,
~ d'un instrument	ein Instrument spielen	giocattoli, ludico
jouets *m pl*	Spielsachen, -zeug	
ludique *adj*	Spiel-, spielerisch	

champion, ne *m f*	Champion, Meister	*engl.* champion, championship
~ du monde	Weltmeister	*span.* campeón, campeonato
~ d'Europe	Europameister	*ital.* campione, camiponato
championnat *m*	Meisterschaft	
remporter le ~	die Meisterschaft gewinnen	

compétition *f*	Wettkampf, -bewerb	• Lyon et Stuttgart **se disputeront la coupe de la Champions League** en finale samedi prochain.
être en ~ avec qn	mit jm. konkurrieren	
avoir l'esprit de ~	Kampfgeist haben	
disputer une ~	einen Wettkampf austragen, bestreiten	*engl.* competition, competitive, competitiveness
remporter la ~	den Wettkampf gewinnen	*span.* competición, competir,
compétitif, ve *adj*	wettbewerbsfähig	competitivo, competitividad
compétitivité *f*	Wettbewerbsfähigkeit	*ital.* competizione, competitivo, competitività

tournoi *m*	Turnier	*engl.* tournament
		span. torneo
		ital. torneo

Coupe *f* **du Monde**	Weltmeisterschaft	*engl.* World Cup
°~ d'Europe	Europameisterschaft	*span.* copa del mundo/mundial
remporter la °~ du Monde	die Weltmeisterschaft gewinnen	

record *m*		• Il **a battu le record du monde du quatre cents mètres**.
établir un ~	einen ~ aufstellen, einstellen	
battre un ~	einen ~ brechen	*engl.* record
détenir un ~	einen ~ halten	*span.* récord
		ital. record

titre *m*	Titel	*engl.* title
remporter le ~	den Titel gewinnen	*span.* título
tenant *m* du ~	Titelverteidiger	*ital.* titolo

équipe *f* | Mannschaft | **span.** *equipo*
   pousser son ~ | seine Mannschaft anfeuern | **ital.** *equipaggio*
   encadrer une ~ | eine Mannschaft betreuen
   formation *f* de l'~ | Mannschaftsaufstellung

football *m* | | **engl.** *football/soccer*
   ~ en salle | Hallen~ | **span.** *fútbol, futbolista*
  footballeur, euse *m f*

but *m* | Tor | • Lyon a gagné par **deux buts à**
    gardien *m* **de ~** | Torwart | **un.**
   tirer au ~ | auf das Tor schießen | • Le **gardien de but** s'est fait
   marquer un ~ | ein Tor schießen | siffler – il a laissé passer le
   rater le ~ de peu | das Tor knapp verfehlen | ballon entre ses jambes.
   prendre/encaisser un ~ | ein (Gegen-)Tor kassieren
   mettre le ballon au fond | den Ball im Tor versenken
   du ~
   sortir du ~ | aus dem Tor herauslaufen
   coup *m* de pied de ~ | Abstoß
   ~ contre son camp | Eigentor

ballon *m* | (großer) Ball *(Fußball)* | • Ah là là, il a encore **perdu le**
    contrôler le ~ | den Ball annehmen | **contrôle du ballon.**
   capter le ~ | den Ball fangen | • Pff, ils **n'ont couru qu'après le**
   conduire le ~ | den Ball führen | **ballon** pendant tout le match.
   amortir le ~ | den Ball mit Gefühl annehmen
   récupérer le ~ | den Ball zurückerobern | **engl.** *ball*
   aller vers le ~ | zum Ball gehen | **span.** *balón*
   protéger le ~ | den Ball abdecken, abschirmen
   dévier le ~ | den Ball ablenken *(Torwart)*
   subtiliser le ~ à qn | jm. den Ball abnehmen
   détourner le ~ | den Ball abwehren
   brosser le ~ | den Ball anschneiden
   lober le ~ | den Ball lupfen
    courir après le ~ | dem Ball hinterherlaufen
   passer le ~ à qn | jm. den Ball zuspielen, vorlegen
   ~ à ras de terre | flacher Ball
   maîtrise *f* du ~ | Ballbeherrschung
   être en possession du ~ | in Ballbesitz sein
   avoir le toucher *m* de ~ | Ballgefühl haben
   perte *f* du ~ | Ballverlust

jambe *f* | Bein | **ital.** *gamba*
   ~ tendu | gestrecktes Bein
   ~ en l'air | hohes Bein

siffler | pfeifen
   ~ le coup d'envoi | anpfeifen
   ~ la fin du match | abpfeifen
   ~ la mi-temps | zur Halbzeit pfeifen
   ~ une faute | ein Foul pfeifen
  sifflet *m* | Pfeife
  sifflement *m* | Pfeifen, Pfiff

arbitre *m* | Schiedsrichter | **span.** *árbitro, arbitrar*
  arbitrer un match | bei einem Spiel Schiedsrichter | **ital.** *arbitro, arbitrare*
   | sein

passoire *f (fam.)* | Fliegenfänger, Schießbude | ↔ la passoire = das Sieb
   | *(Torwart, der nichts hält)* | • **Quelle passoire** ce gardien, il
   | | n'a rien arrêté.

Chresto
Lernen was nützlich ist

hors-jeu *m*	Abseits	• Mais c'est pas possible, il **a**
piège *m* **du ~**	Abseitsfalle	**encore été pris au piège du**
position *f* de ~	Abseitsstellung	**hors jeu**.
tacle *m*	Grätsche	***engl.*** *tackle*
~ par derrière	Grätsche von Hinten	
~ latéral	Grätsche von der Seite	
tacler	grätschen	
faute *f*	Foul	• **Il y a faute** ! Mais il ne voit rien
simuler une ~	ein Foul vortäuschen	cet arbitre là.
faire/commettre une ~	foulen	
		span. *falta*
		ital. *fallo*
montée *f*	Aufstieg	• L'équipe de Nuremberg **n'est**
monter (en division	aufsteigen	**pas montée en division**
supérieure)		**supérieure** cette année.
nouveau promu *m*	Aufsteiger	
relégation *f* **/ descente** *f*	Abstieg	• Montpellier a 12 points de
risque *m* **de ~**	Abstiegsgefahr	retard. Elle **risque** carrément
descendre (en division	absteigen	**de descendre en division**
inférieure)		**inférieure**.
être en position de	auf einem Abstiegsplatz stehen	
relégable		***span.*** *descenso*
équipe *f* reléguée	Absteiger	***ital.*** *discesa*
défense *f*	Abwehr, Verteidigung	***engl.*** *defense, defender, defend*
s'infiltrer dans la ~	sich durch die Abwehr mogeln	***span.*** *defensa, defender, defensa*
ligne *f* arrière/défensive	Abwehrkette	***ital.*** *difesa, difensore, difendere*
construire le jeu à partir	aus der Abwehr heraus spielen	
de l'arrière		
défenseur, euse *m f*	Verteidiger	
~ latéral	Außenverteidiger	
~ central	Innenverteidiger	
défendre qc/qn	etw./jn. verteidigen	
attaque *f*	Angriff	***engl.*** *attack*
contre-~	Gegenangriff	***span.*** *ataque, ataquar*
mener une ~	einen Angriff aufbauen	***ital.*** *attacco, attaccante, attaccare*
relancer l'~	den Angriff neu aufbauen	
attaquant, e *m f*	Angreifer, Stürmer	
attaquer qc/qn	etw./jn. angreifen	
se démarquer	sich freilaufen	
esseulé, e *adj*	freistehend	
être ~	frei stehen	
couverture *f*	Deckung	
couvrir qn	jn. decken	
tir *m*	Schuss	***span.*** *tiro*
~ à distance	Distanzschuss	***ital.*** *tiro*
~s au but	Elfmeterschießen	
~ retourné	Fallrückzieher	
~ contré	abgeblockter Schuss	
~ raté	misslungener Schuss	
~ puissant	scharfer Schuss	
~ imparable	unhaltbarer Schuss	
arrêter un ~	den Ball halten	
tirer au but	auf das Tor schießen	

surface *f* **de réparation** — Strafraum
  pénétrer dans la ~ — in den Strafraum eindringen

faire du cinéma — simulieren, eine Schwalbe machen

passe *f* — Pass   **span.** *pase*
  mauvaise ~ — Fehlpass   **ital.** *passaggio*
  faire une ~ à qn — auf jn. einen Pass spielen
  ~ déviée — abgefälschter Pass
  ~ latérale — Querpass
  ~ en retrait — Rückpass
  une-deux *m* — Doppelpass
  faire un ~ — einen Doppelpass spielen

coup-franc *m* — Freistoß
  but *m* sur ~ — Freistoßtor

main *f* — Hand   • **(Il y a) main** !
  (faute *f* de) ~ — Handspiel

             span. *mano*
             ital. *mano*

carton *m* — Karte   • L'arbitre **lui a sorti le carton**
  ~ jaune/rouge — gelbe/rote Karte   **rouge**.
  sortir le ~ jaune — gelb zeigen

             engl. *card*
             ital. *cartellino*

mur *m* — Mauer   **span.** *muro*
  faire le ~ — eine Mauer bilden   **ital.** *muro*

milieu *m* — 1. Mittelfeld
        2. Mittelfeldspieler

maintien *m* — Klassenerhalt

contre *m* — Konter
  jouer le ~ — auf Konter spielen
  partir en ~ — kontern

tête *f* — 1. Kopf   **ital.** *testa*
      2. Kopfball
  faire une ~ — köpfen

centre *m* — Flanke   **span.** *centrar*
  ~ de la gauche — Flanke von links
  ~ appuyé — scharfe Flanke
  ~ brossé — angeschnittene Flanke
  ~ fuyant — Flanke am Tor vorbei
  centrer — flanken
  ~ en *hauteur — eine hohe Flanke schlagen

corner *m* — Ecke, Eckball   **engl.** *corner*
  jouer un ~ à deux — kurze Ecke spielen
  ~ au premier poteau — Ecke auf den ersten Pfosten

supporter *m f* — Anhänger, Fan   **engl.** *supporter*
             ital. *supporter*

engagement *m* — Einsatz (während des Spiels)   • L'équipe **ne s'est pas engagée**
  s'engager à fond — vollen Einsatz zeigen   **à fond** aujourd'hui.

échauffement *m* — Aufwärmen
  s'échauffer — sich aufwärmen, warmlaufen

Chresto
Lernen was nützlich ist

touche *f*	1. Aus	
(rentrée *f* de) ~	2. Einwurf	
sortir en ~	ins Aus gehen	
dégager en ~	ins Aus schlagen	
juge *m* de ~	Linienrichter	
égalisation *f*	Ausgleich	
but *m* d'~	Ausgleichstreffer	
égaliser	den Ausgleich erzielen, ausgleichen	
égalité *f* (à la marque)	Gleichstand	
aile *f*	Flügel	**span.** *ala*
jouer par les ~s	über die Flügel spielen	**ital.** *ala*
ailier *m*	Flügelspieler, Außenstürmer	
match *m*	Match, Spiel	• Bordeaux **revient dans le match** avec trois but de retard, c'est incroyable.
~ à l'extérieur	Auswärtsspiel	
~ à domicile	Heimspiel	
~ de bienfaisance	Benefizspiel	
~ de barrage	Entscheidungsspiel	**engl.** *match*
~ d'ouverture	Eröffnungsspiel	**span.** *match*
~ amical	Freundschaftsspiel	
~ aller	Hinspiel	
~ retour	Rückspiel	
~ en retard	Nachholspiel	
~ très physique	Spiel mit hohem Körpereinsatz	
~ international	Länderspiel	
~ éliminatoire	Qualifikationsspiel	
~ nul	Unentschieden	
arracher le ~ nul	ein Unentschieden erkämpfen	
disputer un ~	ein Spiel austragen	
revenir dans le ~	den Anschlusstreffer erzielen	
remplacement *m*	Auswechseln, Auswechslung	
remplacer un joueur	einen Spieler auswechseln	
remplaçant *m*	Auswechselspieler	
banc *m* des ~s	Ersatzbank	
penalty *m*	Elfmeter, Strafstoß	**engl.** *penalty*
		span. *penalti/penalty*
score *m*	Spielstand	**engl.** *score*
~ final	Endstand	
porter le ~ à x	erhöhen auf x	
réduire le ~	aufholen	
pays *m* **organisateur**	Gastgeberland	
adversaire *m*	1. Gegner	**span.** *adversario*
	2. Gegenspieler	**ital.** *avversario*
déborder l'~	den Gegner überrennen	
devancer l'~	dem Gegner zuvorkommen	
adverse *adj*	gegnerisch	
temps *m*	Zeit	**span.** *tiempo*
~ additionnel	Nachspielzeit	**ital.** *tempo*
prolongation *f*	Verlängerung	
jouer les ~s	in die Verlängerung gehen	
nouvelle recrue *f*	Neuzugang	
sauver l'honneur	den Ehrentreffer erzielen	

Apprendre l'utile

mener	führen	
~ 2 à 0	2:0 führen	
prendre l'avantage	in Führung gehen	
finale *f*	Finale	**engl.** *final*
demi-~	Halbfinale	**span.** *final*
quart *m* de ~	Viertelfinale	**ital.** *finale*
huitième *m* de ~	Achtelfinale	
en ~	im Finale	
bête *f* **noire**	Angstgegner	**span.** *bestia negra*
		ital. *bestia nera*
cycliste *m f et adj*	I. Radfahrer	**engl.** *cyclist*
	II. Rad-	**span.** *ciclista, ciclismo, bcicicleta*
coureur *m* ~	Rennradfahrer	**ital.** *ciclista, ciclismo, bicicletta*
cyclisme *m*	Radsport	
piste *f* cyclable	Radweg	
bicyclette *f* / vélo *m*	Fahrrad	
faire du vélo	Fahrrad fahren	
vélo tout terrain (= VTT)	Mountainbike	
favori, te *m f*	Favorit	**engl.** *favourite*
		span. *favorito*
		ital. *favorito*

victoire *f* — Sieg

remporter la ~	den Sieg erringen, davontragen
~ écrasante	überwältigender Sieg
victorieux, euse *adj*	siegreich, Sieger-
vaincre qn	jn. besiegen, über jn. siegen
~ une difficulté	eine Schwierigkeit meistern
vaincu, e *adj et m*	I. besiegt
	II. Besiegter
s'avouer ~	sich geschlagen geben
être ~ d'avance	keinerlei Chancen haben
vainqueur *adj et m*	I. siegreich
	II. Sieger
sortir ~ de qc	aus etw. als Sieger hervorgehen

- Lyon **a remporté une victoire écrasante sur** Marseille (5 : 1).
- Elle **s'est avouée vaincue** sans même avoir essayé.
- À quoi bon se battre, je **suis vaincue d'avance**.
- Elle **est sortie vainqueur** du tournoi.

engl. *victory, victorious, vanquish*
span. *victoria, victorioso, vencer, vencedor*
ital. *vittoria, vittorioso, vincere, vinto, vincitore*

forme *f*	Form, Verfassung, Kondition
être en ~	in Form, fit sein
être en pleine ~	in Hochform, Bestform sein
rester en ~	in Form bleiben

- **Je n'ai pas la forme** aujourd'hui, je suis fatiguée.

span. *forma*

rugby *m*	
rugbyman *m*	

engl. *rugby*
span. *rugby*

gymnastique *f*	Gymnastik, Turnen
faire de la ~	turnen
gymnaste *m f*	Turner
gymnase *m*	Turnhalle

↔ das Gymnasium = le lycée

engl. *gymnastics, gymnasium*
span. *gimnasia, gimnasta, gimnasio*
ital. *ginnastica, ginnasta*

pétanque *f*	Boule-, Bocciaspiel
alpinisme *m*	Bergsteigen
faire de l'~	bergsteigen
alpiniste *m f*	Bergsteiger
alpin, e *adj*	Alpen-, alpin

ital. *alpinismo, alpinista, alpino*

Chresto
Lernen was nützlich ist

ski *m*		**engl.** *ski, skiing, skier*
faire du ~ / skier		**span.** *esquí, esquiar*
~ alpin		**ital.** *sci, sciare, sciatore*
~ de fond	Langlauf	
mettre ses ~s	seine ~ anschnallen	
skieur, euse *adj*		
skiable *adj*		
snowboard *m*		**engl.** *snowboard*
faire du ~		**span.** *snowboard*
		ital. *snowboard*
natation *f*	Schwimmen, Schwimmsport	**span.** *natación, nadar, nadador*
faire de la ~	schwimmen	
nager	schwimmen	
~ la brasse	brustschwimmen	
~ le crawl	kraulen	
~ sur le dos	rückenschwimmen	
nageur, euse *m f*	Schwimmer	
maître *m* ~	1. Schwimmlehrer	
	2. Bademeister	
piscine *f*	1. Schwimmbad	**span.** *piscina*
	2. Swimmingpool	**ital.** *piscina*
~ couverte	Hallenbad	
~ en plein air	Freibad	
boire la tasse	Wasser schlucken	
voile *f*	1. Segeln, Segelsport	↔ le voile = Schleier
	2. Segel	
faire de la ~	segeln	**ital.** *vela, veliero*
planche *f* à ~	1. Windsurfen	
	2. Surfbrett	
voilier *m*	Segelschiff, Segelboot	
randonnée *f* (rando *fam.*)	Wanderung	
randonneur, euse *m f*	Wanderer	
chasse *f*	Jagd	**span.** *caza, cazador, cazar,*
~ aux canards	Entenjagd	*cinegético*
aller/partir à la ~	auf die Jagd gehen	**ital.** *caccia, cacciatore, cacciare*
chasseur *m*	Jäger	
chasser qc	etw. jagen	
cynégétique *adj (rare)*	Jagd	
pêche *f*	Angeln, Fischfang	↔ la pêche = *auch* der Pfirsich
pêcheur, euse *m f*	Fischer	↔ le pêcheur = Sünder
pêcher qc	etw. fischen, fangen, angeln	↔ pécher = sündigen
~ un poisson	einen Fisch fangen	
pêcherie *f*	Fischereigebiet, Fischfanggebiet	**span.** *pesca, pescar*
		ital. *pesca, pescare*
parapente *m*	1. Gleitschirmfliegen	**span.** *parapente*
	2. Gleitschirm	
parapentiste *m f*	Gleitschirmflieger	
badminton *m*		**engl.** *badminton*
faire du ~		**span.** *badmintón*
		ital. *badminton*
tennis *m*		**engl.** *tennis*
faire du ~		**span.** *tenis*
		ital. *tennis*

Apprendre l'utile

balle *f*	kleiner Ball *(Tennis, Tischtennis)*	**engl.** *ball*
basket-ball *m* / **basket** *m* faire du ~		**engl.** *basketball* **ital.** *basket(ball)*
*handball *m* faire du ~	Handball	**engl.** *handball*
athlétisme *m* athlète *m* athlétique *adj*	Leichtathletik Leichtathlet leichtathletisch	**engl.** *athletics, athlet, athletic* **span.** *atletismo, atleta, atlético* **ital.** *atletica leggare, atleta,* *atletico*
entraînement *m* manquer d'~ entraîner qc s'~ entraîneur, euse *m f*	Training kein Training haben, untrainiert sein etw. trainieren trainieren Trainer	**span.** *entrenamiento, entrenar,* *entrenador*

Chresto

Lernen was nützlich ist

voyage *m*	Reise	
être en ~	verreist, auf Reisen sein	
agence *f* de ~	Reisebüro	
~ organisé	Gruppenreise	
~ à forfait	Pauschalreise	
voyager	reisen	
avoir beaucoup voyagé	viel herumgekommen sein	
~ en période bleue	außerhalb der Stoßzeiten fahren *(Zug)*	
voyageur, -euse *m f*	1. Reisender	
	2. Fahrgast, Passagier *(Zug)*	
voyagiste *m*	Reiseveranstalter, -unternehmen	

- Il a été insupportable **pendant tout le voyage**.
- Selon le jour et l'heure de départ, on peut **voyager en période bleue ou en période blanche**. En période bleue, il y a une réduction de 50% sur les billets de train.

engl. *voyage, voyager*
span. *viaje, viajar, viagero*
ital. *viaggio, viaggiare, viaggiatore*

vacances *f pl*	Ferien	
bonnes ~s !	schöne Ferien!	
grandes ~s	Sommerferien	
avoir besoin de ~s	urlaubsreif sein	
être en ~s	im Urlaub, in den Ferien sein	
partir en ~s	in den Urlaub fahren	
profiter de ses ~s	seine Ferien genießen	
colonie *f* **de ~s (colo)** *(fam.)*	Ferienkolonie	
lieu *m* de ~s	Urlaubsort	
vacancier, ère *m f et adj*	I. Urlauber	
	II. Ferien-	

- Tu vas où **pendant les grandes vacances** ?
- On **a passé nos vacances** sur la Côte d'Azur.
- J'**ai vraiment besoin de vacances** en ce moment. – Bah écoute, c'est normal, tu as bossé comme un fou pendant toute l'année. De toute façon, une fois que tes enfants seront partis **en colo(nie de vacances)**, tu seras plus tranquille.

engl. *vacation (AE)*
span. *vacaciones, vacacional*
ital. *vacanza, vacanziere*

loisirs *m pl*	1. Freizeit	
	2. Freizeitbeschäftigung	
organiser ses ~s	seine Freizeit gestalten	
parc *m* de ~s	Freizeitpark	

- Qu'est-ce qu'il fait **pendant ses loisirs** ?

aventure *f*	Abenteuer	
se lancer dans une ~	sich in ein Abenteuer stürzen	
partir à l'~	ins Blaue hinein fahren	
vivre des ~s	Abenteuer erleben	
aventurier, ère *m f*	Abenteurer	
aventureux, euse *adj*	abenteuerlustig, -reich	

- Alors qu'elle ne savait pas ce qui l'attendrait, elle **s'est lancée dans l'aventure**.

engl. *adventure, adventurer, adventurous*
span. *aventura, aventurero, aventurado*
ital. *avvenura, avventuriero, avventuroso*

bain *m*	Bad	
faire couler un ~	ein Bad einlaufen lassen	
petit ~	Nichtschwimmerbecken	
grand ~	Becken für Schwimmer	
prendre un ~ de soleil	sonnenbaden	
baigneur, euse *m f*	Badender	
se baigner	baden	
baignade *f*	Baden	
~ interdite	Baden verboten	
baignoire *f*	Badewanne	
cocooning *m*	häusliche Gemütlichkeit	

- Ils ont joué au water-polo **dans le grand bain**.

span. *baño, bañista, bañarse, baño, bañera*
ital. *bagno, bagnante, bagnarsi bagnata*

Apprendre l'utile

se décontracter	sich entspannen
~ qn	jn. entspannen
décontracté, e *adj*	entspannt, locker, unbekümmert
décontraction *f*	Entspanntheit, Unbekümmertheit
se relaxer	relaxen, entspannen
relaxé, e *adj*	relaxt, entspannt
relaxation *f*	Relaxen, Entspannung

• Après une heure de massage, je **suis** toujours complètement **relaxée**.

engl. *relax, relaxed*
span. *relajarse, relajado, relajación*

glander / glandouiller *(fam.)*	herumgammeln, -lungern, seine Zeit verplempern
glandeur, euse *m f (fam.)*	Gammler, Nichtstuer
fainéant, e *m f et adj*	I. Faulenzer, Faulpelz II. faul, träge
fainéanter	faulenzen, nichts tun
fainéantise *f*	Faulenzerei

• Il passe tout son temps devant la télé, il ne fout rien de toute la journée, c'est vraiment un **gros fainéant**, ce mec !

détente *f*	Entspannung, Erholung
se détendre	sich entspannen, erholen
détendu, e *adj*	entspannt, erholt
ennui *m*	Langeweile
mourir d'~	vor Langeweile sterben
ennuyeux, euse *adj*	langweilig, fad, öde
ennuyer qn	jn. langweilen, Überdruss bereiten
s'~	sich langweilen, Langeweile haben
s'~ à mort	sich zu Tode langweilen

• Sa présentation était tellement nulle, **je m'ennuyais à mort**.

séjour *m*	Aufenthalt
séjourner	sich aufhalten

ital. *soggiorno*

se reposer	sich erholen, ausruhen
reposé, e *adj*	erholt, ausgeruht
reposant, e *adj*	erholsam
repos *m*	Ruhe, Ruhepause, Erholung
prendre du ~	ausspannen

• Tu as vraiment l'air fatigué. Tu ferais mieux de **te reposer** un peu/de **prendre du repos** pendant quelques jours.

span. *reposar, reposado, reposo*
ital. *riposarsi, riposato, riposante, riposo*

touriste *m f*	
attirer les ~s	die ~ anziehen
touristique *adj*	
curiosités *f pl* ~s	Sehenswürdigkeiten
guide *m* ~	Reiseführer
tourisme *m*	
faire du ~	als ~, zum Vergnügen reisen
office *m* de ~	~büro

• Paris **attire de nombreux touristes** pendant toute l'année.

engl. *tourist, touristic, tourism*
span. *turista, turístico, turismo*
ital. *turista, turistico, turismo*

site *m*	Landschaft, Gegend
station *f*	
~ balnéaire	Ferien-, Urlaubsort Badeort
~ d'hiver	Wintersportort
~ de ski	Skiort

• Cette région compte de nombreuses **stations balnéaires** idéales pour les vacances en famille.

span. *estación de esquí*

Chresto
Lernen was nützlich ist

montagne *f*	Berg	↔ « mont » steht immer mit einem Eigennamen
~(s)	Gebirge, Berge	
aller à la ~	in die Berge fahren	
montagnard, e *adj et m f*	I. Berg-, Gebirgs-	***engl.*** *mountain*
	II. Bergbewohner	***span.*** *montaña, montañero, monte*
région *f* montagneuse	Gebirgsgegend	***ital.*** *montagna, montanaro, monte*
monticule *m*	kleiner Berg	
le Mont Blanc	der Montblanc	
mer *f*	Meer	• J'adore me baigner **dans la mer.**
~ du Nord	Nordsee	
aller à la ~	ans Meer fahren	
en ~	auf dem Meer	***span.*** *mar, marino*
en *haute ~	auf offenem Meer	***ital.*** *mare, marino*
au bord de la ~/en bord de ~	am Meer	
la ~ est calme	das Meer ist ruhig	
la ~ est agitée	das Meer ist unruhig	
la ~ est belle	das Meer ist glatt	
marin, e *adj*	Meer-	
excursion *f*		***engl.*** *excursion, excursionist*
excursionniste *m f*		***span.*** *excursión*
		ital. *escursione*
hôtel *m*		• Nous **sommes descendus dans un hôtel quatre étoiles** pour une nuit.
~ trois étoiles	drei Sterne ~	
~ de prestige	Nobel~	
l'~ est très central	das ~ liegt sehr zentral	
l'~ est complet	das ~ ist ausgebucht	• J'en ai marre de faire du camping, demain on va **descendre dans un hôtel.** – Mais je te l'ai déjà dit : tous les hôtels **affichent complet** en ce moment.
loger à l'~	im ~ wohnen	
descendre dans un ~	in einem ~ absteigen	
hôtelier, ère *adj et m f*	I.	
	II.	
hôtellerie *f*	~gewerbe	
		engl. *hotel*
		span. *hotel*
		ital. *hotel*
visiter *qc*	etw. besuchen *(Stadt, Museum, …)*	↔ jn. besuchen = aller voir qn, rendre visite à qn !
~ un pays	ein Land bereisen	
visiteur, euse *m f*	Besucher	• Ça te dirait de **faire une visite guidée** ? – Pas vraiment, je m'y connais assez bien en art et je n'en ai pas besoin.
visite *f*	Besuch	
~ guidée	Führung	
		engl. *visit, visitor*
		span. *visitar, visitor, visita*
		ital. *visitare, visita, visitatore*
camping *m*	~, Zelten	• En France, le **camping sauvage** est généralement autorisé, mais il est par exemple interdit de **faire du camping** dans les réserves naturelles.
~ sauvage	wildes ~, Zelten	
faire du ~	~, zelten	
(terrain *m* de) ~	~platz	
~-car *m*	Wohnmobil	
vacances *f pl* au ~	~-, Zelturlaub	
campeur, euse *m f*	~er, Zelter	
		engl. *camping, camper*
		span. *camping, campista*
		ital. *camping, campeggiatore*

tente *f* | Zelt
coucher sous la ~ | im Zelt schlafen
monter une ~ | ein Zelt aufstellen
démonter une ~ | ein Zelt abbauen
planter une ~ | ein Zelt aufschlagen

- On **a monté la tente** très rapidement, mais pour **la démonter**, on a galéré.
- On n´avait pas envie de **monter notre tente** et donc, on a décidé de coucher à la belle étoile au lieu de **coucher sous la tente**.

engl. *tent*
span. *tienda de campana*
ital. *tenda*

équipement *m* | Ausrüstung
équiper qn de qc | jn. mit etw. ausrüsten
s´~ de qc | sich mit etw. ausrüsten
être bien/mal équipé, e *adj* | gut/schlecht ausgerüstet sein

engl. *equipment, equip, equipped*
span. *equipo/ equipamiento, equipar(se)*
ital. *equipaggiamento, equipaggiare*

ski *m*
faire du ski / skier
~ alpin
~ de fond | Langlauf
mettre ses ~s | seine ~ anschnallen
skieur, euse *adj*
skiable *adj*

- On **part faire du ski à la montagne** chaque année en février.

engl. *ski, skiing, skier*
span. *esquí, esquiar, esquiador*
ital. *sci, sciare, sciatore*

télésiège *m* | Sessellift

span. *telesilla*

téléphérique *m* | Seil-, Schwebebahn

span. *teleférico*

syndicat *m* **d'initiative** | Fremdenverkehrsamt, -verein

tour-opérateur *m* | Reiseveranstalter

engl. *tour-operator*

hébérgement *m* | Unterkunft
hébérger qn | jn. bei sich unterbringen

↔ eine Herberge = une auberge

auberge *f* | Herberge, Gasthaus
~ de jeunesse | Jugendherberge

span. *albergue*
ital. *albergo (das Hotel), alloggio (Herberge)*

gîte *m* | Unterkunft, Quartier
~ rural | Ferienquartier auf dem Land
le ~ et le couvert | Unterkunft und Verpflegung

saison *f*
en pleine ~ | in/während der Hoch~
en basse ~ | in/während der Neben~
*hors ~ | außerhalb der ~
faire la ~ | in der ~ arbeiten
morte-~ *f* | geschäftlich stille Zeit

engl. *season*
span. *estación*
ital. *stagione*

réserver qc | etw. ~
réservation *f*
annuler la ~ | die ~ rückgängig machen

engl. *reserve, reservation*
span. *reservar, reserva*
ital. *riservare*

destination *f* | Reiseziel

engl. *destination*
span. *(punto de) destino*

Chresto
Lernen was nützlich ist

visa *m*
    demander un ~
    délivrer un ~ à qn

ein ~ beantragen
jm. ein ~ erteilen

- • **J'ai demandé un visa** il y a 5 mois, mais on **me l'a toujours pas délivré**.

engl. visa
span. visado
ital. visto

passeport *m*
    votre ~ est périmé

Reisepass
Ihr Reisepass ist abgelaufen

engl. passport
span. pasaporte
ital. passaporto

bagages *m pl*
    ~s à main
    faire enregistrer ses ~s

Gepäck
Handgepäck
sein Gepäck aufgeben

engl. baggage
span. bagaje
ital. bagaglio

valise *f*
    faire sa ~

Koffer
seinen Koffer packen

ital. valigia

sac *m*
    ~ de voyage
    ~ à dos
    ~ de couchage
    ~ de plage

Tasche
Reisetasche
Rucksack
Schlafsack
Badetasche

âge *m* — Alter
le troisième ~	die Senioren
maison *f* du troisième ~	Seniorenwohnheim
premier ~	Säuglingsalter
entre deux ~s	mittleren Alters
avoir le même ~	gleichaltrig, gleich alt sein
prendre de l'~	älter werden
il ne fait pas son ~	man sieht ihm sein Alter nicht an, er sieht jünger aus als er ist
quel ~ lui donnez-vous ?	für wie alt halten Sie ihn/sie?
il est de mon ~	er ist in meinem Alter
avoir passé l' ~ de faire qc	aus dem Alter heraus sein, wo man etw. tut
âgé, e *adj*	alt, betagt
les personnes *f pl* ~es	die alten Leute, die Senioren

- Tu **as quel âge** ? – J'ai dix-huit ans.
- Elle est morte **à l'âge de 93 ans**.
- **Le troisième âge** n'arrête pas de partir en voyage.
- Je fais partie d'un **club du troisième âge**.
- La police recherche un **homme entre deux âges** qui aurait commis une dizaine de vols à Paris.
- Ça fait longtemps que je ne l'ai pas vue, mais dis donc, elle **a pris de l'âge**.
- Ma voiture **a pris de l'âge**, il va falloir la changer dans pas très longtemps.

engl. age
span. edad
ital. età

retraite *f*
1. Rente, Ruhestand
2. (Alters-)Rente, Pension *(Geld)*
à la/en ~	im Ruhestand, pensioniert
mise *f* à la ~	Versetzung in den Ruhestand
mettre qn à la/en ~	jn. in den Ruhestand versetzen, pensionieren
maison *f* de ~	Alten-, Altersheim
partir à la ~/prendre sa ~	in den Ruhestand treten, gehen
toucher une ~	eine Rente beziehen, bekommen
âge *m* de la ~	Rentenalter
relever/avancer l'âge de la ~	das Rentenalter heraufsetzen
relèvement *m* / **avancement** *m* de l'âge de la ~	die Erhöhung des Rentenalters
~ complémentaire	Zusatzrente
épargne-~ *f*	Rentensparen, Sparen für die Rente, Rentenvorsorge
retraité, e *m f et adj*	I. Rentner, Ruheständler II. im Ruhestand
préretraite *f*	Frührente, Vorruhestand
préretraité, e *m f*	Frührentner

- À cause de la situation délicate sur le marché du travail, elle **a été mise en préretraite**.
- Madame Brossard ne travaille plus pour vous ? – Non, elle **est partie à la/a pris sa retraite**.
- Il **touche une petite retraite**.
- La large majorité de la population active s'oppose **au relèvement de l'âge de la retraite**/ne veut pas que **l'âge de la retraite soit relevé**.

cotisation *f* **(à qc)** — (Mitglieds-)Beitrag, Beitragszahlung (an/zu etw.)
taux *m* de ~	Beitragssatz, -höhe
assujetti, e *adj* à la ~	beitragspflichtig
cotiser (à qc)	Beitrag, Beiträge zahlen, entrichten (an/zu etw.)
cotisant, e *m f*	Beitragszahler

- Après **40 ans de cotisation**, j'ai enfin pris ma retraite.

span. cotización, cotizar

Lernen was nützlich ist

vie *f* — Leben
- La blessée **est entre la vie et la mort**, mais les médecins ne sont pas très optimistes.

être en ~ — am Leben sein

espérance *f* de ~ — Lebenserwartung

l'espérance de ~ augmente — die Lebenserwartung steigt, wächst

être entre la ~ et la mort — zwischen Leben und Tod schweben

perdre la ~ — ums Leben kommen, umkommen
- Elle **a perdu la vie dans** un accident de circulation sur l'autoroute A 6 dans la nuit de mardi à mercredi.

faire sa ~ — sein Leben aufbauen, sich selbst verwirklichen

gagner sa ~ — seinen Lebensunterhalt verdienen
- Il est médecin, il **gagne bien sa vie**.
- Elle **a vécu chez ses parents** jusqu'à 27 ans.

vivre — leben

~ avec qn — mit jm. zusammenleben

~ chez qn — bei jm. leben, wohnen

~ tant bien que mal — sich so durchschlagen

vital, e *adj* — Lebens-, lebenswichtig

vitalité *f* — Vitalität, Lebenskraft

engl. vital, vitality
span. vida, vivir, vital, vitalidad
ital. vita, vivere, vitale, vitalità

vieux, vieil, vieille *adj* — alt
- Olivier-Sylvain commence à se **faire vieux**, avec 57 ans, c'est presqu'un **vieil homme**.

se faire ~ — alt werden, altern

vieux, vieille *m f* — alter Mann, alte Frau

les vieux *m pl* — die Alten

vieillissement *m* — Altern, Altwerden

~ de la population — Überalterung der Bevölkerung
- **Cette petite vieille** ne peut plus faire ses courses. Je vais au supermarché une fois par semaine pour elle.

vieillir — alt, älter werden, altern

~ qn — jn. alt, älter machen, erscheinen lassen

tu me vieillis — Du machst mich älter als ich bin
- Ah non, ne mets pas cette robe là, **elle te vieillit de 20 ans**.

en vieillissant — mit zunehmendem Alter

vieillesse *f* — hohes Alter, Greisenalter

assurance *f* ~ — Alters-, Rentenversicherung

minimum *m* ~ — Mindestrente

mourir de ~ — an Altersschwäche sterben

span. viejo, envejecimiento, envejecer, vejez
ital. vecchio, invecchiamento, invecchiare, vecchiaia, vecchiotto

vieillard *m* — Greis, Graubart

vieillot, te *adj* — altmodisch

c'est la vieillerie *f (fam.)* — man wird alt, man ist auch nicht mehr der jüngste

naître — geboren werden
- Elle **est née le** 29 février 2000.
- M. et Mme Le Tarn sont heureux de vous **annoncer la naissance de** leur fils Julien.

naissance *f* — Geburt

à sa ~ — bei seiner/ihrer Geburt

lieu *m* de ~ — Geburtsort

natal, e *adj* — Geburts-, Heimat-

natalité *f* — Geburtenzahl

à faible/forte ~ — geburtenschwach/-stark
- Les **pays à faible natalité** ont intérêt à mettre en place une **politique nataliste** efficace.

la ~ baisse — die Geburtenzahl(en) geht zurück

dénatalité *f* — Geburtenrückgang

nataliste *adj* — Geburten fördernd

politique *f* ~ — Politik der Geburtenförderung

engl. natality, natal
span. nacer, nacimiento, natal, natalidad
ital. nascere, nascita, natale, natalità, denatalità

financement *m* — Finanzierung

financer qc — etw. finanzieren

finances *f pl* — Finanzen

financier, ère *adj* — finanziell, Finanz-

aide *f* ~ère — finanzielle Hilfe, Unterstützung

engl. financing, finance, finances, financial
span. financiación, financiar, finanzas, financiero
ital. finanziamento, finanziare, finanze, finanziario

Apprendre l'utile

pension *f*	Rente	• Depuis le décès de son mari, elle **touche une petite pension de veuve**.
~ de guerre	Kriegshinterbliebenenrente	
~ d'invalidité	Berufs-, Erwerbsunfähigkeitsrente	
~ de réversion	Hinterbliebenenrente	
~ de veuve	Witwenrente	***engl.*** *pension*
		span. *pensión*
		ital. *pensione*
démographie *f*		***engl.*** *demography, demographic, demographer*
démographique *adj*		***span.*** *demografía, demográfico, demógrafo*
démographe *m f*		***ital.*** *demografia, demografico, demografo*
adolescent, e *m f* (ado *fam.*)	Jugendlicher	***engl.*** *adolescent, adolescence*
adolescence *f*	Jugendalter	***span.*** *adolescente, adolescencia*
		ital. *adolescente, adolescenza*
Sécurité *f* **sociale** (Sécu *fam.*)	Sozialversicherung	
adulte *m f et adj*	I. Erwachsener	***engl.*** *adult*
	II. erwachsen	***span.*** *adulto*
		ital. *adulto*

Chresto
Lernen was nützlich ist

immigration *f*
  loi *f* sur l'~   ~gesetz
  politique *f* d'~   ~politik
  vague *f* d'~   ~welle
  services *m pl* de l'~ ~behörde
immigrer
immigrant, e *m f*
immigré, e *adj et m f*   I.
                 II.
  foyer *m* d'~s   Asylantenheim

- Il y a beaucoup de **travailleurs immigrés** dans le bâtiment.
- Comment **limiter l'immigration** ?

engl. *immigration, immigrate, immigrant, immigrated*
span. *inmigración, inmigrar, inmigrante, inmigratorio*
ital. *immigrazione, immigrare, immigrante, immigrato*

émigration *f*
  émigrer
  émigré, e *m f*
  émigrant, e *m f*

- Il y a des décennies, mes grands-parents **ont émigré en** Amérique.

engl. *emigration, emigrate, emigrant, emigrated*
span. *emigración, emigrar, emigrado*
ital. *emigrazione, emigrare, emigrante*

étranger, ère *m f et adj*   I. Ausländer
                 II. ausländisch, Auslands-
  étranger *m*   Ausland
  à l'~   im/ins Ausland, Auslands-
  partir à l'~   ins Ausland gehen

- Vous êtes déjà allée **dans des pays étrangers** ?
- De nos jours, il est plus important que jamais d'apprendre des **langues étrangères**.
- Il **est d'origine étrangère**.

span. *extranjero, extranjero*

persécuter qn   jn. verfolgen
  persécution *f*   Verfolgung
  délire *m* de ~   Verfolgungswahn
  persécuteur *m*   Verfolger

engl. *persecute, persecution, persecutor*
span. *perseguir, persecución, perseguidor*
ital. *perseguitare, persecuzione, persecutore*

Marocain, e *m f*
  marocain, e *adj*
  Maroc *m*
  au/du ~   im/aus ~

engl. *Moroccan, Morocco*
span. *marroquí, Marruecos*
ital. *marocchino, Marocco*

Tunisien, ne *m f*
  tunisien, ne *adj*
  Tunisie *f*
  en/de ~   in/aus ~

engl. *Tunisia, Tunisian*
span. *Túnez, tunecino*
ital. *Tunisia*

main-d'œuvre *f*   Arbeitskräfte, Arbeiter

span. *mano de obra*
ital. *manodopera*

Maghrébin, e *m f*
  maghrébin, e *adj*
  Maghreb *m*
  au/du ~   im/aus dem ~

engl. *Maghrib*

patrie *f*	Vater-, Heimatland	**engl.** *patriot, patriotic,*
~ d'adoption	Wahlheimat	*patriotism, expatriation,*
patriote *m f et adj*	I. Patriot	*expatriate*
	II. patriotisch, vaterlandsliebend	**span.** *patria, patriota, patriótico,*
	(Person)	*patriotismo, expatriación,*
patriotique *adj*	patriotisch, vaterländisch *(Sachen)*	*expatriar(se)*
patriotisme *m*	Patriotismus, Vaterlandsliebe	**ital.** *patria, patriota, patriottico,*
expatriation *f*	Verlassen seines Vaterlandes,	*patriottismo, espatrio, espatriare*
	Auswanderung	
s'expatrier	sein Vaterland verlassen,	
	auswandern	

provenance *f*	Herkunft	↔ die Provenienz
pays *m* de ~	Herkunftsland	
de ~ étrangère	ausländischer Herkunft	**engl.** *provenance*
		span. *proveniencia*
		ital. *provenienza*

origine *f*	Herkunft, Abstammung	• À votre accent, je dirais
pays *m* d'~	Geburts-, Heimatland	que vous **êtes d'origine**
être d'~ française	gebürtiger, von Geburt an	**allemande.**
	Franzose sein	
être originaire de	stammen aus, gebürtig sein aus	**engl.** *origin*
		span. *origen*
		ital. *origine*

famille *f*		↔ familier, ère = vertraut,
être de bonne ~	aus gutem Hause, guter ~ sein	umgangssprachlich
fonder une ~	eine ~ gründen	• J'**ai de la famille** en
en ~	im ~kreis, im Kreis der ~	Allemagne, mais je ne l'ai pas
~ nombreuse	Groß~	vue depuis des années.
familial, e *adj*		• Elle a fêté ses 20 ans **en**
regroupement *m* ~	~nachzug, -zusammenführung	**famille.**
		engl. *family, familiar*
		span. *familia, familiar*
		ital. *famiglia, familiare*

Afrique *f*		**engl.** *Africa, African*
Africain, e *m f*		**span.** *Africa, africano*
africain, e *adj*		**ital.** *Africa, africano*

séjour *m*	Aufenthalt	**ital.** *soggiorno*
permis *m* de ~	Aufenthaltserlaubnis	
carte *f* de ~	Aufenthaltsgenehmigung	
séjourner	sich aufhalten	

travail *m*	Arbeit	• **À quoi travailles-tu** en ce
traîner dans son ~	bei der Arbeit trödeln	moment ?
se tuer au ~	sich totarbeiten	• Il **travaille chez Peugeot.**
permis *m* de ~	Arbeitserlaubnis	• Il **travaille en usine.**
~ au noir	Schwarzarbeit	
travailleur, euse *m f et adj*	I. Arbeiter	**span.** *trabajo, trabajador, trabajar*
	II. arbeitsam	
~ qualifié	gelernter Arbeiter	
c'est un grand ~	er ist ein unermüdlicher Arbeiter	
travailler	arbeiten	
~ à qc	an etw. arbeiten	
~ au noir	schwarz arbeiten	

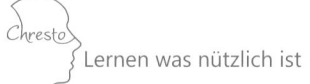

expulser qn (de)	jn. ausweisen, abschieben (aus)	*span.* expulsar, expulsión
~ qn à l'étranger	jn. ins Ausland abschieben	
expulsion *f*	Ausweisung, Abschiebung	
expulsé, e *m f*	Ausgewiesener, Vertriebener	
régularisation *f*	Einbürgerung	
faire une demande de ~	einen Einbürgerungsantrag stellen	
sans-papiers *m pl*	illegale Einwanderer (ohne Papiere)	

asile *m*	Asyl, Zuflucht	• On ne peut pas **accepter toutes les demandes d'asile**, même si certaines histoires sont vraiment effrayantes.
~ politique	politisches Asyl	
droit *m* d'~	Asylrecht	
trouver ~ chez qn	bei jm. Zuflucht finden	
demander ~	um Asyl bitten	*engl.* asylum
demandeur *m* d'~	Asylbewerber	*span.* asilo
faire une demande d'~	Asyl beantragen	*ital.* asilo
refuser une demande d'~	einen Asylantrag ablehnen	
donner ~ à qn	jm. Asyl gewähren	

accueillir qn	jn. aufnehmen	*span.* acoger
accueil *m*	Aufnahme	*ital.* accogliere, accoglienza
pays *m* d'~	Aufnahme-, Gastland	
faire bon ~ à qn	jn. gut aufnehmen	
personne *f* **en situation irrégulière**	Person ohne Aufenthaltsgenehmigung	

réfugié, e *m f adj*	I. Flüchtling, Vertriebener	• Suite à la guerre civile dans leur pays, de nombreux Congolais sont venus **se réfugier en France**.
	II. geflüchtet, vertrieben	
se réfugier	flüchten	• Ils **ont cherché refuge** dans un foyer d'immigrés.
se ~ à l'étranger	ins Ausland flüchten	
refuge *m*	Zuflucht, Zufluchtsort	
chercher ~	Zuflucht suchen	*engl.* refugee, refuge
demander ~ à qn	jn. um einen Unterschlupf bitten	*span.* refugiado, refugiar(se), refugio
		ital. rifugiato, rifugio

guerre *f* (→ 3.1)	Krieg	*span.* guerra
~ civile	Bürgerkrieg	*ital.* guerra

racisme *m*		*engl.* racism, racist, racial
raciste *m f et adj*	I.	*span.* racismo, racista
	II.	*ital.* razzismo, razzista
racial, e *adj*	Rassen-	

intégration *f* **(dans)**		*engl.* integration, integrate
s'intégrer (dans/à)		*span.* integración, integrar
		ital. integrazione, integrare

victime *f*	Opfer	*engl.* victim
être ~ de qc	Opfer von etw. sein	*span.* víctima
		ital. vittima

xénophobie *f*	Ausländer-, Fremdenfeindlichkeit	*engl.* xenophobia, xenophobe
xénophobe *adj et m f*	I. ausländer-, fremdenfeindlich	*span.* xenofobia, xenófobo
	II. Fremdenfeind	*ital.* xenofobia, xenofobo

naturalisation *f*
    naturaliser qn
        se faire ~ français

Einbürgerung
jn. einbürgern
die frz. Staatsbürgerschaft erwerben, annehmen

> • Venant du Congo, il n'a pas pu être nommé fonctionnaire. Par conséquent, il **s'est fait naturaliser**.

> **engl.** *naturalisation, naturalise*
> **span.** *naturallización, naturalizar*
> **ital.** *naturalizzazione, naturalizzare*

milieu *m*
    ~ social

    être issu, e *adj* d'un ~ défavorisé

Milieu, Umfeld
soziales Milieu, gesellschaftliches Umfeld
aus einem sozial benachteiligten Milieu stammen

clandestin, e *m f et adj*

    clandestinité *f*
    vivre dans la ~

I. illegaler Einwanderer
II. heimlich, verborgen
Heimlichkeit, Verborgenheit
im Untergrund leben

> **engl.** *clandestine*
> **span.** *clandestino, clandestinidad*
> **ital.** *clandestino, clandestinità*

discrimination *f*
    discriminer qn
    discriminatoire *adj*

> • Nombre d'étrangers sont victimes de **discrimination/ d'actes discriminatoires**.

> **engl.** *discrimination, discriminate, discriminatory*
> **span.** *discriminación, discriminar, discriminatorio*
> **ital.** *discriminazione, discriminare, discriminante*

minorité *f*
    être en ~
    minoritaire *adj*
    groupe *m* ~

in der ~ sein

Minderheit

> **engl.** *minority*
> **span.** *minoría*
> **ital.** *minoranza*

marge *f*
    vivre en ~ (de la société)
    marginal, e *adj et m f*

    groupe *m* ~
    marginaliser qn

    marginalité *f*

Rand
am Rand der Gesellschaft leben
I. Rand-
II. (gesellschaftlicher) Außenseiter
Randgruppe
jn. an den Rand der Gesellschaft, ins soziale Abseits drängen
Existenz am Rande der Gesellschaft

> **engl.** *margin*
> **span.** *margen, marginal, marginalizar, marginalidad*
> **ital.** *margine, marginale, marginalizzare, marginalità*

préjugé *m*
    avoir un ~ contre qn

Vorurteil
ein Vorurteil gegen(über) jn. haben

> **engl.** *prejudice*
> **span.** *prejuicio*
> **ital.** *pregiudizio*

échelle *f*
    ~ sociale
    être en bas/en *haut de l'~ sociale

Rangordnung
gesellschaftliche Rangordnung
zur unteren/oberen Gesellschaftsschicht gehören

ressortissant, e *m f*

Staatsangehöriger

beur *m f* **/ beurette** *f (fam.)*

in Frankreich geborener Nordafrikaner

Lernen was nützlich ist

citoyen, ne *m f*	(Staats-)Bürger, Staatsangehöriger	**engl.** *citizen, citizenship* **span.** *ciudadano, ciudadanía* **ital.** *cittadino, cittadinanza*
citoyenneté *f*	Staatsbürgerschaft, -angehörigkeit	
acquérir la nationalité française	die frz. Staatsbürgerschaft erwerben	
entrée *f*	Einreise	• Ils **sont entrés illégalement sur** le territoire français.
refuser l'~ à qn	jm. die Einreise verweigern	
entrer dans un pays	in ein Land einreisen	
		engl. *entry, enter* **span.** *entrada, entrar* **ital.** *entrata, entrare*
départ *m*	Ausreise	**engl.** *departure, depart*
partir pour	ausreisen nach	
identité *f*		• La police les a arrêtés pour **vérifier leur identité**.
préserver son ~	seine ~ bewahren	
établir l'~ de qn	js. Personalien feststellen	
identifier qn		**engl.** *identity, identify, identical, identifiable* **span.** *identidad, identificar, idéntico* **ital.** *identità, identificare, identico, identificabile*
s'~ avec/à qc/qn		
identique *adj* à qc		
identifiable *adj*		
tradition *f*		**engl.** *tradition, traditional, tradionalism, traditionalist* **span.** *tradición, tradicional, tradicionalismo, tradicionalista* **ital.** *tradizione, tradizionale, tradizionalismo*
maintenir ses ~s	an seinen ~ festhalten	
être dans la ~	zur ~ gehören	
traditionnel, le *adj*		
traditionalisme *m*		
traditionaliste *adj et m f*	I. II.	
culture *f*	Kultur	**engl.** *culture, cultural* **span.** *cultura, cultural* **ital.** *cultura, culturale*
s'adapter à la ~	sich der Kultur anpassen	
être ancré, e *adj* dans la ~	in der Kultur verankert sein	
culturel, le *adj*	kulturell, Kultur-	
multiculturel, le *adj*	multikulturell	
s'acculturer	sich einer anderen Kultur anpassen	
société *f*	Gesellschaft	**engl.** *society, social* **span.** *sociedad, social* **ital.** *società, sociale*
vie *f* en ~	Leben in der Gesellschaft	
s'intégrer dans la ~	sich in die Gesellschaft eingliedern	
social, e *adj*	Gesellschafts-, gesellschaftlich	
coutume *f*	Brauch, Sitte	**engl.** *custom* **span.** *costumbre* **ital.** *costume*
la ~ veut que + SUBJ.	es ist Sitte, dass	
reprendre une ~ de qn	einen Brauch von jm. übernehmen	
une fois n'est pas ~	einmal ist keinmal	
ghetto *m*		**engl.** *ghetto* **span.** *gueto, ghetto* **ital.** *ghetto*
ghettoïsation *f*		
ghettoïser qc		

santé *f*	Gesundheit	• Bonjour Mme Brossard. **Ça va la santé** ?
~ publique	Gesundheitswesen	• Fumer **nuit gravement à votre santé** et celle de votre entourage. (écrit sur les paquets de cigarettes)
état *m* de ~	Gesundheitszustand	
avoir une ~ fragile	eine schwache, anfällige Gesundheit haben	
avoir une petite ~ *(fam.)*	von zarter Gesundheit, anfällig sein	
être en bonne ~	bei guter Gesundheit sein	**span.** *salud, sano*
être en mauvaise ~	bei schlechter Gesundheit sein	**ital.** *sanità, sano*
respirer la ~	vor Gesundheit strotzen	
détruire sa ~	seine Gesundheit zugrunde richten	
nuire à sa ~	seine Gesundheit gefährden, schaden	
recouvrer la ~	wieder gesund werden	
sain, e *adj*	gesund	
guérir de qc	von etw. gesund werden, genesen	• Ce médicament **ne m'a pas guérie de** mes maux de tête.
~ qn de qc	jn. von etw. heilen	• Ne vous inquiétez pas, votre mari **est en voie de guérison**.
guérison *f*	Genesung, Gesundung	
guérissable *adj*	heilbar	
guérisseur *m*	(Wunder-)Heiler	**ital.** *guarire, guarigione, guarabile, inguarabile*
souffrir de qc	an/unter etw. leiden *(Krankheit)*	• Médecin : Alors, **de quoi souffrez-vous** ?
il faut ~ pour être beau/belle	wer schön sein will muss leiden	• Elle est morte hier. Mais qu'est-ce qu'elle **a souffert** !
souffrance *f*	Leiden	
souffreteux, euse *adj*	leidend, kränklich	**engl.** *suffer, suffering*
		span. *sufrir, sufrimiento*
		ital. *soffrire, sofferenza, sofferente*
cure *f*	Kur, Heilverfahren	**engl.** *cure, curable, incurable*
aller/partir en ~	in/auf Kur gehen	**span.** *cura, curable, incurable*
curable *adj*	heilbar	**ital.** *cura, curabile, incurabile*
incurable *adj*	unheilbar	
maladie *f* ~	unheilbare Krankheit	

Chresto Lernen was nützlich ist

maladie *f*	Krankheit, Erkrankung	• Il a **attrapé une maladie douloureuse/un rhume/la varicelle/la scarlatine/...**
~ grave	schwere Krankheit	
attraper une ~	sich eine Krankheit holen	
choper une ~ *(fam.)*	sich eine Krankheit einfangen	• Le médecin **m'a mise en arrêt maladie/en arrêt de travail** pendant une semaine.
faire passer une ~	eine Krankheit verbreiten	
la ~ s'est déclarée	die Krankheit ist ausgebrochen	
assurance *f* ~	Krankenversicherung	• Évitez de manger des coquilles, ça risque de vous **rendre malade**.
feuille *f* de ~	ärztliche Abrechnung	
être en arrêt *m* **~**	krank geschrieben sein	
malade *adj et m f*	I. krank	• J'en ai marre de mon travail. Je **me suis fait porter malade** par le médecin hier.
	II. Kranker	
tomber ~	krank werden, erkranken	
avoir l'air ~	krank aussehen	• **Où est-ce que tu as mal**, Clairevie ? – J'**ai mal au** ventre/Je **me suis fait mal** en tombant.
se faire porter ~ *(fam.)*	sich krankmelden, sich krankschreiben lassen	
maladif, ve *adj*	kränklich	• **Ça t'a fait mal**, la piqûre, mon petit ?
être ~	kränkeln	
mal *m*	Schmerz, Leiden	
~ des transports	Reisekrankheit	
avoir le ~ de mer	seekrank sein	***engl.** malady (rech.)*
j'ai ~ au cœur	mir ist/wird schlecht	***ital.** malattia, malato, malaticcio, male*
avoir ~ aux dents/à la tête	Zahn-/Kopfschmerzen haben	
j'ai ~ partout	mir tut alles weh	
prendre (du) ~	krank werden, erkranken	
ça fait ~	das tut weh, schmerzt	
mort *f*	Tod	• Elle **est morte** après une longue maladie.
lutter contre la ~	mit dem Tod ringen	
être à l'article de la ~	im Sterben liegen	• Elle **est morte d'un cancer du sein/cancer du poumon**.
mourir de qc	an etw. sterben	
~ de sa belle mort	eines natürlichen Todes sterben	
mort, e *adj et m f*	I. tot	***engl.** mortal, mortality*
	II. Toter	***span.** muerte, morir, muerto, mortal, mortalidad*
mortel, le *adj*	tödlich	
mortalité *f*	Sterblichkeit, Mortalität	***ital.** morte, morire, morto, mortale, mortalità*
~ infantile	Kindersterblichkeit	
taux *m* de ~	Sterbeziffer	
tumeur *f*	Tumor	***engl.** tumour (tumor AE)*
~ bénigne	gutartiger ~	***span.** tumor*
~ maligne	bösartiger ~	***ital.** tumore*
~ au cerveau	Gehirntumor	
cancer *m*	Krebs	***engl.** cancer, cancerous, carcinogen*
~ du poumon/du sein	Lungen-/Brustkrebs	
cancéreux, euse *adj et m f*	I. Krebs-, krebsartig	***span.** cáncer, canceroso, cancerígeno, cancerólogo, cancerología*
	II. Krebskranker	
cancérigène *adj*	krebserregend	
cancérologie *f*	Krebsforschung	***ital.** cancro, canceroso, cancerogeno, cancerologia, cancerologo*
cancérologue *m f*	Krebsforscher	
antibiotique *m et adj*	I. Antibiotikum	***engl.** antibiotic*
	II. antibiotisch	***span.** antibiótico*
être sous ~s	mit Antibiotika behandelt werden	***ital.** antibiotico*

douleur *f* — Schmerz
- ~ violente — heftiger Schmerz
- ~ aiguë — stechender Schmerz
- gémir de ~ — vor Schmerz aufstöhnen, wimmern
- adoucir la ~ — den Schmerz lindern
- se tordre de ~s — sich vor Schmerzen winden, krümmen
- la ~ s'atténue — der Schmerz lässt nach
- **douloureux, euse** *adj* — schmerzhaft, schmerzend
- indolore *adj* — schmerzlos

- Je n'en peux plus, **j'ai des douleurs** partout.
- J'ai pris un comprimé et la **douleur est passée**.
- Elle **s'est tordue de douleurs** par terre.
- Allez, une petite piqûre, **ce n'est pas douloureux**.

engl. dolorous
span. dolor, doloroso
ital. dolore, doloroso, indolore

vaccin *m* — Impfstoff
- faire un ~ à qn — jn. impfen
- vacciner qn contre qc — jn. gegen etw. impfen
- vaccination *f* — Impfung
- certificat *m* de ~ — Impfschein, -pass

engl. vaccine, vaccinate, vaccination
span. vacuna, vacunar, vacunación
ital. vaccino, vaccinare, vaccinazione

infection *f*
- infectieux, euse *adj*
- infecter qn
- s'~

engl. infection, infectious, infect
span. infección, infeccioso, infectar
ital. infezione, infettivo, infettare

transmission *f* — Übertragung
- transmettre une maladie — eine Krankheit übertragen
- transmissible *adj* — übertragbar
- maladies sexuellement ~s (MST) — sexuell übertragbare Krankheiten

engl. transmission, transmit transmissible
span. tra(n)smisión, tra(n)smitir, tra(n)smisible
ital. trasmissione, trasmettere

médecin *m* — Arzt, Ärztin, Mediziner
- ~ de famille — Hausarzt
- ~ d'urgence — Notarzt
- **(aller) voir le ~** — zum Arzt gehen
- consulter un ~ — einen Arzt aufsuchen
- médecine *f* — Medizin
- exercer la ~ — den Arztberuf ausüben, als Arzt tätig sein
- médical, e *adj* — ärztlich, medizinisch
- certificat *m* ~ — ärztliches Attest
- cabinet *m* ~ — Arztpraxis
- médicament *m*
- ~ puissant — starkes ~
- **prescrire un ~ à qn** — jm. ein ~ verschreiben
- prendre un ~ — ein ~ einnehmen
- médicamenteux, euse *adj*

- Annette est par terre, il faut **faire venir le médecin**.
- Non, mais **allez voir le médecin**, ça ne peut pas continuer comme ça.
- Le médecin **m'a prescrit un médicament** qui a fait passer mes maux de ventre.

engl. medicine, medical, medication, medicinal
span. médico, medicina, medical, medicamento
ital. medico, medicina, medicinale, medicamento, medicamentoso

praticien *m* — praktizierender Arzt

engl. practitioner

généraliste *m f* — Allgemeinarzt

span. médico general
ital. medico generico

ophtalmologiste *m f* — Augenarzt
(ophtalmo *fam.*)
- ophtalmologie *f* — Augenheilkunde

engl. ophthalmology, ophthalmologist
span. oculista, oftalmólogo
ital. oculista, oculistica

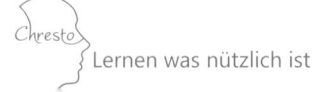

Chresto — Lernen was nützlich ist

oto-rhino-laryngologiste *m f* (ORL)	Hals-Nasen-Ohrenarzt, HNO	***engl.*** *otorhinolaryngologist, otorhinolaryngology*
oto-rhino-laryngologie *f*	Hals-Nasen-Ohrenkunde	***span.*** *otorrinolaringólogo, otorrinolaringología*
		ital. *otorinolaringoiatra, otorinolaringoiatria*

dent *f*	Zahn	• J'**ai eu mes premières dents** à six mois.
faire ses ~s	Zähne bekommen	• Hier soir, avant de se coucher, **elle ne s'est pas brossé/lavé les dents**.
se brosser/se laver les ~s	Zähne putzen	
se casser une ~	sich einen Zahn ausbeißen	• Elle **s'est cassé une dent** en tombant dans les escaliers.
casser une ~ à qn	jm. einen Zahn ausschlagen	• Les **bactéries dentaires** Carius et Bactus vivent dans la bouche du petit Jean.
se faire arracher une ~	sich einen Zahn ziehen lassen	
plomber une ~	einen Zahn plombieren	
montrer les ~s	die Zähne fletschen	
serrer les ~s	die Zähne zusammenbeißen	
les ~s du haut/du bas	die oberen/unteren Zähne	
~ de lait	Milch	***engl.*** *dentist, denture, orthodontist*
~ de sagesse	Weisheitszahn	
brosse *f* à ~s	Zahnbürste	***span.*** *diente, dentista, dentrífico, dental, dentina, ortopedista maxilar*
dentiste *m f*	Zahnarzt	
dentifrice *m*	Zahnpasta, -creme	
dentaire *adj*	Zahn-	***ital.*** *dente, dentista, dentifricio, dentale, dentiera, ortodontista*
eau *f* ~	Mundwasser	
appareil *m* ~	Zahnspange	
dentier *m*	Gebiss, Zahnprothese	
orthodontiste *m f*	Kieferorthopäde	

carie *f*	Karies	***engl.*** *caries*
avoir une ~	ein Loch haben	***span.*** *caries*
		ital. *carie*

troubles *m*	Störung, Beschwerden	***engl.*** *troubles*
~s digestifs	Verdauungsstörungen	
~ respiratoires	Atembeschwerden	
~ de la circulation	Kreislaufbeschwerden	

cœur *m*	Herz	• Il **a eu une crise cardiaque** et est décédé à l'hôpital trois jours plus tard.
avoir le ~ qui bat	Herzklopfen haben	
il a le ~ qui bat la chamade	sein Herz schlägt bis zum Hals	
avoir le ~ malade/être malade du ~	herzkrank, -leidend sein	***engl.*** *cardiac*
cardiaque *adj et m f*	I. Herz-, kardial	***span.*** *corazón, cardiaco*
	II. Herzkranker	***ital.*** *cuore, cardiaco*
crise *f* ~	Herzanfall	
avoir une crise ~	einen Herzanfall erleiden	

poumon *m*	Lungenflügel	***engl.*** *pulmonic, pneumonia*
~s *m pl*	Lunge	***span.*** *pulmón, pulmonar, pulmonía*
respirer à pleins ~s	tief einatmen, Luft holen	
pulmonaire *adj*	Lungen-	***ital.*** *polmone, polmonare, polmonite*
pneumonie *f*	Lungenentzündung	
s'époumoner à faire qc	sich die Lunge aus dem Hals schreien, um etw. zu tun	

fumeur, euse m f	Raucher	• Arrête de m'**envoyer ta fumée** dans la figure, ça pue.
~ passif, ve	Passivraucher	• Tu **avales vraiment la fumée** ou tu ne fais que crapoter ?
gros, se ~	Kettenraucher	
fumer	rauchen	
~ comme un pompier	rauchen wie ein Schlot	**span.** fumador, fumar, humo, fumadero
~ la pipe/le cigare	Pfeife/Zigarre rauchen	**ital.** fumatore, fumare, fumata
arrêter de ~	sich das Rauchen abgewöhnen	
défense f de ~ !	Rauchen verboten!	
fumée f	Rauch	
avaler la ~	auf Lunge rauchen	
fumoir m	Rauchsalon	
sida m	AIDS	**span.** sida
être sidéen, ne adj	an AIDS erkrankt sein	
séropositif, ve adj	HIV-infiziert, -positiv	**span.** seropositivo
		ital. sieropositivo
immunologie f		**engl.** immunology, immunity, immune, immune system
immunité f à qc	~ gegen etw.	**span.** inmunología, inmunidad, inmune, inmunitario
être immunisé, e adj contre une maladie	gegen eine Krankheit immun sein	**ital.** immunologia, immunità, immune, sistema immunitario
système m immunitaire		
contagieux, ieuse adj	ansteckend, übertragbar	• Eh ben, merci, tu **m'as passé ton rhume** et là je suis malade aussi.
être ~	1. ansteckend sein (Krankheit)	
	2. eine ansteckende Krankheit haben	**engl.** contagious, contagion
contagion f	Ansteckung, Übertragung	**span.** contagioso, contagio, contagiar(se)
passer sa maladie à qn	jn. anstecken	**ital.** contagioso, contagio, contagiare
remède m	Heilmittel, Arznei	**engl.** remedy
~ universel	Allheilmittel	**span.** remedio
remédier à qc	einer Sache abhelfen, begegnen	**ital.** rimedio, rimediare
sang m	Blut	↔ steak saignant = nicht durchgebratenes, blutiges Steak
prise f de ~	Blutentnahme	
faire une prise f de ~	eine Blutprobe machen	↔ une guerre sanglante = ein blutiger, verlustreicher Krieg
faire une prise f de ~ à qn	jm. Blut nehmen, ab-	• Regarde maman, je suis tombée et **ça saigne**.
don m de ~	Blutspende	• École : Monsieur, je **saigne du nez**, je peux quitter la salle ?
donneur m de ~	Blutspender	
perte f de ~	Blutverlust	
sanguin, e adj	Blut-	**span.** sangre, sanguino/ sanguíneo, sangrar
groupe m ~	Blutgruppe	**ital.** sangue, sanguigno, sanguinare
saigner	bluten	
~ du nez	Nasenbluten haben	
prévention f de qc		**engl.** prevention, preventive
préventif, ve adj		**span.** prevención, preventivo
		ital. prevenzione, preventivo

Chresto

Lernen was nützlich ist

traitement *m*	Behandlung	• **Le traitement** que le médecin **m'a donné** n'est pas vraiment efficace.
être en ~	in Behandlung sein	
suivre un ~	sich behandeln lassen, sich einer Behandlung unterziehen	
~ de racine	Wurzelbehandlung	*engl.* treatment, treat
traiter qn	jn. behandeln	*span.* tratamiento, tratar
médecin *m* traitant	behandelnder Arzt	*ital.* trattamento, trattare
hôpital *m*	Krankenhaus	*engl.* hospital, hospitalise, hospitalisation
hospitalier, ère *adj*	Krankenhaus-	
hospitaliser qn	jn. ins Krankenhaus einliefern, überweisen	*span.* hospital, hospitalario, hospitalizar, hospitalización
hospitalisation *f*	Einweisung ins Krankenhaus	*ital.* ospedale, ospitale, ospedalizzare, ospedalizzazione
clinique *f*		*engl.* clinic
~ privée		*span.* clínica
		ital. clinica
effet *m*	Wirkung	• Ce médicament peut **provoquer des effets secondaires** jusqu'ici inconnus.
~ secondaire	Nebenwirkung	
~ secondaire indésirable	unerwünschte Nebenwirkung	
		engl. effect
		span. efecto
		ital. effetto
chirurgien, ne *m f*		*engl.* surgeon, surgery, surgical
chirurgie *f*		*span.* cirujano, cirugía, quirúrjico
~ esthétique	Schönheits~	*ital.* chirurgo, chirurgia, chirurgico
chirurgical, e *adj*		
opération *f*		• Elle **s'est fait opérer de** l'appendicite.
subir une ~	sich einer ~ unterziehen	
opérer qn de qc	jn. an etw. ~	
opératoire *adj*		*span.* operación, operar, operatorio, operable, inoperable
opérable *adj*		*ital.* operazione, operare, operativo, operabile, inoperabile
inopérable *adj*		
pédiatre *m f*	Kinderarzt	*engl.* pediatrician, pediatrics
pédiatrie *f*	Kinderheilkunde	*span.* pediatra, pediatría
		ital. pediatra, pediatria
soigner qn	jn. pflegen, versorgen	• Oh, ça a l'air violent, il faut que **tu te fasses soigner**.
se faire ~	sich (ärztlich) behandeln lassen	
soins *m pl*	Behandlung	
service *m* de ~s intensifs	Intensivstation	
être aux ~s intensifs	auf der Intensivstation liegen	
premiers secours *m pl*	erste Hilfe	*ital.* pronto soccorso
porter les ~	erste Hilfe leisten	
gynécologue *m f* (gyné *fam.*)		*engl.* gynecologist, gynecology
gynécologie *f*		*span.* ginecólogo, ginecología
		ital. ginecologo, ginecologia
dermatologue *m f*		*engl.* dermatologist, dermatology
dermatologie *f*		*span.* dermatólogo, dermatología
		ital. dermatologo, dermatologia
infirmier, ère *m f*	Krankenpfleger, -schwester	*span.* enfermera
infirmerie *f*	Krankenzimmer, -abteilung	*ital.* infermiere

Apprendre l'utile

ordonnance *f*	Rezept	↔ la recette = das Kochrezept
faire une ~ à qn	jm. ein Rezept ausstellen	
valider une ~	ein Rezept einlösen	
sans ~	rezeptfrei	
médicament à prescription	rezeptpflichtiges Medikament	
rembourser qc à qn/qn de qc	jm. etw. zurückerstatten, -zahlen	↔ la bourse = Geldbeutel, -börse
se faire ~	sich die Auslagen erstatten lassen	• Je **me suis fait rembourser** par ma mutuelle.
remboursement *m*	Rückerstattung, Rückzahlung	
		engl. reimburse, reimbursement
		span. reembolsar, reembolso
		ital. rimborsare, rimborso
mutuelle *f*	Zusatzversicherung zur Kranken- und Sozialversicherung	*span.* mutual
assurance *f*	Versicherung	*engl.* assurance (BE), insurance
~-maladie	Krankenversicherung	*ital.* assicurazione, assicurato,
~-complémentaire	Zusatzversicherung	assicurarsi
~-dépendance	Pflegeversicherung	
~ obligatoire	Pflichtversicherung	
souscrire une ~	eine Versicherung abschließen	
assuré, e *m f et adj*	I. Versicherter	
	II. versichert	
s'assurer contre qc	sich gegen etw. versichern	
Sécurité *f* **sociale** (Sécu *fam.*)	Sozialversicherung	*engl.* national/social insurance
cotiser à la ~	in die Sozialversicherung einzahlen	*span.* seguro social
tension *f*	Blutdruck	*span.* tensión
prendre la ~	Blutdruck messen	*ital.* tensione
avoir/faire de la ~	hohen Blutdruck haben	
bronchite *f*	Bronchitis	*engl.* bronchitis, bronchus
bronche *f*	Bronchie	*span.* bronquitis, bronquio
		ital. bronchite, bronco
rougeole *f*	Masern	
rubéole *f*	Röteln	*engl.* rubella
		span. rubeola
scarlatine *f*	Scharlach	*engl.* scarlatina/scarlet fever
		span. escarlatina
		ital. scarlattina
varicelle *f*	Windpocken	*engl.* varicella
		span. varicela
		ital. varicella
rhume *m*	Schnupfen	
~ des foins	Heuschnupfen	
attraper un ~	sich einen Schnupfen holen	
être enrhumé, e *adj*	verschnupft, erkältet sein	

Chresto Lernen was nützlich ist

nez *m*	Nase	↔ être constipé, e = vestopft sein (Verdauung)
avoir le ~ bouché	eine verstopfte Nase haben	
nasal, e *adj*	Nasen-	
gouttes *f pl* ~es/pour le nez	Nasentropfen	**engl.** *nasal, nare*
		span. *nariz, nasal, narina, nasalizar*
narine *f*	Nasenloch	**ital.** *naso, nasale, narice*
nasiller	näseln	
nasillement *m*	Näseln	
nasillard, e *adj*	näselnd	
crève *f (fam.)*	Mordserkältung, böse Erkältung	
attraper/choper la ~ *(fam.)*	sich eine Mordserkältung, den Tod holen	
grippe *f*		**span.** *gripe/gripa*
attraper la ~	sich eine ~ holen	
toux *f*	Husten	**span.** *tos, toser*
tousser	husten	**ital.** *tosse, tossire, tossettina, tossicchiare*
toussotement *m*	Hüsteln	
toussoter	hüsteln	
piqûre *f*	Spritze	↔ die Spritze (Gegenstand) = la seringue
faire une ~ à qn	jm. eine Spritze geben	
pommade *f*	Salbe	**span.** *pomada*
appliquer la ~	die Salbe auftragen	**ital.** *pomata*
patient, e *m f*		**engl.** *patient*
		span. *paciente*
		ital. *paziente*

cinéma *m* (ciné *fam.*)	Kino	
~ en plein air	Open-Air-Kino	
~ muet	Stummfilm(kino)	
~ parlant	Tonfilm(kino)	
~ d'auteur	Autorenkino	
nuit *f* de ~	Filmnacht	
salle *f* de ~	Kinosaal	
aller au ~	ins Kino gehen	
fréquenter le ~	häufig, regelmäßig ins Kino gehen	

• Football : « Mais non, regarde-le, **il fait du cinéma** pour avoir un pénalty. »

faire du ~ *(fam.)* — Theater spielen
qu'est-ce qu'il y a au ~ ce soir ? — Was läuft heute Abend im Kino?

engl. *cinema, cinematographic, cinephile, cineaste, cinemateque*
span. *cine, cinematográfico, cinéfilo, cineasta, cinemateca*
ital. *cinema, cinematografico, cinefilo, cineasta, cinemateca*

cinématographique *adj*	Film-, kinematographisch
société *f* ~	Filmgesellschaft
cinéphile *adj et m f*	I. kinobegeistert
	II. Kinogänger, Kinofan
cinéaste *m f*	Filmemacher, Cineast
cinémathèque *f*	Cinema-, Filmothek
séance *f*	(Kino-)Vorführung, Vorstellung
dernière ~	Spätvorstellung
vedette *f*	Star, Hauptdarsteller
en ~ américaine	als Stargast
tenir la ~	1. die Hauptrolle spielen
	2. im Mittelpunkt des Interesses stehen

↔ **vedette** ist immer feminin !
• Daniel Craig vient de signer pour **tenir la vedette** du prochain James Bond.
• Les voitures à consommation réduite **tiennent la vedette** au salon automobile de Paris.

se mettre en ~	sich in den Vordergrund drängen
mettre qc/qn en ~	etw./jn. herausstellen, -streichen
voler la ~ à qn	jm. die Schau stehlen
vedettariat *m*	Welt der Stars, Starkultur

span. *vedette*
ital. *vedette*

art *m*	Kunst
les ~s *m pl*	die bildenden Künste
les amateurs du septième ~	Kinoliebhaber
avoir l'~ de faire qc	das Talent, die Gabe besitzen, etw. zu tun

• Franchement, ce mec, **il a vraiment l'art de** poser les questions qui fâchent.

engl. *art, artist, artistic*
span. *arte, artista, artístico*
ital. *arte, artista, artistico*

artiste *m f et adj*	I. Künstler
	II. künstlerisch veranlagt
artistique *adj*	Kunst-
avoir une activité ~	künstlerisch tätig sein
divertir qn	jn. unterhalten, jm. Spaß machen
se ~	sich vergnügen
divertissant, e *adj*	kurzweilig, unterhaltend, -sam
divertissement *m*	Vergnügen, Erheiterung
diversion *f*	Ablenkung, Zerstreuung
faire ~ à qc *(rech.)*	von etw. ablenken, etw. vergessen lassen

engl. *diversion, divert*
span. *divertir(se), divertido, divertimiento, diversión*
ital. *divertire, divertente, divertimento, diversivo*

culture *f*	
promouvoir la ~	die ~ fördern, verbreiten
culturel, le *adj*	

• Le Goethe-Institut **promeut la culture allemande** dans le monde entier.

engl. *culture, cultural*
span. *cultura, cultural*
ital. *cultura, culturale*

Chresto
Lernen was nützlich ist

Oscar *m*

être nominé, e pour deux °~s | für zwei ~ nominiert sein
être nominé, e aux °~s | bei den ~ nominiert sein
cérémonie *f* des °~s | ~verleihung
recevoir un °~ | einen ~ bekommen
récompensé, e par un °~ | ~prämiert

• Le film « Forrest Gump » **a été récompensé par six Oscars**, dont celui du meilleur film et du meilleur acteur.

film *m*

~-culte *m*
(film) policier *m* (polar *fam.*) | Krimi(-nal~)
~ en couleurs | Farb~
~ en noir et blanc | Schwarzweiß~
~ en trois dimensions | 3-D-~
le ~ passe encore dans quelques salles | der ~ läuft noch in einigen Kinos
réaliser un ~ | einen Film machen, umsetzen
filmer qc/qn
filmage *m* | Filmen
filmographie *f* | Filmverzeichnis *(Regisseur, Genre)*

• **Les films réalisés** et produits par Alfred Hitchcock font partie des grands classiques.

engl. *film, filmography*
span. *film, filmar, filmografía*
ital. *film, filmare, filmografia*

dessin *m* | Zeichnung
~ animé | Zeichentrickfilm
il faut te faire un ~ ? *(fam.)* | kapierst du's denn nicht?
dessinateur *m* | Zeichner
dessiner qc (au crayon) | etw. zeichnen (mit dem Bleistift)
bande *f* dessinée (= B.D.) | Comic

• Je t'ai déjà dit que ce n'était pas possible, tu comprends ou **il faut te faire un dessin/ il faut que je te fasse un dessin** ?

ital. *disegno, disegnatore, disegnare*

court-métrage *m* | Kurzfilm
long-~ | Spielfilm

↔ court, long

span. *cortometraje*
ital. *cortometraggio*

version *f* | Version, Fassung
en ~ originale (= en VO) | in Originalfassung
en ~ française (= en VF) | in französischer Fassung

• On a vu le dernier Woody Allen **en VO sous-titrée/en VOST**.

engl. *version*
span. *versión*
ital. *versione*

sous-titre *m*
sous-titré, e *adj*

↔ sous
↔ titre

engl. *subtitle*
span. *subtítulo*
ital. *sottotitolo*

sortie *f* | Erscheinen, Uraufführung
sortir un ~ | einen Film herausbringen
le film est ~ hier | der Film ist gestern angelaufen

son *m* | Ton, Klang | **engl.** *sound*
| prise *f* de ~ | Tonaufnahme | **span.** *sonido, sonoro*
| preneur *m* de ~ | Tontechniker | **ital.** *suono*
monter le ~	lauter machen, stellen *(Fernseher, Radio)*
baisser le ~	leiser machen, stellen *(Fernseher, Radio)*
sonore *adj*	Ton-
bande *f* ~	Tonstreifen, -spur

projection *f* **d'un film** | Filmvorführung | **engl.** *projection, projectionist, projector*
| projeter un film | einen Film vorführen |
| projectionniste *m f* | Filmvorführer | **span.** *proyección, proyectar, proyector*
| projecteur *m* | (Film-)Projektor |
| rétroprojecteur *m* | Overheadprojektor | **ital.** *proiezione, proiettare, proiettore*

écran *m* | 1. Bildschirm *(Fernsehen, PC)* | • Le best-seller de Dan Brown, Da Vinci Code, **a été porté à l'écran.**
| | 2. Leinwand *(Kino)* |
| vedette *f* de l'~ | Filmstar | • Johnny Depp **crève l'écran** dans son dernier film : on ne voit que lui.
porter qc à l'~	etw. verfilmen *(Buch)*
le petit ~	das Fernsehen
crever l'~ *(fam.)*	eine hervorragende Rolle spielen, Riesenerfolg haben *(Schauspieler, Film)*

tarif *m* | | **span.** *tarifa, tarifario*
| ~ étudiant | Studenten~ | **ital.** *tariffa, tariffario*
plein ~	voller ~, Normalpreis
billet *m* à ~ réduit	Ticket zum ermäßigten ~
tarifaire *adj*	

aide *f* (→ 3.4) | Hilfe | **engl.** *aid*
| ~ de l'État | staatliche Hilfe | **span.** *ayuda*
| | | **ital.** *aiuto*

subvention *f* | | **engl.** *subvention, subvent*
| subventionner qc | | **span.** *subvención, subvencionar*
| | | **ital.** *sovvenzione, sovvenzionare*

réalisateur, -trice *m f* | Regisseur *(Fernsehen, Kino)* | ↔ für Theater : le metteur en scène
| réalisation *f* | Regie *(Fernsehen, Kino, Radio)* |
| réaliser un film | bei einem Film Regie führen | ↔ le régisseur = Regieassistent !
| | | **span.** *realización, realizar, realizador*

renommée *f* | guter Ruf, Ansehen | • Steven Spielberg **a acquis une renommée mondiale** qui dépasse les frontières des États-Unis.
| **acquérir de la ~** | Ansehen erwerben |
| renommé, e *adj* | bekannt, angesehen, berühmt |
| | | **engl.** *renowned*
| | | **span.** *renombre, renombrado*

tournage *m* | Dreharbeiten |
tourner un film	einen Film drehen
on tourne !	Kamera ab, läuft!
premier/dernier tour *m* de manivelle	Beginn/Ende der Dreharbeiten

Chresto Lernen was nützlich ist

scénariste *m f*	Drehbuchautor	↔ scène
scénario *m*	Drehbuch	
		engl. scenario, scenarist
rôle *m*	Rolle	*engl.* role
premier ~	Hauptrolle	*ital.* ruolo
second/petit ~	Nebenrolle	
figurant, e *m f*	Statist, Komparse	• Mon rêve serait de **faire de la**
figuration *f*	Statisterie, Komparserie	**figuration** dans un film avec
faire de la ~	Statisten-, Nebenrollen spielen	Johnny Depp, juste pour avoir
		une chance de le rencontrer.
		span. figurante, comparsa
cascadeur *m*	Stuntman	↔ une cascade = ein Wasserfall
montage *m*	Montage, Schnitt	*span.* montaje
(dé)couper un film	einen Film schneiden	*ital.* montaggio
ralenti *m*	Zeitlupe	↔ ralentir = bremsen
au ~	in Zeitlupe	↔ lent = langsam
		ital. rallentamento
accéléré *m*	Zeitraffer	↔ accélérer = beschleunigen
en ~	im Zeitraffer	↔ un accélérateur = ein
		Gaspedal
		ital. accelleratore
bruit *m*	Lärm, Geräusch	• Clairvie, **ne fais pas de bruit**, il
~ de fond	Hintergrundgeräusch	y a Annette qui dort !
~ sourd	dumpfes Geräusch	• Voiture : « Ou là là, **ça fait**
~ assourdissant	ohrenbetäubender Lärm	**un bruit bizarre** quand tu
faire du ~	1. Lärm, Krach machen	freines ! »
	2. Aufsehen erregen, von sich	• L'institut de sondage Ipsos a
	reden machen	publié une étude qui **a fait**
faire beaucoup de ~	viel Lärm um nichts machen	**beaucoup de bruit**.
pour rien		
bruyant, e *adj*	laut, geräuschvoll, lärmend	
bruitage *m*	Geräuschkulisse, -effekte	
bruiteur *m*	Geräuschtechniker	
mixage *m*	Mischen, Tonmischung *(Kino, Musik)*	↔ Getränk, Zutaten mischen =
mixer qc	etw. mischen *(Kino, Musik)*	mélanger
		↔ der Mixer
générique *m*	Vor-, Nachspann	
doublage *m*	Synchronisierung	↔ das Double, der
doubler un film	einen Film synchronisieren	Doppelgänger = le sosie
~ qn	jn. doubeln	
doublure *f*	Double, Ersatzmann	*engl.* dub
		span. doblaje, doblar
		ital. doppiaggio, doppiare
plateau *m*	Set	
cadreur *m*	Kameramann	
cadrer qc	etw. einstellen *(Bild)*	
cadrage *m*	Bildeinstellung *(Kino, Fernseher,*	
	Photo)	

éclairagiste *m*	Beleuchtungstechniker	↔ clair
éclairage *m*	Beleuchtung, Lichtverhältnisse	
éclairer qc	etw. beleuchten, erhellen	
trucage *m* (aussi : truquage)	Trickaufnahme	**span.** *truco, trucaje, trucar*
truquiste *m*	Tricktechniker	**ital.** *trucco, taroccare*
truqué, e *adj*	Trick-	
truquer qc	etw. fälschen *(Ergebnis, Wahlen)*	
caméra *f*		**engl.** *camera, cameraman*
mouvement *m* de ~	~führung	**span.** *cámara*
caméraman *m*		**ital.** *telecamera*
effet *m*		**engl.** *effect*
~s spéciaux		**span.** *efecto*
		ital. *effeto*
champ *m* **de vision**	1. Sichtfeld	**span.** *campo visual*
	2. Bildausschnitt	**ital.** *campo visivo*
zoom *m*		**engl.** *zoom*
~ avant		**span.** *zoom*
~ arrière		**ital.** *zoom*
zoomer sur qc	auf etw. ~, etw. heran~	
prise *f* **de vue**	Bildaufnahme	
angle *m* de ~	Aufnahmewinkel	
travelling *m*	Kamerafahrt	↔ to travel
		• La caméra se déplace pendant la prise de vue.
plan *m*	Aufnahme, Einstellung	• Les **plans** par rapport aux personnages :
~ général	Gesamtaufnahme	o **très gros plan** : yeux
~ américain	Halbaufnahme	o **gros plan** : visage
~ rapproché	Nahaufnahme	o **plan rapproché** : visage et épaule
~ fixe	feste Einstellung	o **plan américain** : visage jusqu'aux genoux
gros ~	Großaufnahme	
très gros ~	Detailaufnahme	
en plongée *f*	Aufnahme von oben, aus der Vogelperspektive	
en contre-plongée	Aufnahme von unten, aus der Hocke	
bande-annonce *f*	Trailer	
indicatif *m*	Erkennungsmelodie	
publicité *f* (pub *fam.*)	Werbung	**engl.** *publicity*
publicitaire *adj*	Werbe-	**span.** *publicidad, publicitario*
		ital. *pubblicità, pubblicitario*
retour *m* **en arrière/flashback** *m*	Rückblick	**engl.** *flashback*
rang *m*	Reihe	**ital.** *riga*
on est à quel ~ ?	In welcher Reihe sitzen wir?	

Lernen was nützlich ist

succès *m*	Erfolg	• La triologie « Le Seigneur des Anneaux » **a connu un immense succès** partour en Europe.
~ fou	Riesen-, Bombenerfolg	
~ considérable	beachtlicher Erfolg	
~ foudroyant	überwältigender Erfolg	• Avec le décès de Michael Jackson, sa musique **a connu un succès sans précédent**.
avoir du ~	Erfolg haben, Beifall finden	
connaître un ~ (+ complément)	Erfolg haben (+ Ergänzung)	
obtenir un ~ durable	einen langfristigen Erfolg erzielen	• Les Beatles **ont connu un succès qui ne s'est jamais démenti**.

engl. success
ital. successo

| **flop** *m* | | *engl.* flop |
| faire un ~ | einen Reinfall erleben | *ital.* flop |

| **acteur, trice** *m f* | Schauspieler | ↔ action |

engl. actor
span. actor
ital. attore

littérature *f* — engl. literature, literary
  ~ de jeunesse — Jugend~
  littéraire *adj et m f* — I. / II.

span. literatura, literario
ital. letteratura, letterario, letterato

satire *f* — engl. satire, satirical
  satirique *adj*
    avoir l'esprit ~ — ein Spötter sein

span. sátira, satírico
ital. satira, satirico

œuvre *f* — Werk
  chef-d'~ [[ʃɛdœvr(ə)] *m* — Meisterwerk
  se perpétuer dans son ~ — in seinem Werk weiterleben
  se mettre à l'~ — sich ans Werk, an die Arbeit machen
  mettre qc en ~ — etw. in die Tat umsetzen, verwirklichen
  mettre tout en ~ pour faire qc — alle Hebel in Bewegung setzen um etw. zu tun
  œuvrer (pour qc/qn) *(rech.)* — wirken tätig sein, sich einsetzen (für etw./jn.)
  ouvrage *m* — Werk, Buch, Schrift
  ~ de référence — Nachschlagewerk
  les ~s consacrés à qc — die Werke/Bücher bzgl./über etw.

↔ un œuvre = Gesamt-, Lebenswerk
- Allez, **mets-toi à l'œuvre**, sinon tu n'auras jamais fini tes devoirs jusqu'à ce qu'on sorte.
- Les organisateurs allemands **ont tout mis en œuvre pour que** la Coupe du Monde de 2006 se passe sans incident.
- Il y a plein **d'ouvrages/livres consacrés à l'enseignement des langues**.

span. obra, obrar

écrire qc — etw. schreiben
  ~ qc à qn — jm. etw. schreiben
  s'~ — 1. sich schreiben *(Briefe, E-Mail)*
    2. sich schreiben, geschrieben werden *(passive Bed.: Name, ...)*
  ~ au propre — ins Reine schreiben
  écriture *f* — Schrift
  écrivain *m* — Schriftsteller, Dichter
  écrivailler *(péj)* — einen Stiefel zusammenschreiben
  écrivaillon *m* — Schreiberling, Vielschreiber
  écritoire *f* — Schreibzeug
  décrire qc/qn — etw./jn. beschreiben, schildern
  ~ qc à qn — jm. etw. beschreiben, schildern
  description *f* — Beschreibung, Schilderung
    faire une ~ détaillée de qc — etw. ausführlich beschreiben
  descriptif, ve *adj* — beschreibend, schildernd

- Elles **se sont écrit** de longs messages pendant les vacances.
- Le mot « littérature » **s'écrit avec** deux « t » en français.

engl. describe, description, descriptive
span. escribir, escritura, escritor, describir, descripción, descriptivo
ital. scrivere, scrittura, scrittore, scribacchino, descrivere, descrizione, descrittivo

rime *f* (en –age) — Reim (auf –age)
  ~ embrassée — umarmender Reim
  ~ plate — Paarreim
  ~ croisée — Kreuzreim
  sans ~ ni raison — ohne Sinn und Verstand
  n'avoir ni ~ ni raison — weder Hand noch Fuß haben
  rimer — sich reimen *(Wörter)*
  ~ qc — etw. reimen, in Verse bringen
  x rime avec y — x reimt sich auf y
  à quoi ça rime ? — was soll das heißen? was hat das für einen Sinn?
  rimailler — sich schlecht reimen
  rimailleur *m (péj)* — Reimschmied, Dichterling

↔ embrasser
↔ croiser (mots croisés)
- Tout ce qu'elle propose est **sans rime ni raison**.
- Ce travail **n'a ni rime ni raison**.
- Mais **à quoi ça rime** ? / Tout ça **ne rime à rien**.

engl. rhyme
span. rima, rimar
ital. rima, rimare

genre *m* — Gattung

engl. genre
span. género
ital. genere

Chresto
Lernen was nützlich ist

livre *m*	Buch	↔ la livre = Pfund *(Gewicht, Währung)*
~ de poche	Taschenbuch	
feuilleter un ~	ein Buch durchblättern	
		span. libro
		ital. libro
narrateur, trice *m f*	Erzähler	*engl.* narrator, narrate, narrative
~ à la première personne	Icherzähler	*span.* narrador, narrativo,
~ personnel	personaler Erzähler	narración, narrar
~ omniscient	allwissender Erzähler	*ital.* narratore, narrativo,
narratif, ve *adj*	erzählend	narrazione, narrare
narration *f*	Erzählung, Bericht	
narrer qc *(rech.)*	(über) etw. erzählen, berichten	
poème *m*	Gedicht	*engl.* poem, poet, poetic, poetry,
réciter un ~	ein Gedicht aufsagen	lyric, lyrical
poète *m*	Dichter, Poet	*span.* poema, poeta, poético,
~ maudit	(von der Gesellschaft)	poesía, poetizar, lírico
	verstoßener Dichter	*ital.* poema, poeta, poetico,
poétique *adj et f*	I. dichterisch, poetisch	poesia, poetare, lirico
	II. Poetik	
poésie *f*	Poesie, Lyrik	
poétiser qc	etw. dichterisch ausgestalten, ausschmücken	
lyrique *adj*		
intrigue *f*	1.	• L'auteur **construit une intrigue passionnante** autour du personnage principal.
	2. Handlung, Knoten *(Theater)*	
~s *f pl*	Machenschaften	
construire une ~	eine ~ spinnen	*engl.* intrigue, intriguer
intriguer	I.	*span.* intriga
intrigant, e *adj et m f*	II.	*ital.* intrigo, intrigare, intrigante
personne *f*		*engl.* person, personality, personal, personalize, personification, personify
les grandes ~s	die Erwachsenen	
personnage *m*	Person, Rolle, Figur *(Theater, Roman)*	*span.* persona, personaje,
~ principal	Hauptperson, -rolle, -figur	personalidad, personalizar,
~ connu	bekannte Persönlichkeit	personal, personificación,
~ secondaire	Nebenperson, -rolle, -figur	personificar
personnalité *f*		*ital.* persona, personalità,
personnaliser qc		personalizzare, personale,
personnel, le *adj et m*	I.	personificazione, personificare
	II.	
personnification *f*		
personnifier qc/qn		
classicisme *m*		*engl.* classicism, classic, classical
classique *adj et m*	I.	*span.* classicismo, clásico
	II.	*ital.* classicismo, classico
lycée *m* ~	humanistisches Gymnasium	

sujet *m* — Thema, Stoff, Gegenstand
  ~ en or — ein dankbares Thema
  aborder un ~ — ein Thema anschneiden, zur Sprache bringen
  les ~s traités — die behandelten Themen
  à ce ~ *adv* — diesbezüglich, darüber
  c'est à quel ~ ? — worum geht es? *(u.a. Telefon)*

- La diversité **des sujets traités par** Goethe est impressionnante.
- Le contrôle portera sur **tous les sujets traités en cours** depuis le début de l'année.
- À propos des devoirs, j'ai quelque chose à vous dire **à ce sujet**.
- Monsieur, est-ce que je pourrais vous parler ? – Oui, c'est à quel sujet ?

engl. subject

convenances *f pl* — Schicklichkeit, Anstandsregeln
  respecter les ~s — die Anstandsregeln, Umgangsformen beachten
  il convient de faire qc/que + SUBJ. — es empfiehlt sich, wäre zweckmäßig etw. zu tun
  conventions *f pl* — Konventionen, Regeln, Normen
  convenable *adj* — schicklich, anständig
  convenablement *adv* — angemessen, wie es sich gehört
  si tu t'y prends ~ — wenn Du es richtig anstellst

engl. convention
span. convención, conviene, convencional
ital. convenienza, conviene, convenzione, conveniente

bienséance *f (rech.)* — Anstand, Wohlanständigkeit
  bienséant, e *adj (rech.)* — schicklich, wohlanständig

trois unités *f pl* — drei Einheiten

- **La règle des trois unités** = une action unique, développée en un seul jour et en un seul lieu

engl. three unities (classical unities)
ital. tre unità (unità aristoteliche)

lieu *m* — Ort

span. lugar
ital. luogo

exposition *f*

engl. exposition
span. exposición
ital. esposizione

protagoniste *m f*

engl. protagnoist
span. protagonista
ital. protagonista

nœud *m* — Verwicklung, Knoten
  nouer qc — etw. ver-, zusammenknoten *(Haare)*
  dénouement *m* — Ausgang, Lösung
  dénouer qc — etw. lösen, beheben *(Situation, Krise)*

- La **crise** entre les deux États **n'est toujours pas dénouée**, il faut s'attendre au pire.

engl. denouement

péripétie *f* [peripesi] — entscheidender Wendepunkt, plötzlicher Umschwung

engl. peripeteia
span. peripecia
ital. peripezia

retardement *m* — Retardierung, Verzögerung

↔ retard
↔ tard

alexandrin *m et adj* — I.
  II.

engl. alexandrine
span. alejandrino
ital. alessandrino

motif *m*
    ~ de suspicion
    révéler le ~
    les ~s invoqués

    les ~ exposés

Verdachtsmoment
das ~ enthüllen
die vorgebrachten (Beweg)
Gründe
die dargelegten (Beweg-)Gründe

↔ Motivation
• Je refuse **les motifs invoqués par** le gouvernement afin de justifier la nécessité de la réforme du système de santé.

engl. motive
span. motivo
ital. motivo

acte *m*
    pièce *f* en trois ~s
    au deuxième ~

Stück in drei ~
im zweiten ~

engl. act
ital. atto

*héros *m*
    mourir en ~
    héroïne *f*
    héroïque *adj*
    héroïsme *m*

Held, Hauptperson
als, wie ein Held sterben
Heldin, Hauptperson
Helden-, heroisch
Heldentum, Heroismus

• Le soldat **est mort en héros** pour avoir défendu trois enfants.
• Le Vicomte de Valmont est **le héros** et la Marquise de Merteuil **l'héroïne** des « Liaisons dangereuses » de Choderlos de Laclos.

engl. hero, heroine, heroic, heroism
span. heroe, heroína, heróico, heroísmo
ital. eroe, eroina, eroico, eroismo

récit *m*
    récitant, e *m f*
    récitation *f*
    réciter un poème

Erzählung, Bericht
Sprecher *(Theater, Kino)*
Vortragen *(Gedicht)*
ein Gedicht vortragen

engl. recite
span. recitar, recitado, recitación

aventure *f*
    avoir l'esprit d'~
    se lancer dans une ~
    aventureux, euse *adj*

    aventurier, ère *m f*
    s'aventurer à faire qc

Abenteuer
abenteuerlustig sein
sich in ein Abenteuer stürzen
1. abenteuerlich, -reich
2. abenteuerlustig *(Person)*
Abenteurer
wagen, riskieren etw. zu tun

engl. adventure, adventurer, adventurous
span. aventura, aventurado, aventurar(se)
ital. avventura, avventuroso, avventuriero, avventurarsi

fictif, ve *adj*
    fiction *f*

engl. fictional, fiction
span. ficticio
ital. fittizio, finzione

imaginaire *adj* — imaginär, erdacht, nur in der Einbildung vorhanden

   monde *m* ~ — Fantasie-, Scheinwelt

   imagination *f* — Einbildung, -kraft, Vorstellungskraft

     avoir de l'~ — viel Fantasie haben, einfallsreich sein

     manquer d'~ — keine Fantasie haben, fantasielos sein

     sans ~ — fantasiearm, -los

     plein d'~ — fantasievoll, -reich

     avoir une ~ débordante — eine blühende Fantasie haben

     stimuler l'~ — die Fantasie anregen

     ça dépasse mon ~ — das übersteigt meine Vorstellungskraft

   imaginer qc — sich etw. vorstellen (können)

   s'~ qc — sich etw. vorstellen (können), ausmalen

     ~ une histoire — sich eine Geschichte ausdenken

     j'imagine ! — das kann ich mir gut vorstellen!

     imagine-toi ! — stell Dir vor!

   imaginable *adj* — vorstellbar, denkbar

   inimaginable *adj* — unvorstellbar, undenkbar

   imaginatif, ve *adj* — fantasievoll, -begabt

↔ une image
- **Tu n'imagines pas** comme c'est difficile de faire ça.
- **J'imagine mal** comment il a fait ça.
- C'est un très bon livre, la fin est juste un peu décevante, **je l'imaginais autrement**.
- Les profs n'arrêtent pas de nous donner des devoirs. J'en ai vraiment marre de l'école. – Oui, **j'imagine** !
- **Imagine-toi**, j'ai rencontré mon ex en ville cet après-midi.
- **Imagine-toi que** tu es le seul homme sur terre...
- Maxime a vraiment abusé. Il m'a fait attendre pendant deux heures, **tu t'imagines / t'imagines** !

engl. imagination, imagine, imaginable, unimaginable
span. imaginario, imaginación, imaginar, inimaginable, imaginable, imaginativo
ital. immaginario, immaginazione, immaginare, immaginabile, inimmaginabile

---

digression *m* — Exkurs, Abschweifung

action *f* — Handlung

   ~ secondaire — Nebenhandlung

   ~ intérieure/extérieure — innere/äußere Handlung

   ~ linéaire — lineare Handlung

   passer à l'~ — zur Tat schreiten, handeln

   agir — handeln

     faire ~ qn — jn. zum Handeln veranlassen, bewegen

     il s'agit de qc/qn — es handelt sich, dreht sich um etw./jn.

engl. action, act
span. acción, actuar
ital. azione, agire

objectivité *f*
   objectif, ve *adj*

engl. objectivity, objective
span. objetividad, objetivo
ital. obiettività, obiettivo

subjectivité *f*
   subjectif, ve *adj*

engl. subjectivity, subjective
span. subjetividad, subjetivo
ital. soggettività, soggettivo

exact, e *adj*
   exactitude *f*

engl. exact, exactitude
span. exacto
ital. esatto, esattezza

auteur *m* — Autor

engl. author
ital. autore

Chresto
Lernen was nützlich ist

suspense *m* [syspɛns]	Spannung	• L'auteur **crée du suspense** en laissant planer le doute sur les causes du meurtre.
créer du ~	Spannung aufbauen	
le ~ continue	es bleibt (also) spannend	
captivant, e *adj*	spannend, fesselnd *(Buch, Film)*	
captiver le lecteur	den Leser fesseln	**engl.** suspense, captivate, captivating
		ital. romanzo, romanziere, romanzesco
roman *m*		
~ *m* policier	Krimi	
romancier, ère *m f*	~schriftsteller	
romanesque *adj*	Roman-, romanhaft, -artig	
nouvelle *f*		**engl.** novella
		span. novela corta
		ital. novella
lire qc	etw. lesen	**span.** leer, lector, legible/leíble, legibilidad, lectura
~ qc à qn	jm. etw. vorlesen	**ital.** leggere, lettore, leggibilità, leggibile, lettura
~ entièrement	ganz (durch)lesen	
~ en diagonal	quer lesen	
lecteur, -trice *m f*	Leser	
lisibilité *f*	Lesbarkeit, Leserlichkeit	
lisible *adj*	lesbar, leserlich	
écrire lisiblement	leserlich, deutlich schreiben	
lecture *f*	1. Lesen, Durchlesen	
	2. Lektüre, Lesestoff	
	3. Lesart, Deutung	
conte *m*	Märchen	**span.** cuento
romantique *adj et m f*	I.	**engl.** romantic, romance, romanticism
	II.	**span.** romántico, romanticismo
romantisme *m*		**ital.** romantico, romanticismo
rythme *m*		**engl.** rhythm
~ de l'action	Tempo der Handlung	**span.** ritmo, rítmico
rythmé, e *adj*		**ital.** ritmo, ritmico
style *m*	(Sprach-, Schreib-)Stil, Ausdrucksweise	• L'objectif de l'atelier d'écriture consiste à **adopter un style simple et précis** pour exprimer clairement ses idées.
~ soutenu	gehobener Stil	
~ élaboré	geschliffener Stil	
~ familier	familiärer Stil	
~ sobre	sachlicher, nüchterner Stil	**engl.** style
~ grandiloquent	hochtrabender Stil	**span.** estilo
~ condensé	gedrängter, geraffter Stil	**ital.** stile
~ ampoulé	geschwollener Stil	
~ limpide	klarer Stil	
adopter un ~ + (ADJ).	einen (ADJ.) Stil pflegen, sich zu eigen machen, annehmen	
figure *f* de ~	Stilfigur, Stilmittel	
métaphore *f*		**engl.** metaphor, metaphoric(al)
métaphorique *adj*		**span.** metáfora, metafórico
		ital. metafora, metaforico

comparaison *f*	Vergleich, Gegenüberstellung	**engl.** *comparison, compare,*
faire la ~ (avec)	einen Vergleich ziehen, anstellen (mit)	*comparable, comparative*
		span. *comparación, comparable,*
comparable (à/avec)	vergleichbar (mit)	*comparar, comparativo*
ne pas être ~	sich nicht vergleichen lassen	**ital.** *comparazione, comparabile,*
comparer qc/qn à/avec qc/qn	etw./jn. mit etw./jn. vergleichen	*comparare, comparativo*
comparatif *m*	Komparativ *(Grammatik)*	
mettre au ~	steigern *(Grammatik)*	
vers *m*	Vers	**engl.** *verse, versification*
~ blanc	reimloser Vers	**span.** *verso, versificación*
écrit, e en ~	in Versform	**ital.** *verso, versificazione*
mettre qc en ~	etw. in Verse bringen	
versification *f*	Versbildung, -bau	
agencement *m*	Reimschema	

quatrain *m*   Vierzeiler   ↔ quatre

engl. *quatrain*
span. *cuarteto*
ital. *quartina*

tercet *m*   Dreizeiler, Terzine   ↔ tiers/tierce

engl. *tercet*
span. *terceto*

syllabe *f*	Silbe	**engl.** *syllable*
octosyllabe *m et adj*	I. Achtsilber	**span.** *sílaba*
	II. achtsilbig	**ital.** *sillaba*
décasyllabe *m et adj*	I. Zehnsilber	
	II. zehnsilbig	
césure *f*	Zäsur	**engl.** *caesura*
		span. *cesura*
		ital. *cesura*
ponctuation *f*	Zeichensetzung, Interpunktion	**engl.** *punctuation*
mettre la ~	die Satzzeichen setzen	**span.** *puntuación*
		ital. *punteggiatura*
prose *f*		**engl.** *prose*
		span. *prosa*
		ital. *prosa*

drame *m*	Drama, Schauspiel	• Oh, ce n'est pas si grave que ça, **tu ne vas pas en faire tout un drame**.
faire tout un ~ de qc	aus etw. ein Drama machen, etw. dramatisieren	
dramatique *adj*	dramatisch, Schauspiel-, Bühnen-	**engl.** *drama, dramatic, dramatize,*
dramatisation *f*		*dramaturgy, dramaturge,*
dramatiser qc		*dramatist, dramatization*
dramaturge *m*		**span.** *drama, dramático,*
dramaturgie *f*		*dramatización, dramatizar,*
		dramaturgo, dramaturgia
		ital. *dramma, drammatico,*
		drammatizzazione,
		drammatizzare, drammaturgo,
		drammaturgia

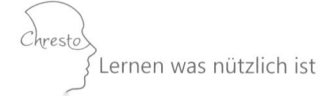
Chresto Lernen was nützlich ist

tragédie f		**engl.** tragedy, tragic
tragique *adj*		**span.** tragedia, trágico
tourner au ~	eine tragische Wendung nehmen	**ital.** tragedia, tragico
comédie f		**engl.** comedy, comedian
~ musicale	Musical	**span.** comedia, comediante
comédien, ne *m f*		**ital.** commedia, commediante
métrique f *et adj*	I.	**engl.** metre
	II.	**span.** métrica, metro
mètre *m*	Versmaß, Metrum	**ital.** metrica
journal *m*	Tagebuch	**engl.** journal
tenir un ~	(ein) Tagebuch führen	
conflit *m*		• Il semble que le **conflit** entre la CDU et le SPD ne **soit** toujours pas **résolu.**
résoudre un ~	einen ~ lösen	
conflictuel, le *adj*		
		engl. conflict
		span. conflicto
		ital. conflitto
farce f	Farce, Schwank, Posse	**engl.** farce
		span. farsa
		ital. farsa
interprétation f		**engl.** interpretation, interpreter, interprete
interpréter qc		
interprète *m f*		**span.** interpretación, interpretar, intérprete
		ital. interpretazione, interpretare, interprete
ironie f		**engl.** irony, ironic
~ mordante	beißende ~	**span.** ironía, irónico
ironique *adj*		**ital.** ironia, ironico
fable f	Fabel	**engl.** fable
		span. fábula
		ital. favola
morale f	Moral *(einer Geschichte)*, Sittenlehre	↔ le moral = Moral *(einer Gruppe)*, geistige, seelische Verfassung, Stimmung
faire la ~ à qn	jm. eine Strafpredigt halten, die Leviten lesen	
moral, e *adj*	moralisch, sittlich	
moraliser	Moral predigen	**engl.** morals, morality, moral, moralize
moralisateur, trice *adj et m*	I. moralisierend	
	II. Moralprediger	**span.** moraleja, moral, moralizar, moralista
		ital. morale, morale, moraleggiare, moraleggiante
sonnet *m*	Sonnet	**engl.** sonnet
		span. soneto
		ital. sonetto
strophe f		**span.** estrofa
		ital. strofa
issue f	Ausgang	• **À l'issue de l'**entretien avec le prof, la mère était fâchée contre son fils.
~ fatale	verhängnisvoller Ausgang	
à l'~ de qc *prép (rech.)*	am Ende, Schluss von etw.	

Apprendre l'utile

musique *f*
  ~ de chambre   Kammer~
  ~ de fond   Hintergrund~
  faire de la ~   ~ machen, musizieren
  mettre qc en ~   etw. vertonen
  connaître la ~ *(fam.)*   wissen wie der Hase läuft
  musical, e *adj*
  musicien, ne *m f*
  musicologie *f*
  musicologue *m f*

> • Ne m'en parle pas, **je connais la musique**, je sais exactement comment ça va se passer.

engl. *music, musician, musical, musicology, musicologist*
span. *música, musical, músico, musicología, musicólogo*
ital. *musica, musicale, musicista, musicologia*

magnétophone *m*   Kassettenrekorder
span. *magnetófono*
ital. *mangianastri*

baladeur *m*   Walkman

lecteur *m* **CD**   CD-Player, Discman
  ~ MP3   MP3-Player
span. *lector de discos*
ital. *lettore CD*

enregistrement *m*   Aufnahme
  enregistrer qc   etw. aufnehmen
ital. *registrazione, registrare*

disque *m*   Schallplatte
  tourne-~ *m*   Schallplattenspieler
  maison *f* de ~s   Plattenlabel, Musikverlag
span. *disco*
ital. *disco*

33-tours *m*   Langspielplatte
  45-tours *m*   Single

chaîne *f* **hi-fi**   Stereoanlage
span. *cadena de música*

enceinte *f*   (Lautsprecher-)Box

casque *m*   Kopfhörer
span. *cascos*

opéra *m*   1. Oper *(Stück)*
   2. Opernhaus
engl. *opera*
span. *ópera*
ital. *opera*

orchestre *m*
  ~ à cordes   Streich~
  chef d'~ *m*   Dirigent
  diriger un ~   ein Orchester dirigieren
  orchestral, e *adj*

↔ le dirigeant = Führer, Manager

engl. *orchestra, orchestral*
span. *orquesta, orquestal*
ital. *orchestra, orchestrale*

récital *m* *(pluriel : récitals !)*   Konzert
  ~ de piano   Klavierkonzert
span. *recital*

compositeur, trice *m f*   Komponist
  composer qc   etw. komponieren
  composition *f*   Komposition
engl. *composer, compose, composition*
span. *compositor, composar, composición*
ital. *compositore, comporre, composizione*

interprète *m f*
  interpréter qc
engl. *interpreter, interpret*
span. *intérprete, interpretar*
ital. *interprete, interpretare*

paroles *f pl*   Text *(Lied)*
ital. *parole*

Chresto Lernen was nützlich ist

radio *f*

    station *f* **de ~** — Radiosender, Rundfunkstation

    passer à la ~ — im ~ kommen, laufen

    écouter la ~ — ~ hören

    radiodiffusion *f* — ~-, Rundfunkübertragung

    radiodiffuser qc — etw. (im Rundfunk) übertragen

    radioguidage *m* — Verkehrsfunk, Verkehrsdurchsagen

- Vous pouvez chercher tous les titres qui **passent à la radio** sur le site Web des **stations de radio.**

engl. *radio, radio station*
span. *radio, radiodifusión, radiodifundir*
ital. *radio, radiodiffusione*

quota *m* — Quote

span. *cuota*
ital. *quota*

ondes *f pl* — Radio, Rundfunk

    passer sur les ~s — im Radio kommen, übertragen werden

span. *ondas*

chanteur, euse *m f* — Sänger

    ~ ambulant — Straßensänger

    chanter qc — etw. singen

    ~ faux/juste — falsch/richtig singen

    chanson *f* — Lied, Song, Chanson

    ~ sentimentale — Schnulze

    chant *m* — Singen, Gesang

    chantant, e *adj* — melodisch

    langue *f* ~e — melodische Sprache

span. *cantante, cantar, canción, canto, cantante*
ital. *cantore, cantare, canzone, canto*

concert *m*

    salle *f* de ~ — ~halle, ~saal

    aller à un ~ — auf ein ~ gehen

engl. *concert*
span. *concierto*
ital. *concerto*

concerto *m* — Konzert *(Komposition)*

engl. *concerto*
span. *concierto*
ital. *concerto*

scander qc — etw. skandieren

span. *escandir*

rythmique *adj*

    rythme *m*

engl. *rhythm, rythmic*
span. *ritmo, rítmico*
ital. *ritmico, ritmo*

groupe *m* — Gruppe, Band

engl. *group*
span. *grupo*
ital. *gruppo*

*hit-parade *m*

engl. *hit parade*

top 10 *m*

    dans le ~ — unter den, in den ~

engl. *top ten*
span. *top ten*
ital. *top ten*

conservatoire *m* — Konservatorium, Musikschule

engl. *conservatoire (BE), conservatory (AE)*
span. *conservatorio*
ital. *conservatorio*

Apprendre l'utile

voix *f*
~ rauque
~ aiguë
~ basse
ma ~ s'est étranglée
baisser la ~

élever la ~
vocal, e *adj*
vocalise *f*

Stimme
raue Stimme
hohe, schrille Stimme
tiefe Stimme
meine Stimme hat versagt
die Stimme senken, leiser
sprechen
die Stimme erheben, laut werden
Stimm-
Stimmübung

- Je suis malade comme une bête, je **n'ai presque plus de voix**.
- Ce n'est pas la peine **d'élever la voix**, juste parce que tu es énervée.
- La population **a élevé la voix contre** la politique fasciste du gouvernement.

engl. *voice, vocal*
span. *voz, vocal, vocalización*
ital. *voce, vocale*

instrument *m*
~ à cordes
~ à vent
~ de percussion
jouer d'un ~

Streich~
Blas~
Schlag~
ein ~ spielen

↔ jouer de + Instrument ;
↔ jouer à + Spiel, Sport

engl. *instrument*
span. *instrumento*
ital. *strumento*

rock *m*

engl. *rock*
span. *rock*
ital. *rock*

pop *m*

engl. *pop*
span. *pop*
ital. *pop*

*hiphop *m*

engl. *hip hop*
span. *hip hop*
ital. *hip hop*

techno *f*

engl. *techno*
span. *tecno*
ital. *techno*

rap *m*
rapper/faire du ~
rappeur *m*

engl. *rap*
span. *rap*
ital. *rap*

jazz *m*

engl. *jazz*
span. *jazz/yaz*
ital. *jazz*

boîte *f (fam.)*
aller en ~ *(fam.)*

Disco
in die Disco gehen

son *m*
monter le ~

baisser le ~

mettre le ~ à fond
sonore *adj*

Ton, Klang
lauter machen, stellen *(Fernseher, Radio)*
leiser machen, stellen *(Fernseher, Radio)*
voll aufdrehen *(Fernseher, Radio)*
Ton-

- On n'entend rien, **monte un peu le son de la télé.**

engl. *sound*
span. *sonido*
ital. *suono*

danser
~ sur la musique
inviter qn à ~
danse *f*
piste *f* de ~
danseur, euse *m f*

tanzen
zur Musik tanzen
jn. zum Tanzen auffordern
Tanz
Tanzfläche
Tänzer

engl. *dance, dancer*

Chresto
Lernen was nützlich ist

partition *f*	Notenblatt, Partitur	*span.* partitura *ital.* partitura
batterie *f* batteur *m*	Schlagzeug Schlagzeuger	↔ die Batterie *(Wecker,* *Fernbedienung)* = la pile ↔ battre, une bataille
		span. batería, baterista *ital.* batteria, baterista
tube *m (fam.)* vieux ~	Lied, Song, Hit alter Schlager	
chœur *m*	Chor *(Oper, Oratorium)*	*engl.* chorus *span.* coro *ital.* coro
chorale *f*	Chor *(Schule, Kirche)*	*engl.* choir *span.* coral *ital.* corale
air *m*	Melodie	
accompagner qn ~ qn au piano accompagnement *m*	jn. begleiten jn. auf dem Klavier begleiten Begleitung	*engl.* accompany, accompagnist *span.* acompañar, acompañamiento *ital.* accompagnare, accompagnamento
ouverture *f*	Ouvertüre	↔ ouvrir
		engl. overture *span.* obertura *ital.* ouverture
ton *m* ~ aigu dire qc d'un/**sur un ~** brusque **si vous le prenez sur** **ce ~** **changer de ~** ***hausser le ~** tonalité *f*	Ton, Tonhöhe *(Stimme, Musik)* hoher, schriller Ton etw. mit barschem, schroffen Ton sagen wenn Sie in diesem Ton mit mir reden einen anderen Ton anschlagen die Stimme heben, energisch werden Tonart, Klang(-farbe)	• Je n'aime pas du tout qu'on me parle **sur ce ton**. Tu devrais **changer de ton.** • **Si vous le prenez sur ce ton,** ça ne va pas le faire. • L'Europe **hausse le ton** contre l'Iran. *engl.* tone, tonality *span.* tono, tonalidad *ital.* tono, tonalità
mesure *f* ~ à trois/quatre temps perdre la ~ marquer/battre la ~	Takt Dreiviertel-/Viervierteltakt aus dem Takt kommen den Takt schlagen	*engl.* measure *ital.* misura
gamme *f* faire des ~s	Tonleiter Tonleiter spielen, üben	• La gamme : do – ré – mi – fa – sol – la –si – do *engl.* gamut
mineur *m* en si ~	Moll in h-Moll	*engl.* minor *span.* minor *ital.* minore
majeur *m* en ré ~	Dur in d-Dur	*engl.* major *span.* mayor *ital.* maggiore

une autre !	Zugabe! *(Ruf des Publikums)*	
scène *f*	Bühne	• Les Strokes **se sont produits**
monter sur ~	auf die Bühne kommen, die Bühne betreten	**sur scène** les samedis 15 et 22 novembre au Zénith.
quitter la ~	von der Bühne gehen	
se produire sur ~	auftreten	
public *m*	Publikum	***span.** público*
		***ital.** pubblico*
couplet *m*	Strophe	
***huer**	buhen	
~ qn	jn. ausbuhen	
clé/clef *f*	Notenschlüssel	***engl.** clef*
		***span.** clave*
		***ital.** chiave*
tournée *f*		***engl.** tour*
partir en ~	auf ~ gehen	***ital.** tournée*
répétition *f*	Probe	
(~) générale *f*	Generalprobe	
répéter (qc)	proben (etw.)	
reprendre une chanson	einen Song, ein Lied covern	↔ das Cover *(Zeitung, Buch)* = la
reprise *f*	Cover *(Musik)*	couverture, la une
sortie *f*	Herausbringen *(neues Produkt)*	
sortir	herauskommen, auf den Mark kommen *(neues Produkt)*	
~ un nouvel album	ein neues Album herausbringen	

Chresto
Lernen was nützlich ist

théâtre *m*		**engl.** *theatre, theatrical*
~ en plein air	Freilicht~, Freilichtbühne	**span.** *teatro, teatral*
faire du ~	~schauspieler sein	**ital.** *teatro, teatrale*
quitter le ~	sich von der Bühne zurückziehen	
traîner qn au ~	jn. ins ~ schleifen	
théâtral, e *adj*		
répertoire *m*		**engl.** *repertoire*
		span. *repertorio*
		ital. *repertorio*
compagnie *f*	Ensemble	**engl.** *company*
		span. *compañía*
		ital. *compagnia*
spectacle *m*	Vorstellung, Schauspiel	**engl.** *spectacle*
salle *f* de ~	Theater(saal)	**span.** *espectáculo*
		ital. *spettacolo*
spectateur, trice *m f*	Zuschauer	**engl.** *spectator*
~ de théâtre	Theaterbesucher	**span.** *espectador*
		ital. *spettatore*
applaudir qn/qc		• C'est **sous un tonnerre**
~ à tout rompre	stürmisch ~	**d'applaudissement** que la
être applaudi, e *adj*	Beifall bekommen	troupe a quitté la scène.
applaudissements *m pl*		
tonnerre *m* **d'~s**	donnernder ~	**engl.** *applaud, applause*
		span. *aplaudir, aplauso*
		ital. *applaudire, applauso*
troupe *f* **(de théâtre)**	Theater-, Schauspieltruppe	**engl.** *troupe*
		ital. *troupe*
comédien, ne *m f*		**engl.** *comedian, comedy, comic*
comédie *f*		**span.** *comedia, cómico,*
comique *m*		*comediante*
~ de gestes	Handlungskomik	**ital.** *commediante, commedia,*
~ de mots	Wortkomik	*comico*
~ de situation	Situationskomik	
affiche *f*	Plakat, Anschlag	• La pièce « Méphisto » d'après
tenir l'~	lange auf dem Spielplan bleiben	Klaus Mann **tient l'affiche/est**
être à l'~	auf dem Spielplan stehen	**à l'affiche** au Théâtre du Soleil
afficher qc	etw. anschlagen, durch Plakat	jusqu'au 14 décembre.
	bekannt machen	
affichage *m*	Bekanntgabe durch Plakat,	**ital.** *affisso, affiggere, affissione*
	Anschlag	
afficheur *m*	Plakatkleber	
affichiste *m f*	Werbegrafiker	
saison *f*	Spielzeit, Theatersaison	**engl.** *season*
programme *m*	Spielplan	**span.** *programa*
loge *f*		• Publicité : **Soyez aux**
être aux premières ~s	etw. aus nächster Nähe	**premières loges du** match
de qc	miterleben, sehen	Lyon-Bayern München et
		suivez-le en VIP.
		engl. *loge*
parterre *m*	Parkett	↔ das Parterre = le rez-de-chaussée

Apprendre l'utile   *Chresto*

balcon *m*	Rang	**span.** *balcón* **ital.** *balconata*

rideau *m*
     lever *m* du ~
     lever le ~
	Vorhang
	 Aufgehen des Vorhangs
	 den Vorhang auf-, hochziehen	

acte *m* **entracte** *m*	 Pause *(nur Theater, Oper)*	↔ entre; acte ↔ die (Schul-)pause = la récré(ation) ↔ die Pause *(allgemein)* = la pause • **Pendant l'entracte**, on a trinqué avec du champagne.
		engl. *act* **span.** *acto* **ital.** *atto*
ouvreuse *f*	Platzanweiserin	↔ ouvrir
acteur, trice *m f*	Schauspieler	**engl.** *actor* **span.** *actor* **ital.** *attore*

rôle *m*
     premier ~
     second/petit ~
     interpréter le ~ de Faust
	Rolle
	 Hauptrolle
	 Nebenrolle
	 den Faust darstellen, spielen
		engl. *role*
		 ital. *ruolo*

décors *m pl* décorateur, trice *m f*	Bühnenbild, Kulisse Bühnenbildner	

costume *m*
     costumé, e *adj*
     se costumer (en)
     costumier, ère *m f*
	
	~bildner
		engl. *costume, costumier*
		 ital. *costume, costumista*

scène *f*
     monter sur ~
 	
     quitter la ~
	Bühne
	 auf die Bühne kommen, die Bühne betreten
	 von der Bühne gehen	

première *f*		**engl.** *premiere* **ital.** *prima*
trac *m* avoir le ~	Lampenfieber Lampenfieber haben	
mœurs *f pl* ~ corrompues	Sitten, Sittlichkeit verdorbene Sitten	

pièce *f* **(de théâtre)**
     assister à une ~
 	
     représenter une ~
	(Theater-)stück
	 ein Theaterstück ansehen, beiwohnen
	 ein Theaterstück aufführen
		ital. *pezzo*

mise *f* **en scène** metteur *m* en scène	Regie, Inszenierung Regisseur *(Theater)*	→ Kino/Film : réalisateur ↔ le régisseur = Regieassistent !

souffleur, euse *m f*
     souffler qc à qn
     ~ qc à l'oreille de qn
	
	 jm. etw. ein-, vorsagen, zuflüstern
	 jm. etw. ins Ohr flüstern	

trois coups *m pl*	dreimaliges Klopfen zu Vorstellungsbeginn	

Chresto
Lernen was nützlich ist

quiproquo *m*	Verwechslung, Quiproquo	**span.** *quid pro quo*
aparté *m*	beiseite, zur Seite Gesprochenes	↔ à part
		span. *en aparté*

ordinateur *m* (ordi *fam.*) | Computer, PC
(~) portable *m* | Laptop
démarrer l'~ | den PC anmachen
éteindre l'~ | den PC ausmachen
brancher l'~ (sur la prise) | den PC anstecken (an die Steckdose)
charger l'~ | den PC aufladen *(Akku)*
travailler sur ~ | am PC arbeiten
être assis devant l'~ | am PC sitzen
jouer sur/à l'~ | PC spielen
mon ~ s'est planté | mein PC ist abgestürzt
écrire qc à l'~ | etw. am PC schreiben
l'~ tourne toute la nuit | der PC läuft die ganze Nacht
(fam.)

- Une étude a montré que plus de 90 % des **ordinateurs sous Windows** ne sont pas à jour.
- Mon **mac tourne au ralenti** depuis que j'ai installé un nouveau programme.

span. ordenador

barre *f* **de menu** | Menüleiste
~ d'outils | Symbolleiste
~ d'état | Statusleiste
~ des tâches | Schnellstartleiste
~ d'espacement | Leertaste

↔ un état = ein Zustand
↔ une tâche = eine Aufgabe
- Comment **mettre un icône dans la barre des tâches** ? – Faites un clic gauche dessus et déplacez-le **dans la barre des tâches** tout en maintenant la touche enfoncée.

ital. barra del menu

espace *m* | Leerzeichen

engl. space
span. espacio
ital. spazio

clavier *m* | Tastatur
au ~ | auf der/mit der Tastatur

cliquer sur qc | auf etw. klicken, etw. anklicken
double-~ sur qc | auf etw. doppelklicken
clic *m* | Klick, Klicken
double-~ | Doppelklick
~ droit/gauche | Rechts-/Linksklick

- **Double-cliquez sur** le fichier pour l'ouvrir.
- Il est possible d'empêcher que vos visiteurs **fassent un clic droit** sur votre site.

engl. click
span. hacer « clic »
ital. cliccare, clic

mot *m* **de passe** | Passwort
changer le ~ | das Passwort ändern
entrer le ~ | das Passwort eingeben

- Pour bien **protéger** votre session Windows **par un mot de passe**, il est recommandé qu'il soit **constitué de chiffres et de lettres**.

disque *m* **dur** | Festplatte, C:\
~ dur externe | externe Festplatte
sur le ~ dur | auf der Festplatte
disquette *f*
lecteur *m* de ~ | ~laufwerk

engl. hard disc drive
span. disco duro
ital. disco rigido

Chresto
Lernen was nützlich ist

données *f pl*
  ~s numériques
  entrer des ~s dans l'ordinateur
  traiter des ~s
  recueillir des ~s
  stocker des ~s
  banque/base *f* de ~s
  créer une banque de ~s
  saisie *f* des ~s

Daten
digitale Daten
Daten in den PC eingeben

Daten verarbeiten
Daten sammeln
Daten speichern
Datenbank/-basis
eine Datenbank erstellen
Dateneingabe, -erfassung

- Toutes les **données entrées** peuvent ensuite être traitées **sur ordinateur**.
- Beaucoup de consommateurs s'inquiètent des **données recueillies par** Google, parce qu'il n'y a pas de transparence.

span. datos
ital. dati

écran *m*
  ~ tactile
  plein ~
  ~ de veille
  être en veille

Bildschirm
Touchscreen
Vollbild
Bildschirmschoner
im Stand-by-Modus sein

- Je n'arrive pas à lire la vidéo **en plein écran/en mode plein écran**.
- Il faut s'assurer que **l'écran de veille ne s'active pas** pendant que l'on fait une présentation powerpoint.

fichier *m*
  ~ texte
  ~ son
  ~ joint/attaché
  ~ protégé en écriture
  créer un ~
  gérer un ~
  éditer un ~
  renommer un ~
  comprimer un ~
  récupérer un ~
  taille *f* du ~

Datei
Textdatei
Audiodatei
angehängte Datei, Dateianhang
schreibgeschützte Datei
eine Datei anlegen/erstellen
eine Datei verwalten
eine Datei bearbeiten
eine Datei umbenennen
eine Datei komprimieren
eine Datei wiederherstellen
Dateigröße

↔ renommer – nom

span. fichero

dossier *m*
  créer un ~
  déplacer un ~
  parcourir un ~
  sauvegarder qc dans un ~
  ~s partagés

Ordner
einen Ordner anlegen
einen Ordner verschieben
einen Ordner durchsuchen
etw. in einem Ordner ablegen

gemeinsame Dateien

- **J'ai parcouru tous les dossiers** sans avoir trouvé le fichier qu'il me faut.
- Comment est-ce qu'on affiche **les dossiers cachés** sous Windows XP ?

CD *m*
  ~ vierge
  graver un ~
  graveur *m* (de ~)
  lecteur *m* de ~-ROM

Rohling
eine CD brennen
CD-Brenner
CD-ROM-Laufwerk

↔ la vierge = die Jungfrau

engl. CD
span. CD
ital. CD

icône *m*

Icon

engl. icon
span. icono
ital. icona

imprimante *f*
  ~ à jet d'encre
  ~ laser
  configurer l'~
  l'~ s'est plantée
  imprimer qc (sur qc)
  imprimerie *f*
  imprimeur, euse *m f*

Drucker *(Gerät)*
Tintenstrahldrucker
Laserdrucker
den Drucker einrichten
der Drucker hat sich aufgehängt
etw. drucken, aus- (auf etw.)
Druckerei
Drucker *(Person)*

span. impresora, imprimir, imprenta

Apprendre l'utile

informatique *f et adj*

    informaticien, ne *m f*
    informatisation *f*
    informatiser qc

I.
II.

Umstellung auf EDV
etw. auf EDV umstellen

engl. *informatics*
span. *informática, informático, informatización, informatizar*
ital. *informatica, informatico, informatizzazione, informatizzare*

programme *m*
    (dés)installer un ~
    quitter un ~
    lancer un ~

ein ~ (de)installieren
ein ~ beenden
ein ~ starten

engl. *programme*
span. *programa*
ital. *programma*

logiciel *m*
    ~ d'application
    ~ de connexion
    ~ gratuit
    installer un ~

    développer des ~s
    mettre à jour le ~

    mise *f* à jour du ~

Software
Benutzersoftware
Zugangssoftware
Freeware
eine Software installieren/ aufspielen
Software entwickeln
die Software aktualisieren, updaten
Aktualisierung/Update der Software

• J'ai **mis à jour mon logiciel de gravure**.

mémoire *f*
    ~ morte
    ~ vive
    deux Mo de ~ libre

Speicher
Festspeicher, ROM
Arbeitsspeicher, RAM
zwei MB freier Speicherplatz

↔ la mémoire = das Gedächtnis
↔ le mémoire = Diplom-, Hausarbeit
• Ce nouveau logiciel **consomme/prend beaucoup de mémoire**.

engl. *memory*
span. *memoria*
ital. *memoria*

octet *m*
    kilo-octet *m* (= Ko)
    mégaoctet *m* (= Mo)
    gigaoctet *m* (= Go ; *giga fam.*)

Byte
Kilobyte
Megabyte, MB
Gigabyte, GB

rechercher qc
    ~ sur Internet
    recherche *f*
    ~ avancée
    faire une ~ sur Internet
    effectuer une ~
    ~ plein texte
    ~ rapide
    moteur *m* de ~

etw. suchen
etw. im Internet suchen
Suche
Detailsuche
etw. im Internet suchen
eine Suche durchführen
Volltextsuche
Schnellsuche
Suchmaschine

• La **recherche avancée** permet d'interroger le catalogue avec des critères plus précis.

ital. *ricercare, ricera*

sauvegarde *f*

    faire une ~ de qc

    sauvegarder qc

1. Sichern, Speichern
2. Sicherheitskopie
von etw. eine Sicherheitskopie erstellen
etw. sichern, speichern

ital. *salvare/salvaguardare*

souris *f*
    ~ sans fil
    déplacer la ~
    sélectionner qc avec la ~

Maus
kabellose Maus
die Maus bewegen
etw. mit der Maus markieren

Chresto
Lernen was nützlich ist

touche *f*	Taste	• Pour rajouter un arobase, **maintenez la touche Alt Gr enfoncée** et tapez sur la touche qui possède le symbole @.
~ Échappe(ment)	Escapetaste	
~ Entrée	Entertaste	
~ Majuscule	Shift-Taste	
appuyer/taper sur (~) entrée	Enter (die Entertaste) drücken	
maintenir une ~ enfoncée	eine Taste gedrückt halten	
traitement *m* **de texte**	Textverarbeitung	*span.* tratamiento de textos
bug *m* [bœg] / **bogue** *m* **buger/boguer**	(Programmier-)Fehler, Bug einen (Programmier-)Fehler haben	• J'ai un gros problème, **mon ordi bogue** et je ne sais pas pourquoi.
		engl. bug *ital.* buco
outil *m*	Tool	
taper qc	etw. eingeben, (ein-)tippen	
~ une adresse	eine Adresse eingeben	
saisie *f*	Eingeben, Erfassen	
curseur *m*		*engl.* cursor *span.* cursor *ital.* cursore
interface *f*	Benutzeroberfläche	*engl.* user interface
flèche *f*	Pfeil	*span.* flecha *ital.* freccia
système *m* **d'exploitation**	Betriebssystem	
effacer/supprimer qc	etw. löschen	
insertion *f*	Einfügen *(Menüleiste Windows)*	*engl.* insertion, insert *span.* inserción, insertar
insérer des images	Bilder einfügen	
~ un CD	eine CD einlegen	
coller qc **faire un copier-~**	etw. einfügen kopieren und einfügen	• Il existe plusieurs méthodes pour **faire un copier-coller d'un texte**.
couper qc	etw. ausschneiden	• Pour **couper du texte**, il faut d'abord le sélectionner.
annuler qc	etw. abbrechen	
mise *f* **en page**	1. (Seiten-)Layout 2. Seite einrichten *(Menüleiste Windows)*	• Comment **faire la mise en page** d'un rapport sous Word 2002 ?
enregistrer qc	etw. speichern	
~ sous	speichern unter *(Menüleiste Windows)*	
raccourci *m*	Verknüpfung	↔ un raccourci = eine Abkürzung
créer un ~ sur le bureau	eine Verknüpfung auf dem Desktop erstellen	
afficher qc	etw. anzeigen, einblenden	
masquer qc	etw. ausblenden	
graphique *m et adj*	I. II.	*engl.* graphics *span.* gráfico *ital.* grafico

Chresto
Apprendre l'utile

bureau *m*	Desktop
sur le ~	auf dem Desktop
clé *f* **USB**	USB-Stick
retirer la ~	den USB-Stick entfernen
port *m* USB	USB-Anschluss

• Vous pouvez maintenant **retirer votre clé USB** en toute sécurité.

span. llave USB
ital. chiave USB

contrôle *m* / **Ctrl**	Steuerung / Strg	*engl.* control
réseau *m*	Netz(werk)	
défilement *m*	Scrollen	
(faire) défiler qc	etw. scrollen	
défiler vers le bas/le *haut	nach unten/oben scrollen	
ascenseur *m*	Scroll-Balken	

Chresto
Lernen was nützlich ist

Internet *m*   *engl.* Internet, internaut
     naviguer / surfer sur ~   im ~ surfen   *span.* internet
     trouver qc sur ~   etw. im ~ finden   *ital.* internet
     téléphoner par/sur ~   über ~ telefonieren
     se connecter sur ~   sich ins ~ einloggen
     connexion *f* ~   ~verbindung
     adresse *f* ~   ~adresse
     site *m* ~   ~seite
   internaute *m f*   ~benutzer, ~surfer

Toile *f*   Internet, world wide web
     sur la °~   im Internet

cybercafé *m*   Internetcafé   *engl.* cybercafe
                                           span. cibercafé

accès *m* **(à qc)**   Zugang, Zugriff (auf etw.)   *engl.* access
     avoir ~ à qc   auf etw. zugreifen   *span.* acceso, acceder
     ~ (à) Internet   ~zugang   *ital.* accesso, accedere
     fournisseur *m* d'~ à   Internetanbieter, Provider
     Internet
   accéder à un site   auf eine Seite zugreifen, aufrufen

e-mail *m*   *engl.* e-mail
     adresse *f* ~   *span.* Email
     relever ses ~s   seine ~ abrufen   *ital.* e-mail

message *m*   Nachricht   *engl.* message
     ~ électronique   E-Mail   *span.* mensaje
     envoyer un ~   eine Nachricht schicken   *ital.* messaggio
     éditer un ~   eine Nachricht verfassen
     supprimer un ~   eine Nachricht löschen
     recevoir un ~   eine Nachricht empfangen
     afficher un ~   eine Nachricht anzeigen
   messagerie *f* électronique   Mitteilungsdienst, E-Mail-Service

courrier *m*   Post, Briefsendung   ↔ pourri, e = faul, verfault ; mies
     ~ électronique (=   E-Mail   ↔ courriel → pourriel
     courriel *m*)
     ~ indésirable   Spam
     pourriel *m* *(fam.)*   Spam

spam *m*
     filtre *m* ~/anti-~   • Je n'ai pas eu votre message,
                                       il a été considéré comme
                                       spam/il est allé dans mes
                                       spams.

                                        engl. spam
                                        span. spam

site *m* **Web**   Webseite, Homepage   *engl.* website
     créer un ~   eine Webseite erstellen   *ital.* sito
     mettre un ~ en ligne   eine Webseite online, ins Netz
                           stellen
     le ~ ne se charge pas   die Webseite lädt nicht
     aller sur/visiter un ~   eine Webseite besuchen

virus *m*   *engl.* virus
     ~ informatique   Computer~   *span.* virus
     attraper un ~   einen ~ haben, einfangen   *ital.* virus
     détecter un ~   einen ~ finden, entdecken
     scanner *m* anti-~   ~scanner
   viral, e *adj*

Apprendre l'utile   *Chresto*

ver *m*	Wurm	*ital.* verme
webcam *f*		*engl.* webcam
		span. webcam
		ital. webcam
wi-fi *m*	W-LAN, drahtloser Internetzugang	*span.* wifi
routeur *m*		*engl.* router
		span. router
		ital. router
serveur *m*		*engl.* server
		span. server
		ital. server
modem *m*		*engl.* modem
		span. modem
		ital. modem
autoroute *f* **de l'information**	Datenautobahn	
navigateur *m*	Browser	
pare-feu *m* **/ firewall** *m*	Firewall	*engl.* firewall
		ital. firewall
en ligne	online	*engl.* online
hors ligne/ non-connecté, e *adj*	offline	*span.* en línea, fuera de línea
lien *m*	Link	*engl.* link
cliquer sur un ~	auf einen Link klicken	
mettre un ~	einen Link setzen	
créer un ~ vers qc	auf etw. verlinken, einen Link erstellen	
télécharger qc	etw. herunter-, hochladen, down-/uploaden	
téléchargement *m*	Herunter-/Hochladen, Down-/Uploaden	
page *f* **d'accueil**	Startseite, Homepage	• **Retour à la page d'accueil** (souvent écrit sur les sites Web)
		ital. pagina iniziale
destinataire *m*	Empfänger	*span.* destinatario
		ital. destinatario
expéditeur *m*	Absender	
expédier une lettre	einen Brief abschicken, absenden	
expédition *f*	Versand, Post	
chat *m*		*engl.* chat
chatter		*ital.* chat, chattare
boîte *f* **de réception**	Posteingang	
~ d'envoi	Postausgang	
dans la ~ d'envoi	im Postausgang	
pièce *f* **jointe (= P.J.)**	Anhang, Anlage	
qc est en ~	etw. ist angehängt, beigefügt	
joindre qc	etw. anhängen, beifügen	

Chresto Lernen was nützlich ist

piratage *m*	Raubkopieren	**engl.** *pirate copy*
copie *f* pirate	Raubkopie	**span.** *copia pirata*
pirate *m* (informatique)	Hacker	**ital.** *pirateria, pirata*
designer *m* **WEB**		
googler qc *(fam.)*		**engl.** *google*
		span. *googlear, guglear,*
		googelear
		ital. *googlare*
FAQ (= foire aux questions) *f*	FAQ	**engl.** *FAQ*
		ital. *FAQ*
newsletter *f* **/ lettre** *f*	Newsletter	**engl.** *newsletter*
d'information		**span.** *newsletter*
s'abonner/s'inscrire à	einen Newsletter abonnieren,	**ital.** *newsletter*
une ~	sich bei einem Newsletter	
	anmelden	
se désabonner d'une ~	sich von einem Newsletter	
	abmelden	
fenêtre *f* **pop up**	Pop-up Fenster	**engl.** *pop-up window*
bloqueur une ~	ein Pop-up Fenster unterdrücken	**ital.** *pop-up*
autoriser une ~	ein Pop-up Fenster zulassen	
bloqueur *m* de pop up	Pop-up Blocker	
blog *m*		**engl.** *blog*
		span. *blog*
		ital. *blog*
pavé *m* **numérique**	Ziffernblock	
favoris *m pl*	Lesezeichen	
ajouter qc aux ~s	etw. zu den Lesezeichen	
	hinzufügen	
arobase *m*	das @-Symbol	
manette *f* **(de jeu) / joystick** *m*	Joystick	**engl.** *joystick*
		span. *joystick*
		ital. *joystick*
forfait *m* **(Internet) illimité**	Flatrate	
menu *m* **déroulant**	Pop-up Menü, Drop-,	
	Pulldownmenü	

téléphone *m*
    ~ à cartes
    ~ sans fil   schnurloses ~
    facture *f* de ~   ~rechnung
    coup *m* **de ~**   Anruf
    avoir qn au ~   1. mit jm. gerade telefonieren
                          2. jn. telefonisch erreichen
    je ne l'ai pas eu   1. ich habe ihn/sie nicht erreicht
                          2. ich war nicht schnell genug
                          (wenn es klingelt und man nicht rechtzeitig abhebt)
    brancher le ~ à qn   jm. ~ legen
    on vous demande au ~   Sie werden am ~ verlangt
téléphoner à qn
    ~ chez qn   bei jm. ~
téléphonique *adj*
    cabine *f* ~
    central *m* ~
    opérateur *m* (~)   (Telefon-)Anbieter
téléphoniste *m f*
télécommunications *f pl*

- Les **trois opérateurs** en France : Orange/France Télécom, SFR, Bouygues
- Tu as déjà **payé le téléphone** ?
- **J'ai eu un coup de téléphone de** ta mère, elle arrive ce soir.
- **J'ai eu mon chef au téléphone** ce matin et il veut me voir après le déjeuner.
- Tu as **téléphoné à** Olivier-Sylvain ? – Oui, mais **je ne l'ai pas eu.**
- Ça a sonné, mais j'ai été trop lente, **je ne l'ai pas eu.**

engl. telephone, telephonist, telecommunication
span. teléfono, telefonear, telefónico, telefonista, telecomunicación
ital. telefono, telefonare, telefonico, telefonista, telecomunicazione

numéro *m* **de téléphone**
    ~ direct   Durchwahl
    composer/faire un ~   eine ~ wählen
    faire un faux ~/se   sich verwählen, falsch verbunden
    tromper de ~   sein

- Oh, excusez-moi, **j'ai fait un faux numéro/je me suis trompée de numéro.**

engl. telephone number
span. número de teléfono
ital. numero di telefono

c'est occupé *adj*   es ist belegt *(am Telefon)*

ital. occupato

fixe *m*   Festnetz

span. fijo
ital. telefono fisso

appareil *m*   Apparat
    qui est à l'~ ?   Wer ist dran?

span. aparado
ital. apparato

fil *m* *(fam.)*   (Telefon-)Leitung
    coup *m* de ~ *(fam.)*   Anruf
    donner/passer un coup   jn. anrufen, durchklingeln
    de fil à qn *(fam.)*
    avoir qn au bout du ~   mit jm. telefonieren, jn. an der
    (fam.)   Strippe haben
    recevoir un coup de ~   einen Anruf bekommen, erhalten
    (fam.)

- **Tu me passes un coup de fil quand** tu es arrivée ?

télécarte *f*
    carte *f* SIM
    carte *f* prépayée   Prepaid-Karte

message *m*   1. Nachricht *(Anrufbeantworter, E-Mail)*
                      2. SMS
    laisser un ~   eine Nachricht hinterlassen
    je peux prendre /   Soll ich ihm/ihr/ihnen was
    transmettre un ~ ?   ausrichten?

- Je suis désolée, Doris n'est pas là. **Je peux prendre un message ?**

engl. message
span. mensage
ital. messaggio

correspondant, e *m f*   Gesprächspartner *(nur am Telefon)*

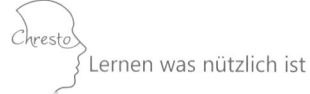
Chresto
Lernen was nützlich ist

répondeur *m* **(automatique)**	(automatischer) Anrufbeantworter	• Ça sonne, tu **vas répondre** s'il te plaît ?
écouter les messages sur son/le ~	den Anrufbeantworter abhören	• J'ai déjà essayé trois fois, mais **ça ne répond pas**.
répondre (au téléphone)	abheben, ran gehen *(Telefon)*	
~ qc à qn	jm. etw. antworten	
ça ne répond pas	es geht keiner ran	

communication *f*		**engl.** *communication, communicate, communicative*
~ locale	Ortsgespräch	**span.** *comunicación, comunicar, comunicativo*
communiquer (avec qn)		**ital.** *comunicazione, comunicare, comunicativo*
communicatif, ve *adj*		

portable *m*	Handy
~ à clapet	Klapphandy
~ coulissant	Schiebehandy

combiné *m*	Hörer
décrocher le ~	den Hörer abnehmen
raccrocher le ~	den Hörer auflegen

capter qc	etw. hereinbekommen, auffangen *(Netz)*	• Tu lui as envoyé un texto ? – Non, **ça ne capte pas**.
ça ne capte pas	kein Netz, keinen Empfang haben	
		ital. *captare*

texto *m (fam.)*	SMS

sms *m*	**span.** *sms, mms*
envoyer un ~ à qn	jm. eine ~ schicken
	ital. *sms, mms*
recevoir un ~	eine ~ bekommen, empfangen
mms *m*	

sonner	klingeln	**span.** *sonar, sonido*
ça sonne	es klingelt	**ital.** *suonare, suoneria*
sonnerie *f*	Klingelton	

kit *m* **mains(-)libres**	Freisprechanlage

connexion *f*	Verbindung	**engl.** *connection*
la ~/on a été coupé(e)	die Verbindung wurde unterbrochen	**span.** *conexión*
		ital. *connessione*

satellite *m* **de communication**	Nachrichtensatellit	**engl.** *communications satellite*

appel *m* **(téléphonique)**	(Telefon-)Anruf
~ sortant	abgehender Anruf
~ entrant	eingehender Anruf
~ d'urgence	Notruf
avoir un ~ sur l'autre ligne	jn. auf der anderen Leitung haben
recevoir un ~	einen Anruf erhalten
appeler qn	jn. anrufen
~ un numéro	eine Nummer anrufen
~ qn au 06.71.40.40.66	jn. unter der 06.71.40.40.66 anrufen
merci d'avoir appelé	Danke für Ihren/Deinen Anruf
rappeler qn	jn. zurückrufen
rappel *m*	Rückruf
~ automatique	automatische Wahlwiederholung

Apprendre l'utile

ligne *f*
    la ~ est occupée

Telefonleitung
die Leitung ist besetzt

engl. (telephone) line
span. línea telefónica
ital. linea telefonica

ne quittez pas !

bleiben Sie dran! einen kleinen Moment!

• Je peux parler à votre mari, s'il vous plaît ? – Oui, **ne quittez pas**.

biper qn

jn. anklingeln

grésiller
    ça grésille
    grésillement *m*

rauschen, knistern
es rauscht, knistert
Rauschen, Knistern

réseau *m*

Netz

barre *f*

Netz-, Empfangsbalken *(Display)*

ital. barra

annuaire *m*
    ne pas être/figurer dans l'~
    consulter l'~

Telefonbuch
nicht im Telefonbuch stehen

ins Telefonbuch schauen

passer qn à qn

jm. jn. geben, jn. mit jm. verbinden

• Attendez, **je vous passe ma femme**.

engl. pass so on to sb
ital. passare

joindre qn
    ~ qn sur le portable

jn. (telefonisch) erreichen
jn. auf dem Handy erreichen

• Vous pouvez **me joindre au 06.12.34.56.78**.

tonalité *f*

Freizeichen

dièse *m*

Raute

boîte *f* **/ messagerie** *f* **vocale**
    laisser un message à qn sur la ~
    écouter les messages sur sa ~

Mailbox
jm. auf die Mailbox sprechen

seine Mailbox abhören

c'est de la part de qui ?

Wer ist bitte dran?

• Je voudrais parler à M. X s'il vous plaît. – Oui, **c'est de la part de qui ? – De** Mme Z.

c'est à quel sujet ?

Worum geht's?

• Est-ce que je pourrais parler au directeur s'il vous plaît ? – **C'est à quel sujet ?**

Je suis bien chez M. Tartempion ?

Bin ich hier richtig bei Herrn Soundso?

c'est lui-même !

Am Apparat! Das bin ich!

• Monsieur Tartempion ? – **C'est lui-même**.

âllo !

Hallo *(nur am Telefon beim Abheben)*

indicatif *m*

Vorwahl

préfixe *m*

Auslands-, Ländervorwahl

• Quel est le **préfixe pour** la France ? – C'est le 00 33.

engl. prefix
span. prefijo
ital. prefisso internazionale

Chresto Lernen was nützlich ist

abonnement *m*	Vertrag	
faire un ~	einen Vertrag abschließen	
abonné, e *m f*	Vertragsinhaber	
itinérance *f*	Roaming	
***hotline** *f*	Hotline	**engl.** *hotline*
		ital. *hotline*
être sur liste rouge	eine Geheimnummer haben	
batterie *f*	Akku	↔ la batterie = *auch* Autobatterie (da eine Art Akku)
recharger la ~	den Akku aufladen	↔ die Batterie = la pile *(Fernbedienung, Discman, Wecker)*
		engl. *battery*
		span. *bateria*
		ital. *batteria*
forfait *m*	Pauschale, Pauschalbetrag	**ital.** *forfait*
avoir un ~	einen Tarif haben bei dem man eine Pauschale zahlt *(und je nach Tarif so und so viele Gesprächsminuten/ SMS hat)*	

premièrement/ deuxièmement/... *adv*	erstens, als erstes / zweitens, als zweites	• La voiture électrique présente de nombreux avantages. **Premièrement**, elle ne pollue pas l'environnement. **Deuxièmement**, le moteur ne fait pratiquement pas de bruit...
dans un premier/second/... temps	zunächst, als erstes/anschließend, danach, als zweites	• L'introduction des voitures électriques se fera en plusieurs étapes. **Dans un premiers temps**, elles seront lancées sur le marché à un prix avantageux et donneront droit à une prime d'État. **Dans un second temps**, on espère qu'elles prendront peu à peu la place dominante des voitures à moteur à essence.
d'un côté – de l'autre/ d'une part – d'autre part *adv*	einerseits – andererseits	• **D'un côté/D'une part**, les voitures électriques sont moins polluantes que les voitures à essence. **De l'autre/D'autre part**, elles ne permettent pas d'avancer aussi rapidement que les autres.
tout d'abord *adv*	zuallererst, zunächst	• La voiture électrique présente de nombreux avantages. **Tout d'abord**, elle ne pollue pas l'environnement. De plus ...
de plus *adv*	des Weiteren, ferner	• La voiture électrique présente de nombreux avantages. Tout d'abord, ... **De plus**, l'achat d'une telle voiture offre le droit à une prime d'État.
en outre *adv*	zudem, darüber hinaus, außerdem	• La voiture électrique présente de nombreux avantages. Tout d'abord, ... **En outre**, il n'est pas exclu que les voitures à essence soient complètement interdites. • Ce qu'il m'énerve. Il est toujours en retard. **En outre**, il ne s'excuse même pas.
de surcroît *adv*	zusätzlich, überdies, obendrein	• La voiture électrique présente de nombreux avantages. Tout d'abord, ... **De surcroît**, le moteur ne fait guère de bruit.
qui plus est *adv*	darüber hinaus	• La voiture électrique présente de nombreux avantages. Tout d'abord,... **Qui plus est**, grâce à une batterie particulière, on peut circuler toute une journée.
par ailleurs *adv*	außerdem	• La voiture électrique présente de nombreux avantages. Tout d'abord, ... **Par ailleurs**, son confort ne laisse rien à désirer.

Chresto
Lernen was nützlich ist

en dehors de qc/à part qc *prép*   von etw. abgesehen

- La voiture électrique présente de nombreux avantages. **En dehors de/à part** son confort qui ne laisse rien à désirer, elle réduit sensiblement la pollution de l'environnement.

cependant *adv*	allerdings, dennoch, jedoch	• Il pleuvait comme pas possible et **cependant** ils ont voulu faire une promenade. • Je ne connais rien au sujet. **Cependant**, je sais que ce qu'il dit n'est pas juste. • La voiture électrique présente de nombreux avantages. **Cependant**, elle ne pourra pas encore remplacer entièrement les voitures à essence.
pourtant *adv*	dennoch, trotzdem	• Il n'a pas eu son bac **et pourtant** il n'est pas bête. • Elle s'est promenée sous la pluie et a attrapé un rhume. Je l'avais **pourtant** prévenue. • La voiture électrique présente de nombreux avantages. La technique n'est **pourtant** pas assez développée pour qu'elle remplace les voitures à essence.
néanmoins *adv*	trotzdem, nichtsdestoweniger	• Il est très malade et a dû se faire opérer. **Néanmoins** je suis optimiste quant à sa guérison. • La voiture électrique ne remplacera pas entièrement la voiture à essence dans les années à venir. **Néanmoins**, il s'agit d'une invention fort prometteuse.
il n'empêche que + IND. *conj*	dennoch, trotzdem	• Se mettre au volant après avoir bu est très dangereux. **Il n'empêche qu**'il y en a qui prennent la voiture pour rentrer chez eux. • La voiture électrique présente de nombreux avantages. **Il n'empêche que** son développement nécessite énormément d'argent.
toutefois *adv*	allerdings, indessen, jedoch	• Elle est partie en vacances. Tu peux **toutefois** essayer de l'appeler sur son portable.
il n'en reste/demeure pas moins que + IND. *conj*	dessen ungeachtet	• La voiture électrique présente de nombreux avantages. **Il n'en reste/demeure pas moins que** des recherches approfondies sont nécessaires pour permettre une production en série.
en revanche *adv*	dagegen, hingegen	• La voiture électrique ne pollue pratiquement pas l'environnement. La voiture à essence, **en revanche**, émet des masses de gaz carbonique.

Chresto — Lernen was nützlich ist

par contre *adv*	wiederum, hingegen	• Je ne suis pas disponible la semaine prochaine. **Par contre**, on pourrait se voir le week-end.
or *adv*	nun (aber)	• Souvent, les femmes ne travaillent pas en Allemagne. **Or**, le taux d'activité des femmes a considérablement augmenté depuis les années soixante-dix. • Il semble que de nombreux jeunes soient au chômage. **Or**, tous ceux de ma promo ont trouvé un travail. • Tous les hommes sont mortels. **Or** Socrate est un homme, donc Socrate est mortel.
certes *adv*	gewiss, sicher, zwar	• Tu viendras chez moi la semaine prochaine ? – **Certes**, mais je ne sais pas encore quel jour. • Je ne veux **certes** pas me séparer de mon ami, **mais** il va falloir qu'il fasse un effort.
contrairement à qc/qn ~ **à ce que** + IND *prép*	im Gegensatz zu etw./jm. im Gegensatz zu	• **Contrairement à** elle, je ne mens pas à mes parents. • **Contrairement à ce qu'**elle avait prédit, nous sommes arrivés à l'heure. • **Contrairement à** la voiture électrique, la voiture à essence pollue gravement l'environnement.
à l'inverse de qc/qn *prép*	ganz anders als etw./jn.	• La bière, **à l'inverse du vin**, est très chère en France. • **À l'inverse de** ce que disent les politiciens, la France traverse une crise économique profonde.
à la différence de qc/qn *prép*	anders als etw./jn.	• **À la différence de** la crise économique de 1929, les hommes politiques ont essayé de réagir immédiatement. • **À la différence de** nombreux pays européens, la France n'est pas bonne en foot.
en dépit de qc *prép*	trotz einer Sache	• **En dépit de** la mort de sa femme, il est parti en vacances.
à condition que + SUBJ. *conj* à ~ **de faire qc**	unter der Bedingung, Voraussetzung, dass	• Tu peux sortir avec tes amis ce soir, **à condition que** tu sois sage. • J'adore aller au cinéma **à condition de** ne pas y être toute seule.
à moins que + SUBJ. *conj*	es sei denn, dass	• On sort demain **à moins que** je (ne) sois toujours malade.

Chresto

Apprendre l'utile

pour autant que + SUBJ. *conj*   sofern, insoweit als

- Je monte à Paris le week-end **pour autant que** les billets de train ne soient pas trop chers.

Lernen was nützlich ist

parce que *conj*	weil	• Pourquoi n'envisagez-vous pas d'embaucher du personnel prochainement ? – Il ne nous est pas possible de recruter, au moins pour l'instant, **parce que** nous n'avons pas assez de travail. • Comment rompre avec son ami ? – Je lui dirais les choses clairement **parce que** sinon cela devient vraiment compliqué.
puisque *conj*	weil, da ja	• Le recrutement du personnel ne permettrait-il pas de relancer votre entreprise ? – Ceci n'est pas logique. Nous ne pouvons embaucher personne, **puisque** la relance économique n'est pas là, ni le travail. • J'ai voulu passer te voir, mais **puisque** tu ne te sens pas bien aujourd'hui, j'y ai renoncé. • Je suis passé chez Clairevie la voir, mais elle n'était pas là. – Mais oui, **puisque** je te le dis, elle est partie en vacances.
comme *conj (Satzanfang)*	da, weil	• Envisagez-vous d'embaucher du personnel prochainement ? – **Comme** nous n'avons pas assez de travail, il ne nous est malheureusement pas possible de recruter pour l'instant. • Comment rompre avec son ami ? – **Comme** je n'aime pas trop les conflits, je partirais sans rien dire.
car *conj*	denn	• Envisagez-vous d'embaucher du personnel prochainement ? – Pour l'instant, je ne compte recruter personne, **car** nous n'avons pas assez de travail. • Les syndicats réclament une augmentation de salaire, **car** cela permettrait de relancer la consommation. • Comment rompre avec son ami ? – Je disparaîtrais sans rien lui dire, **car** comme cela on évite les discussions.

à cause de qc/qn *prép*	wegen etw./jm.	↔ negative Wirkung • Les négocations entre les organisations patronales et syndicales ont été suspendues **à cause du** refus du gouvernement de modifier le projet de réforme engagé. • **À cause de toi**, je n'ai pas eu mon année.
grâce à qc/qn *prép*	wegen, dank etw./jm.	↔ positive Wirkung • **Grâce à** la bonne volonté des organisations patronales et syndicales, les négociations ont abouti à un accord. • **Grâce à toi**, j'ai eu mon année.
en raison de qc *prép*	wegen, auf Grund einer Sache	• **En raison d'**un accident de voiture, l'autoroute A6 reste bloquée jusqu'à ce soir.
par conséquent *adv*	folglich, infolgedessen	• On ne sait rien de précis sur les circonstances de l'attentat. **Par conséquent**, il convient d'approfondir l'enquête avant de prendre des mesures.
c'est-à-dire *conj*	das heißt	• Les hommes émettent trop de gaz carbonique, **c'est-à-dire que** nous sommes responsables du réchauffement climatique. • Les énergies renouvelables, **c'est-à-dire** l'éolien, le solaire et l'hydraulique, constituent des sources intarissables.
de ce fait *adv*	deswegen, aus diesem Grund	• Le réchauffement climatique menace la Terre. **De ce fait**, il est temps d'agir.
c'est pourquoi *adv*	daher, deshalb	• Nicolas Sarkozy a récolté la majorité des suffrages au deuxième tour. **C'est pourquoi** il a été nommé Président de la République.
étant donné + N ; + que V *conj*	da, wegen	• **Étant donné** le mariage de son frère, il a pris trois jours de congé. • **Étant donné que** je suis malade, je ne peux pas sortir ce soir.
en d'autres termes *adv*	in anderen Worten	• L'équipe de foot n'était pas en forme aujourd'hui. **En d'autres termes**, elle n'a pas fait une belle performance.

Lernen was nützlich ist

c'est la raison pour laquelle	daher, aus diesem Grund	• Je viens d'avoir 65 ans. **C'est la raison pour laquelle** je partirai à la retraite le mois prochain. • Je viens d'avoir 65 ans et ma femme veut passer plus de temps avec moi. **Ce sont les raisons pour lesquelles** je partirai à la retraite le mois prochain.
aussi + INVERSION *conj*	deshalb, folglich	• On ne sait rien de précis sur les circonstances de l'attentat. **Aussi est-il** préférable, avant de prendre des mesures précipitées, d'approfondir l'enquête.

en ce qui concerne qc/qn *prép*	was etw./jn. betrifft	• **En ce qui concerne** la politique de l'enseignement du gouvernement, je suis absolument hostile au projet de réforme. • **En ce qui concernent** les impôts, il faudrait les baisser pour relancer l'économie. • **En ce qui me concerne**, je ne suis pas très motivée pour sortir ce soir.
au fait *adv*	übrigens, was ich noch sagen wollte	• **Au fait,** ça te dirait qu'on aille boire un verre après l'école ?
quant à qc/qn/à faire qc *prép*	was etw./jn. angeht, anbelangt	• **Quant à son projet**, je suis plutôt sceptique. • **Quant à faire** un tour en Allemagne, je suis carrément partant.
en effet / effectivement *adv*	in der Tat, tatsächlich, nämlich	• Fumer nuit à la santé. **En effet/ Effectivement**, plusieurs milliers de personnes meurent d'un cancer du poumon tous les ans.
il en va/est de même pour qc/ qn *prép*	das gleiche gilt für, genauso verhält es sich mit etw./jm.	• Fumer nuit à la santé. **Il en va/est de même pour** l'abus d'alcool.
quoi qu'il en soit *adv*	wie dem auch sei	• Le condamné a fait appel. **Quoi qu'il en soit**, il a violé la loi.

Chresto Lernen was nützlich ist

pour résumer/en résumé *adv*	zusammenfassend	• La voiture électrique présente de nombreux avantages... **Pour résumer/en résumé**, il s'agit d'une invention prometteuse.
en un mot *adv*	in einem Wort, kurzum	• Tu n'as pas fait tes devoirs, tu n'as pas rangé ta chambre et tu ne m'as pas aidée pour le ménage et là, tu me demandes si tu peux sortir ce soir ? **En un mot**, c'est non.
dans l'ensemble *adv*	insgesamt, im Ganzen	• La voiture électrique présente de nombreux avantages... **Dans l'ensemble**, la voiture électrique prendra petit à petit la place de la voiture à essence.
en somme *adv*	alles in allem	• Elle a eu peur de l'opération, mais, **en somme**, tout s'est très bien passé.
il s'en déduit/il en résulte que + IND. *conj*	hieraus geht hervor, folgt, dass	• L'invention de la voiture électrique est un pas prometteur pour l'avenir. **Il s'en déduit/Il en résulte que** nous n'avons pas encore perdu la lutte contre le réchauffement climatique.
en conclusion *adv*	abschließend	• **En conclusion**, il ne me reste plus qu'à dire que l'invention de la voiture électrique est un jalon de référence (Meilenstein) dans l'histoire de l'automobile.
en fin de compte/tout compte fait *adv*	letzten Endes, zu guter Letzt	• J'ai voulu aller au cinéma, mais, **en fin de compte/tout compte fait**, je suis restée chez moi. • La voiture électrique présente de nombreux avantages... **En fin de compte/Tout compte fait**, cette technologie finira par s'imposer.

Index

à jeun 7.6
AbiBac 6.1
abolir 3.2
abolition 3.2
abondance 4.3
abondant, e 4.3
abonder 4.3
abonné, e 7.2, 9.3
abonnement 7.2, 9.3
absolutisme 3.1
absolutiste 3.1
abstention 1.4
abstentionnisme 1.4
abstentionniste 1.4
accéder 9.2
accéléré 8.1
accès 9.2
accident 2.3
accompagner 8.3
accroissement 6.2
accroître 6.2
accueil 7.10
accueillir 7.10
accusateur, trice 7.4
accusation 7.4
accusé, e 7.4
accuser 7.4
achat 5.4
achetable 5.4
acheter 5.4
acheteur, euse 5.4
acide 4.1
acidité 4.1
acidulé, e 4.1
acquittement 7.4
acquitter 7.4
acte 8.2, 8.4
acteur, trice 8.1, 8.4
action 4.3, 8.2
actualisation 7.2
actualiser 7.2
actualité 7.2
actuel, le 7.2
adhérent, e 1.3, 5.3, 6.2
adhérer 1.3, 5.3, 6.2
adhesion 1.3, 5.3, 6.2
administratif, ve 1.5, 3.3
administration 1.5, 3.3
adolescence 7.9
adolescent, e 7.9
adulte 7.9
adversaire 7.7
adverse 7.7
aéroport 2.3
affaiblir 3.1
affaiblissement 3.1
affamé, e 4.1
affamer 4.1
affichage 8.4
affiche 8.4
afficher 8.4, 9.1
afficheur 8.4
affichiste 8.4
affilé, e 1.3
affiliation 1.3
africain, e 6.3, 7.10
Africain, e 6.3, 7.10

Afrique 6.3, 7.10
âge 7.9
âgé, e 7.9
agencement 8.2
agglomération 1.5
aggravation 4.1
aggraver 4.1
agir 4.3, 8.2
agresser 7.4
agression 7.4
agricole 2.2
agriculteur, trice 2.2
agriculture 2.2
aide 3.4, 6.3, 8.1
aider 3.4, 6.3
aile 1.3, 7.7
ailier 7.7
air 8.3
alcool 7.3
alcoolique 7.3
alcoolisme 7.3
alcoolo 7.3
alcootest 7.3
alerte 4.1
alerter 4.1
alexandrin 8.2
Algérie 6.3
algérien, ne 6.3
Algérien, ne 6.3
aliment 4.1
alimentaire 4.1
alimentation 4.1
alimenter 4.1
aller 2.3
allergie 4.2
allergique 4.2
allergologue 4.2
aller-retour 2.3
alliance 3.3
alliés 3.3, 3.4
allocataire 7.5
allocation 7.5
alpin, e 7.7
alpinisme 7.7
alpiniste 7.7
Alsace 3.3
alsacien, ne 3.3
Alsacien, ne 3.3
altérer 4.3
altermondialiste 5.4
ambassade 1.1
ambassadeur 1.1
amélioration 5.3
améliorer 4.3, 5.3
amende 7.4
ami, e 6.1
amical, e 6.1
amicalement 6.1
amitié 6.1
animateur, trice 7.2
animer 7.2
annexer 3.3
annexion 3.3
annonce 5.2, 7.2
annonceur 7.2
annuaire 9.3
annuler 9.1

anonymat 2.2
anonyme 2.2
ANPE 5.2
antenne 7.2
antibiotique 7.11
antisèche 7.1
aparté 8.4
appareil 9.3
appauvri, e 7.5
appauvrir 7.5
appauvrissement 7.5
appel 9.3
appeler 9.3
applaudir 8.4
applaudissements 8.4
apprendre 7.1
apprenti, e 7.1
apprentissage 7.1
aquarium 4.1
aquatique 4.1
arbitre 7.7
arbitrer 7.7
archevêché 7.6
archevêque 7.6
aristocrate 3.1
aristocratie 3.1
aristocratique 3.1
arme 1.2, 3.3
armée 1.2
armer 1.2
armistice 3.4
armurier 1.2
arobase 9.2
arrestation 7.4
arrêt 2.3
arrêter 2.3, 7.4
arrondissement 1.5
art 8.1
ARTE 6.1
article 7.2
artiste 8.1
artistique 8.1
Ascension 7.6
asile 7.10
asocial, e 7.5
assaillant 3.2
assaillir 3.2
assainir 2.2
assainissement 2.2
assassin 7.4
assassinat 7.4
assassiner 7.4
assaut 3.2
assèchement 2.1
assécher 2.1
Assedic 5.2
Assemblée nationale 1.1
Assomption 7.6
assurance 7.11
assuré, e 7.11
asthmatique 4.2
asthme 4.2
athlète 7.7
athlétique 7.7
athlétisme 7.7
attaquant, e 7.7
attaque 7.4, 7.7

attaquer 7.4, 7.7
auberge 7.8
audience 7.2
audience 7.4
audimat 7.2
auditeur, trice 7.2
augmenter 5.3
austral, e 2.1
auteur 8.2
autonome 1.5
autonomie 1.5
autoroute 2.3
autoroutier, ère 2.3
avènement 3.1
aventure 7.8, 8.2
aventureux, euse 7.8, 8.2
aventurier, ère 7.8, 8.2
aveu 7.4
avion 2.3
avocat, e 7.4
avouer 7.4
azote 4.1
azoté, e 4.1
B.T.S. 7.1
baccalauréat 7.1
bachelier, ère 7.1
bachelor 7.1
badminton 7.7
bagages 7.8
bahut 7.1
baignade 7.8
baigneur, euse 7.8
baignoire 7.8
bain 7.8
baladeur 8.3
balcon 8.4
balle 7.7
ballon 7.7
ballotage 1.4
bande-annonce 8.1
banlieue 2.2, 7.5
banlieusard, e 2.2, 7.5
baptême 7.6
baptisé, e 7.6
baptiser 7.6
barrage 4.1
barre 9.3
barre de menu 9.1
basket 7.7
basket-ball 7.7
bataille 3.3
batailler 3.3
bateilleur, euse 3.3
batterie 8.3, 9.3
bavard, e 7.1
bavarder 7.1
bénéfice 5.4
bénéficiaire 5.4
bête noire 7.7
beur, ette 7.10
beuverie 7.3
bible 7.6
biblique 7.6
bicyclette 7.7
bidonville 2.2
bienséance 8.2
bienséant, e 8.2

Lernen was nützlich ist

bilan *5.4*
bilingue *6.3*
billet *2.3*
billetterie *2.3*
binge drinking *7.3*
biocarburant *4.2*
biodégradable *4.3*
biosphère *4.1*
biper *9.3*
blanchir *7.4*
blanchissement *7.4*
blessé, e *3.3*
blesser *3.3*
blessure *3.3*
blog *9.2*
boire *7.3*
boire la tasse *7.7*
bois *4.1*
boisé, e *4.1*
boisement *4.1*
boiser *4.1*
boisson *7.3*
boîte *8.3*
bombe aérosol *4.1*
bouchon *2.3, 4.2*
bouleversement *3.2*
bouleverser *3.2*
boulot *5.1*
Bourse *5.4*
bourse *7.1*
boursicotage *5.4*
boursicoter *5.4*
boursier, ère *5.4, 7.1*
braquage *7.4*
braquer *7.4*
braqueur, euse *7.4*
brevet *7.1*
bronche *7.11*
bronchite *7.11*
bruit *8.1*
bruitage *8.1*
bruiteur *8.1*
brûlant, e *4.1*
brûlé, e *4.1*
brûler *4.1*
brûlure *4.1*
bruyant, e *8.1*
budget *1.1*
budgétaire *1.1*
bug *9.1*
bulletin *7.1*
bureau *5.1, 9.1*
bus *2.3*
but *7.7*
buvable *7.3*
buvette *7.3*
buveur, euse *7.3*
C.V. *5.2*
cadrage *8.1*
cadre *5.1*
cadrer *8.1*
cadreur *8.1*
cafard *7.1*
cafarder *7.1*
calcul *7.1*
calculable *7.1*
calculer *7.1*

calculette *7.1*
calé, e *7.3*
calomineux, euse *7.2*
calomnie *7.2*
calomnier *7.2*
cambriolage *7.4*
cambrioler *7.4*
cambrioleur, euse *7.4*
caméra *8.1*
caméraman *8.1*
camion *2.3, 4.2*
camionnette *2.3, 4.2*
camionneur *2.3, 4.2*
camp *3.4*
campagnard, e *1.5, 2.2*
campagne *1.5, 2.2, 3.3*
campeur, euse *7.8*
camping *7.8*
canal *4.1*
canalisation *4.1*
canaliser *4.1*
cancer *7.11*
cancéreux, euse *7.11*
cancérigène *7.11*
cancérologie *7.11*
cancérologue *7.11*
cancre *7.1*
candidat, e *1.4, 5.2*
candidature *1.4, 5.2*
canton *1.5*
cantonal, e *1.5*
CAP *7.1*
capital *5.4*
capitale *1.5*
capitalisable *5.4*
capitalisation *5.4*
capitaliser *5.4*
capitalisme *5.4*
capitaliste *5.4*
capter *7.2, 9.3*
captivant, e *8.2*
captiver *8.2*
carburant *4.2*
carburateur *4.2*
carcéral, e *3.2, 7.4*
cardiaque *7.11*
carie *7.11*
carnet *2.3*
carrefour *2.3*
carrière *5.1*
carriérisme *5.1*
carriériste *5.1*
cartable *7.1*
carton *7.7*
cascadeur *8.1*
casque *8.3*
casser *7.4*
casseur *7.4*
catalyseur *4.3*
catastrophe *4.1*
catastrophé, e *4.1*
catastropher *4.1*
catastrophique *4.1*
catéchisme *7.6*
catéchiste *7.6*
catholicisme *3.1, 7.6*
catholique *3.1, 7.6*

cause *3.2*
causer *3.2*
CD *9.1*
CECA *6.2*
CEE *6.2*
ceinture *2.3*
célibat *7.6*
célibataire *7.6*
cendre *7.3*
cendrier *7.3*
centralisation *1.5*
centralisé, e *1.5*
centraliser *1.5*
centre *1.3, 7.7*
centrer *7.7*
centriste *1.3*
cessation d'activité
progressive *5.2*
césure *8.2*
chaîne *7.2*
chaîne de télévision *6.1*
chaîne hi-fi *8.3*
chaleur *4.1*
champ de vision *8.1*
champion, ne *7.7*
championnat *7.7*
chancelier, ère *1.4*
chancellerie *1.4*
chanson *8.3*
chant *8.3*
chantage *7.4*
chantant *8.3*
chanter *8.3*
chanteur, euse *8.3*
chantier *2.3*
charbon *4.1*
charbonnier, ère *4.1*
chasse *7.7*
chasser *7.7*
chasseur *7.7*
chat *9.2*
chatter *9.2*
chaud, e *4.1*
chauffage *4.1*
chauffer *4.1*
chef d'État *1.2*
chef-lieu *1.5*
chemin *2.3*
cheminot *2.3*
chiffre d'affaire *5.4*
chimie *4.1, 7.1*
chimique *4.1, 7.1*
chimiste *4.1, 7.1*
chirurgical, e *7.11*
chirurgie *7.11*
chirurgien, ne *7.11*
chœur *8.3*
chômage *3.3, 5.2*
chômer *5.2*
chômeur, euse *3.3, 5.2*
chrétien, ne *7.6*
chrétienté *7.6*
Christ *7.6*
christianisation *7.6*
christianiser *7.6*
christianisme *7.6*
chronique *7.2*

cigarette *7.3*
cinéaste *8.1*
cinéma *8.1*
cinémathèque *8.1*
cinématographique *8.1*
cinéphile *8.1*
circonstances *7.4*
circulation *2.3, 4.2*
circuler *2.3, 4.2*
citadin, e *2.2, 4.2*
cité *2.2, 4.2*
citoyen, ne *1.1, 7.10*
citoyenneté *1.1, 7.10*
clandestin, e *7.5, 7.10*
clandestinité *7.5, 7.10*
classe *7.1*
classe préparatoire *7.1*
classicisme *8.2*
classique *8.2*
clavier *9.1*
clé USB *9.1*
clé/clef *8.3*
clean *7.3*
clerc *3.2*
clergé *3.2*
clérical, e *3.2*
clic *9.1*
client, e *5.4*
clientèle *5.4*
climat *4.1*
climatique *4.1*
clinique *7.11*
cliquer *9.1*
clochard, e *7.5*
clochardisation *7.5*
clope *7.3*
coalition *1.4*
cocaïne *7.3*
cocooning *7.8*
cœur *7.11*
cogérer *5.3*
cogestion *5.3*
cohabitation *1.4*
cohabiter *1.4*
collaborateur, trice *3.4*
collaboration *3.4*
collaborer *3.4*
colle *7.1*
collectivité *6.3*
collège *7.1*
collégien, ne *7.1*
coller *7.1, 9.1*
colline *2.1*
colon *3.3*
colonial, e *3.3*
colonialisme *3.3*
colonialiste *3.3*
colonie *3.3, 6.3*
colonisateur, trice *3.3*
colonisation *3.3*
coloniser *3.3*
colonne *7.2*
combat *3.4*
combatif, ve *3.4*
combativité *3.4*
combattant, e *3.4*
combattre *3.4*

Apprendre l'utile

Index

combiné 9.3
combustible 4.1
comédie 8.2, 8.4
comédien, ne 8.2, 8.4
comique 8.4
commandement 7.6
commerçant, e 5.4
commerce 5.4
commercer 5.4
commercial, e 5.4
commercialisation 5.4
commercialiser 5.4
commission 1.1
commun, e 6.3
communal, e 1.5
communauté 6.3
commune 1.5
communicatif, ve 6.3, 9.3
communication 6.3, 9.3
communier 7.6
communion 7.6
communiqué 7.2
communiquer 6.3, 9.3
communisme 1.1
communiste 1.1
compagnie 2.3, 8.4
comparable 8.2
comparaison 8.2
comparatif 8.2
comparer 8.2
compétitif, ve 5.4, 7.7
compétition 5.4, 7.7
compétitivité 5.4, 7.7
composer 8.3
compositeur, trice 8.3
compostition 8.3
compromis 6.2
concert 8.3
concerto 8.3
concours 7.1
concurrence 5.4
concurrencer 5.4
concurrent, e 5.4
concurrentiel, le 5.4
condamnable 3.2, 7.4
condamnation 3.2, 7.4
condamné, e 3.2, 7.4
condamner 3.2, 7.4
conducteur, -trice 2.3
conduire qc 2.3
conduite 2.3
confédéral, e 6.2
confédération 6.2
conféderer 6.2
confesser 7.6
confesseur 7.6
confession 7.6
confessionnal 7.6
conflictuel, le 8.2
conflit 5.3, 8.2
conjoncture 5.4
conjoncturel, le 5.4
conjoncturiste 5.4
conjugal, e 7.6
connexion 9.3
conscience 4.3

consciencieux, euse 4.3
conscient, e 4.3
conseil 1.4
Conseil européen 6.2
conseiller 1.4
conseiller municipal 1.4
conservateur, trice 1.3
conservatisme 1.3
conservatoire 8.3
consigne 2.3
consommateur, trice 7.3
consommation 7.3
consommer 7.3
constitution 1.1, 3.2
constitutionnel, le 1.1, 3.2
contagieux, euse 7.11
contagion 7.11
contamination 4.1
contaminer 4.1
conte 8.2
contenir 7.2
contenu 7.2
continent 6.3
continental, e 6.3
contractants 5.1
contractuel, le 5.1
contraignant, e 3.2
contraindre 3.2
contraint, e
contrainte 3.2
contrat 5.1
contravention 7.4
contre 7.7
contrepoids 1.3
contrôle 7.1
contrôle Ctrl 9.1
convenable 8.2
convenablement 8.2
convenances 8.2
conventions 8.2
coopérant, e 6.3
coopérateur, trice 6.3
coopératif, ve 6.3
coopération 6.3
coopérer 6.3
copie 7.1
copie pirate 9.2
copieur, euse 7.1
corale 8.3
Coran 7.6
corner 7.7
correspondance 2.3
correspondant 9.3
costume 8.4
costumé, e 8.4
costumier, ère 8.4
côte 2.1
cotisant, e 7.9
cotisation 5.2, 7.9
cotiser 7.9
coucher 2.3
couche-tard 2.3
couche-tôt 2.3
couchette 2.3
coupable 3.3, 7.4
Coupe du Monde 7.7

couper 9.1
coup-franc 7.7
couple 6.1
couplet 8.3
cour 3.1, 6.2, 7.4
courant 1.3
courrier 9.2
cours 7.1
court-métrage 8.1
coutume 7.10
couvent 7.6
couverture 7.2, 7.7
couvrir 7.7
covoiturage 4.2
crack 7.3
crève 7.11
crever 2.3
crime 7.4
criminalité 7.4
criminel, le 7.4
criminologie 7.4
criminologue 7.4
crise 7.5
critique 7.2
critiquer 7.2
croire 7.6
croissance 5.4, 6.2
croissant 6.2
croître 6.2
croyance 7.6
croyant, e 7.6
CRS 7.4
culpabilisation 3.3, 7.4
culpabiliser 3.3, 7.4
culpabilité 3.3, 7.4
culte 7.6
culture 7.10, 8.1
culturel, le 7.10, 8.1
curable 7.11
cure 7.11
curé 7.6
curseur 9.1
cybercafé 9.2
cycle 7.1
cyclisme 7.7
cycliste 7.7
cynégétique 7.7
d'extrême
gauche/droite 1.3
d'outre-mer 6.3
danser 8.3
danseur, euse 8.3
dealer 7.3
débâcle 3.4
déballage 4.1
déballer 4.1
débarquement 3.4
débarquer 3.4
débat 1.1
débatteur 1.1
débattre 1.1
déboisement 4.1
déboiser 4.1
débouchés 5.2
décentralisation 1.5
décentralisé, e 1.5
décentraliser 1.5

décharge 4.1
déchets 4.1
déchetterie 4.1
déclaration 3.2
déclarer qc 3.2
déclenchement 3.3
déclencher 3.3
déclin 3.1
décliner 3.1
décodeur 7.2
décolonisation 6.3
décoloniser 6.3
décontracté, e 7.8
décontraction 7.8
décors 8.4
décret 1.1
décréter 1.1
décrire 8.2
défaire 3.3
défaite 3.3
défavorisé, e 7.5
défendre 1.2, 7.4, 7.7
défense 1.2, 7.4, 7.7
défenseur, euse 7.7
défensif, ve 1.2
défensive 1.2
défi 4.3
déficit 5.4, 6.2
déficitaire 5.4, 6.2
défier 4.3
défilement 9.1
défiler 9.1
déforestation 4.1
déforester 4.1
degré 2.1
délai de préavis 5.2
délinquance 7.4
délinquant, e 7.4
délit 7.4
délocalisation 5.4
délocaliser 5.4
demande 1.1, 5.4
demandé, e 5.4
démarches 4.3
déménagement 2.2
déménager 2.2
déménageur 2.2
démission 1.4
démissioner 1.4
démissionnaire 1.4
démocrate 1.1, 3.2
démocratie 1.1, 3.2
démocratique 1.1, 3.2
démographe 7.9
démographie 7.9
démographique 7.9
dénatalité 7.9
dénoncer 7.2
dénonciation 7.2
dénouement 8.2
dénouer 8.2
dense 2.1
densité 2.1
dent 7.11
dentaire 7.11
dentier 7.11
dentifrice 7.11

Lernen was nützlich ist

dentiste 7.11
dépannage 2.3
dépanner 2.3
dépanneuse 2.3
départ 7.10
département 2.1, 6.3
départemental, e 2.1
dépendance 1.5, 3.1
dépendant, e 1.5, 3.1
dépendre 1.5, 3.1
dépense 5.4
dépenser 5.4
dépensier, ère 5.4
dépeuplement 2.2
déportation 3.4
déporter 3.4
dépourvu, e 7.5
député, e 1.4
dermatologie 7.11
dermatologue 7.11
désabonnement 7.2
désastre 3.3
désastreux, euse 3.3
descendance 3.1
descendant, e 3.1
descendre 3.1, 7.7
descente 7.7
descriptif, ve 8.2
description 8.2
déséquilibre 1.5
déséquilibrer 1.5
désert, e 2.2
déserter 2.2
désertification 2.2
désignation 1.4
désigner un ministre 1.4
designer WEB 9.2
désintoxication 7.3
désintoxiquer 7.3
desservir 2.3
dessin 7.1, 8.1
dessinateur, trice 7.1, 8.1
dessiner 7.1, 8.1
dessoûler 7.3
destinataire 9.2
destination 2.3, 7.8
destructeur, trice 4.1
destructible 4.1
déstructif, ve 4.1
destruction 4.1
détendu, e 7.8
détenir 7.4
détente 7.8
détention 7.4
détenu, e 7.4
détérioration 4.1
détériorer 4.1
détritus 4.1
dévaliser 7.4
dévastateur, trice 4.1
dévastation 4.1
dévaster 4.1
développement 4.3
développer 4.3
développeur 4.3
déviation 2.3
dévier la circulation 2.3

devoirs 7.1
diable 7.6
diabolique 7.6
diaboliser 7.6
dictateur 1.1
dictatorial, e 1.1
dictature 1.1
dièse 9.3
diesel 4.2
Dieu 7.6
diffuser 6.1, 7.2
diffusion 6.1, 7.2
digression 8.2
diminuer 4.3
diminution 4.3
diplôme 7.1
directeur, trice 5.1, 7.1
direction 5.1
directoire 7.1
directorat 7.1
diriger 5.1
disciplinaire 7.1
discipline 7.1
discipliné, e 7.1
discipliner 7.1
discours 1.1
discrimination 7.10
discriminatoire 7.10
discriminer 7.10
disposition 5.3
disque 8.3
disque dur 9.1
disquette 9.1
dissolution 1.2
dissoudre 1.2
divers, e 2.1, 6.3
diversifié, e 2.1, 6.3
diversifier 2.1, 6.3
diversion 8.1
diversité 2.1, 6.3
divertir 7.2, 8.1
divertissant, e 7.2, 8.1
divertissement 7.2, 8.1
divin, e 7.6
divinisation 7.6
diviniser 7.6
divinité 7.6
diviser 1.5, 3.4
division 1.5, 3.4
divorce 7.6
divorcé, e 7.6
divorcer 7.6
doctrinaire 7.6
doctrinal, e 7.6
doctrine 7.6
documentaire 7.2
doigt 7.1
données 9.1
dosage 7.3
dose 7.3
doser 7.3
dossier 9.1
douane 6.2
douanier, ère 6.2
doublage 8.1
doubler 8.1
doublure 8.1

douleur 7.11
douloureux, euse 7.11
dramatique 8.2
dramatisation 8.2
dramatiser 8.2
dramaturge 8.2
dramaturgie 8.2
drame 8.2
drogue 7.3
drogué, e 7.3
droit 1.1, 3.2
dur, e 2.1
durée hebdomadaire du
travail 5.1
dureté 2.1
eau 4.1, 4.3
eau-de-vie 7.3
écart de température
2.1
ecclésiastique 7.6
échange 6.1
échanger 6.1
échappement 4.2
échauffement 7.7
échec 3.3
échelle 7.10
éclairage 8.1
éclairagiste 8.1
éclairer 8.1
école 7.1
École polytechnique 7.1
écolier, ère 7.1
écolo 4.1
écologie 4.1
écologique 4.1
écologisme 4.1
écologiste 4.1
économe 5.4
économie 5.4
économique 5.4
économiste 5.4
écran 7.2, 8.1, 9.1
écrire 8.2
écritoire 8.2
écriture 8.2
écrivailler 8.2
écrivaillon 8.2
écrivain 8.2
éditer 7.2
éditeur, trice 7.2
édition 7.2
éditorial 7.2
éducable 7.1
éducateur, trice 7.1
éducatif, ve 7.1
éducation 7.1
éduquer 7.1
effet 7.11, 8.1
effet de serre 4.1
égal, e 3.2
également 3.2
égaler 3.2
égalisation 7.7
égaliser 7.7
égalité 3.2, 7.7
église 7.6
égout 4.1

égoutier 4.1
entraîneur, euse 7.7
élargir 6.2
élargissement à l'Est 6.2
électeur, trice 1.4
élection 1.4
électoral, e 1.4
électorat conservateur
1.4
élève 7.1
élire 1.4
élu, e 1.4
e-mail 9.2
emballage 4.1
emballer 4.1
embauche 5.2
embaucher 5.2
embouchure 2.1
embouteillage 2.3
éméché, e 7.3
émetteur 4.1, 4.2, 7.2
émettre 4.1, 4.2, 7.2
émeute 3.2
émeutier 3.2
émigrant, e 7.10
émigration 7.10
émigré, e 7.10
émigrer 7.10
émission 4.1, 4.2, 7.2
emménagement 2.2
emménager 2.2
empereur 3.3
empire 3.3
emploi 5.2, 5.3
emploi du temps 7.1
employé, e 5.2, 5.3
employer 5.2, 5.3
employeur, euse 5.2, 5.3
empoisonnement 4.1
empoisonner 4.1
emprisonnement 3.2,
7.4
emprisonner 3.2, 7.4
en ligne 9.2
en plongée 8.1
ENA 7.1
enceinte 8.3
enfer 7.6
engagement 7.7
enlèvement 7.4
enlever 7.4
ennemi, e 6.1
ennui 7.8
ennuyer 7.8
ennuyeux, euse 7.8
enquête 7.4
enquêter 7.4
enquêteur, euse 7.4
enregistrement 8.3
enregistrer 8.3, 9.1
enrhumé, e 7.11
enrichir 6.3
enrichissement 6.3
ENS 7.1
enseignant, e 7.1
enseignement 7.1
enseigner 7.1

Apprendre l'utile

Index

ensoleillé, e *4.3*
ensoleillement *4.3*
entente *6.1*
enterrement *7.6*
enterrer *7.6*
entraînement *7.7*
entraîner *7.7*
entrée *6.2, 7.10*
entrepreneur, euse *5.1, 5.3*
entreprise *5.1, 5.3*
entrer *7.10*
entretien *5.1*
envahir *3.4*
envahissement *3.4*
envahisseur *3.4*
environnement *4.1*
environnemental, e *4.1*
envoyé spécial *7.2*
éolien, ne *4.3*
éolienne *4.3*
épouse *7.6*
épreuve *7.1*
épuration *4.1*
épurer *4.1*
équilibre *1.5*
equilibrer *1.5*
équipe *7.7*
équipement *7.8*
équiper *7.8*
érosif, ve *4.1*
érosion *4.1*
escroc *7.4*
escroquerie *7.4*
escroqueur *7.4*
espace *6.3, 9.1*
espace Schengen *6.2*
essence *4.2*
esseulé, e *7.7*
essor *2.1, 5.4*
essor démographique *2.1*
est *2.1*
État *1.1*
état *3.2*
États confédérés *6.2*
étranger *7.10*
étranger, ère *7.10*
études *7.1*
étudiant, e *7.1*
euro *6.2*
Europe *1.3, 6.2*
européaniser *6.2*
européanisme *6.2*
Européen, ne *1.3, 6.2*
européen, ne *1.3, 6.2*
euroscepticisme *6.2*
eurosceptique *6.2*
évêché *7.6*
évêque *7.6*
exact, e *8.2*
exactitude *8.2*
examen *7.1*
examinateur, trice *7.1*
examiner *7.1*
excursion *7.8*
excursionniste *7.8*

exécuter *3.2*
exécution *3.2*
exode *2.2*
expansif, ve *5.4*
expansion *5.4, 6.3*
expansionnisme *5.4*
expansionniste *5.4*
expatriation *7.10*
expédier *9.2*
expéditeur *9.2*
expédition *9.2*
export *6.1*
exportation *6.1*
exporter *6.1*
exposition *8.2*
expressément *3.1*
expressif, ve *3.1*
expression *3.1*
expressivité *3.1*
exprimable *3.1*
exprimer *3.1*
expulsé, e *7.10*
expulser *7.10*
expulsion *7.10*
exterminateur, trice *3.4*
extermination *3.4*
exterminer *3.4*
extrême gauche/droite *1.3*
extrémisme de droite *1.3*
extrémiste gauche/droite *1.3*
fable *8.2*
faculté *7.1*
faible *3.1*
faiblesse *3.1*
faillite *5.4*
faim *4.1*
fainéant, e *7.8*
fainéanter *7.8*
fainéantise *7.8*
faire chanter *7.4*
faire du cinéma *7.7*
faire-part *7.2*
faits divers *7.2*
falaise *2.1*
familial, e *7.10*
famille *7.10*
famine *4.1*
FAQ *9.2*
farce *8.2*
fascisme *1.1*
fasciste *1.1*
faune *4.1*
faute *7.7*
favori, te *7.7*
favoris *9.2*
fayot *7.1*
fayoter *7.1*
fédéralisme *1.3*
fédéraliste *1.3*
fédération *1.3*
fenêtre pop up *9.2*
féodal, e *3.1*
féodalité *3.1*
ferme *2.2*

ferroviaire *2.3*
feu *2.3*
fiançailles *7.6*
fiancé, e *7.6*
fichier *9.1*
fictif, ve *8.2*
fiction *8.2*
figurant, e *8.1*
figuration *8.1*
fil *9.3*
filière *6.1*
film *8.1*
filmage *8.1*
filmer *8.1*
filmographie *8.1*
finale *7.7*
financement *7.9*
financer *7.9*
finances *7.9*
financier, ère *7.9*
fisc *3.2*
fiscal, e *3.2*
fiscalisation *3.2*
fiscaliser *3.2*
fixe *9.3*
flèche *9.1*
fleuve *2.1*
flop *8.1*
flore *4.1*
foi *7.6*
fonction *1.4*
fonction publique *5.1*
fonctionnaire *5.1*
fonctionnarisation *5.1*
fonctionnariser *5.1*
fondateur, trice *5.4*
fondation *5.4, 6.1*
fondé, e *6.1*
fonder *5.4, 6.1*
fondre *4.1*
fondu, e *4.1*
fonte *4.1*
football *7.7*
footballeur, euse *7.7*
forces de l'ordre *7.4*
forestier, ère *4.1*
forêt *4.1*
forfait *9.2, 9.3*
formateur, trice *5.2*
formation *5.2*
forme *7.7*
former *5.2*
foulard *7.6*
fournir *5.4*
fournisseur *5.4*
fourniture *5.4*
frais *5.4*
français, e *6.3*
France *6.3*
franco *6.3*
Franconien, ne *6.3*
franconien, ne *6.3*
francophile *6.3*
francophobe *6.3*
francophone *6.3*
francophonie *6.3*
Francophonie *6.3*

fraternel, le *3.2*
fraternisation *3.2*
fraterniser *3.2*
fraternité *3.2*
fraude *7.4*
frauder *7.4*
fraudeur, euse *7.4*
frauduleux, euse *7.4*
frère *3.2*
frérot *3.2*
frontalier, ère *2.1, 6.2*
frontière *2.1, 6.2*
fugitif, ve *2.2*
fuir devant *2.2*
fuite *2.2*
fumée *7.3, 7.11*
fumer *7.3, 7.11*
fumeur, euse *7.3, 7.11*
fumoir *7.3, 7.11*
fuseau horaire *2.1*
gagner *5.1*
gamme *8.3*
garde
garde à vue *7.4*
Garde des Sceaux *1.1*
garer *2.3*
gasoil *4.2*
gaspillage *4.1*
gaspiller *4.1*
gaspilleur, euse *4.1*
gauchisme *1.3*
gauchiste *1.3*
gaulliste *1.3*
gaz carbonique *4.1*
gendarme *1.2, 7.4*
gendarmerie *1.2, 7.4*
généraliste *7.11*
générique *8.1*
genre *8.2*
géographe *7.1*
géographie *7.1*
géographique *7.1*
gérant *5.3*
gérer *5.3*
gestion *5.3*
gestionnaire *5.3*
ghetto *7.10*
ghettoïsation *7.10*
ghettoïser *7.10*
gîte *7.8*
glace *4.1*
glacé, e *4.1*
glaciaire *4.1*
glaciation *4.1*
glacier *4.1*
glander *7.8*
glandeur, euse *7.8*
glandouiller *7.8*
googler *9.2*
gorgée *7.3*
gorges *2.1*
gouvernement *1.4*
gouvernemental, e *1.4*
gouverner qc *1.4*
graphique *9.1*
grave *4.1*
gravité *4.1*

grésillement 9.3
grésiller 9.3
grève 5.3
grippe 7.11
groupe 1.3, 8.3
groupuscule 1.3
guérir 7.11
guérison 7.11
guérissable 7.11
guérisseur 7.11
guerre 3.1, 3.3, 3.4, 6.1, 7.10
guichet 2.3
guichetier, ère 2.3
gymnase 7.7
gymnaste 7.7
gymnastique 7.7
gynécologie 7.11
gynécologue 7.11
handball 7.7
harcèlement moral 5.1
haschisch 7.3
hebdomadaire 7.2
hébergement 7.8
héberger 7.8
hébraïque 7.6
hébreu 7.6
hémicycle 1.1
herbe 4.1, 7.3
herbicide 4.1
herbivore 4.1
héroïne 7.3, 8.2
héroïque 8.2
héroïsme 8.2
héros 8.2
heure 2.3, 5.1
heure de grande écoute 7.2
heure de libre 7.1
heure de pointe 4.2
hexagonal, e 2.1
hexagone 2.1
hiphop 8.3
histoire 7.1
historien, ne 7.1
historique 7.1
hit-parade 8.3
HLM 7.5
hold-up 7.4
hôpital 7.11
horaire 2.3, 5.1
hors-jeu 7.7
hospitalier, ère 7.11
hospitalisation 7.11
hospitaliser 7.11
hostile 3.3
hostilité 3.3
hôtel 7.8
hôtelier, ère 7.8
hôtellerie 7.8
hotline 9.3
huer 8.3
huguenot, e 3.1
humiliant, e 6.1
humiliation 6.1
humilier 6.1
humilité, e 6.1

hydraulique 4.3
icône 9.1
identifiable 6.3, 7.10
identifier 6.3, 7.10
identique 6.3, 7.10
identité 6.3, 7.10
île 2.1
illisible 7.1
imaginable 8.2
imaginaire 8.2
imaginatif, ve 8.2
imagination 8.2
imaginer 8.2
immigrant, e 7.10
immigration 7.10
immigré,e 7.10
immigrer 7.10
immunisé, e 7.11
immunité 7.11
immunologie 7.11
impact 4.2
impeccable 7.6
impératrice 3.3
impérial, e 3.3
import 6.1
importation 6.1
importer 6.1
imposer 6.3
impôt 3.2
imprimante 9.1
imprimer 9.1
imprimerie 9.1
imprimeur, euse 9.1
incurable 7.11
indemnisable 5.2
indemniser 5.2
indemnité 5.2
indépendance 1.5, 3.1, 5.1
indépendant, e 3.1
indicatif 8.1
indolore 7.11
industrialisation 4.1, 5.4
industrialiser 4.1, 5.4
industrie 4.1, 5.4
industriel, le 4.1, 5.4
inexprimable 3.1
infecter 7.11
infectieux, euse 7.11
infection 7.11
infernal, e 7.6
infirmier, ère 7.11
informaticien, ne 9.1
informatique 9.1
informatisation 9.1
informatiser 9.1
infraction 7.4
inimaginable 8.2
inimitié 6.1
inondation 4.1
inondé, e 4.1
inonder 4.1
inopérable 7.11
insecte 4.1
insecticide 4.1
insectivore 4.1
insérer 9.1

insertion 9.1
instabilité 3.3
instable 3.3
instituteur, trice 7.1
institution 6.2
institutionnalisation 6.2
institutionnaliser 6.2
instiutionnel, le 6.2
instrument 8.3
insulaire 2.1
intégration 7.10
intégrisme 7.6
intégriste 7.6
interdépendant, e 1.5
intérêts 5.3
interface 9.1
intérim 5.1
intérimaire 5.1
internaute 9.2
Internet 9.2
interprétation 8.2
interprète 8.2, 8.3
interpréter 8.2
interrogation 7.1
interrogatoire 7.4
interroger 7.1, 7.4
intervenir 4.3
intervention 4.3
intrigant, e 8.2
intrigue 8.2
intriguer 8.2
invasion 3.4
investir 5.4
investissement 5.4
investisseur 5.4
ironie 8.2
ironique 8.2
irradier 4.1
irrespirable 4.2
irresponsabilité 4.2
irresponsable 4.2
isoloir 1.4
issue 8.2
itinérance 9.3
IUT 7.1
ivre 7.3
ivresse 7.3
ivrogne 7.3
jambe 7.7
jazz 8.3
jeu 7.7
jeûne 7.6
jeûner 7.6
joindre 9.2
joint 7.3
jouer 7.7
jouets 7.7
joueur, euse 7.7
journal 7.2, 8.2
journalisme 7.2
journaliste 7.2
journalistique 7.2
judaïque 7.6
judaïsme 7.6
judéo-chrétien, ne 7.6
juge 7.4
jugement 7.4

juger 7.4
Juif, ve 3.4, 7.6
juif, ve 3.4, 7.6
jumelage 6.1
juré, e 7.4
jurer 7.4
juridique 7.4
jury 7.4
justice 7.4
justiciable 7.4
justicier, ère 7.4
kilomètre carré 2.1
lac 2.1
laïc, laïque 3.3, 7.1, 7.6
laïcisation 3.3, 7.1, 7.6
laïciser 3.3, 7.1, 7.6
laïcisme 3.3, 7.1, 7.6
laïcité 3.3, 7.1, 7.6
land 1.5
langage 6.3
langagier, ère 6.3
langue 6.3, 7.1
lecteur 8.3
lecteur, trice 7.1, 7.2, 8.2
lecture 7.1, 8.2
légal, e 1.1, 7.4
légaliser 7.4
légalité 1.1, 7.4
législation 1.1
législature 1.4
lettre 5.2
liaison 2.3
libéralisation 5.4
libéraliser 5.4
libéralisme 5.4
libérateur, trice 3.2
libération 3.2, 3.4
libérer 1.1, 3.2
liberté 1.1, 3.2
liberté de circulation 6.2
libre 1.1, 3.2
libre-échange 5.4, 6.2
libre-échangiste 5.4
licenciement 5.2
licencier 5.2
lien 9.2
lieu 8.2
ligne 2.3, 9.3
limitation 4.3
limite 4.3
limité, e 4.3
limiter 4.3
lire 7.1, 7.2, 8.2
lisibilité 8.2
lisible 7.1, 8.2
littéraire 8.2
littérature 8.2
livrable 5.4
livraison 5.4
livre 7.1, 8.2
livrer 5.4
livreur 5.4
lobby 5.3
locuteur, trice 6.3
loge 8.4
logement 7.5
loger 7.5

Apprendre l'utile

Index

logeur, euse 7.5
logiciel 9.1
loi 1.1, 7.4
loisirs 7.8
Lorraine 3.3
ludique 7.7
lutte 3.3, 5.3
lutter 3.3, 5.3
lutteur, euse 3.3, 5.3
lycée 7.1
lycéen, ne 7.1
lyrique 8.2
magazine 7.2
Maghreb 6.3, 7.10
maghrébin, e 6.3, 7.10
Maghrébin, e 6.3, 7.10
magnétophone 8.3
magnétoscope 7.2
main 7.7
main-d'œuvre 7.10
maintien 7.7
maire 1.4
mairie 1.4
maître chanteur 7.4
maître, esse 5.1
majeur 8.3
majoritaire 1.4
majorité 1.4
mal 7.11
malade 7.11
maladie 7.11
maladif, ve 7.11
management 5.1
manager 5.1
Manche 2.1
manche 2.1
mandat 1.4
mandat d'arrêt 7.4
manette 9.2
manifestant, e 5.3
manifestation 5.3
manifester 5.3
manœuvre 5.1
manque 7.3
marchand, e 5.4
marchandage 5.4
marchander 5.4
marchandise 5.4
marché 5.4
marché commun
européen 6.2
marée noire 4.1
marge 7.5, 7.10
marginal, e 7.5, 7.10
marginaliser 7.5, 7.10
marginalité 7.5, 7.10
mari 7.6
mariage 7.6
marié, e 7.6
marier 7.6
marin, e 7.8
Maroc 7.10
Marocain, e 7.10
marocain, e 7.10
masquer 9.1
massif 2.1
master 7.1

match 7.7
mathématicien, ne 7.1
mathématique 7.1
mathématiques 7.1
matheux, euse 7.1
matière 7.1
Mecque 7.6
médecin 7.11
médecine 7.11
médias 7.2
médiatique 7.2
médiatiser 7.2
médical, e 7.11
médicament 7.11
médicamenteux, euse
7.11
Méditerranée 2.1
méditerranéen, ne 2.1
méfaits 4.2
méfiance 6.1
méfiant, e 6.1
membre 6.2
mémoire 9.1
menaçant, e 4.2
menace 4.2
menacé, e 4.2
menacer 4.2
mendiant, e 7.5
mendier 7.5
mener 7.7
mensualité 7.2
mensuel 7.2
menu déroulant 9.2
mer 7.8
Méridional, e 2.1
méridional, e 2.1
message 9.2, 9.3
messagerie 9.2
messe 7.6
mesure 4.3, 8.3
métaphore 8.2
métaphorique 8.2
métier 5.1
mètre 8.2
métrique 8.2
métro 2.3
métropole 1.5, 2.2
métropolitain, e 1.5
meurtre 3.3, 7.4
meurtrier, ère 3.3, 7.4
Midi 2.1
milieu 7.7, 7.10
militant, e 1.3
militer 1.3
mineur 8.3
ministère 1.1
ministériel, le 1.1
ministre 1.1
minoritaire 1.4, 7.10
minorité 1.4, 7.10
mise en scène 8.4
misérable 3.2, 7.5
misère 3.2, 7.5
miséreux 3.2, 7.5
mixage 8.1
mixer 8.1
mms 9.3

mobilisation 5.3
modem 9.2
modération 1.3
modéré, e 1.3
modérer 1.3
mœurs 8.4
moine 7.6
mois 7.2
monarchie 3.1
monarque 3.1
monastère 7.6
monastique 7.6
monde 6.3
mondial, e 6.3
mondialisation 5.4, 6.3
mondialiser 5.4
mondialiste 5.4
monétaire 6.2
monnaie 6.2
monolingue 6.3
monopole 5.4
monopolisation 5.4
monopoliser 5.4
monopoliste 5.4
monothéisme 7.6
monothéiste 7.6
mont 7.8
montage 8.1
montagnard, e 2.1, 7.8
montagne 2.1, 7.8
montagneux, euse 2.1
montée 7.7
monticule 7.8
moral, e 8.2
morale 8.2
moralisateur, trice 8.2
moraliser 8.2
mort 7.5, 7.11
mort, e 7.5, 7.11
mortalité 7.5, 7.11
mortel, le 7.5, 7.11
mosquée 7.6
mot de passe 9.1
moteur 6.2
motif 8.2
motion 1.1
mourir 7.5, 7.11
moyen de transport 2.3
Moyen-Âge 3.1
moyenâgeux, euse 3.1
moyenne 2.1, 7.1
multilingue 6.3
mur 6.1, 7.7
muraille 6.1
mural, e 6.1
murer 6.1
muret 6.1
musical, e 8.3
musicien, ne 8.3
musicologie 8.3
musicologue 8.3
musique 8.3
musulman, e 7.6
mutuelle 7.11
nager 7.7
nageur, euse 7.7
naissance 2.1, 3.3, 7.9

naître 2.1, 7.9
nappe phréatique 4.1
narine 7.11
narrateur, trice 8.2
narratif, ve 8.2
narration 8.2
narrer 8.2
nasal, e 7.11
nasillard, e 7.11
nasillement 7.11
nasiller 7.11
natal, e 2.1, 7.9
nataliste 2.1, 7.9
natalité 2.1, 7.9
natation 7.7
natif, ve 2.1
national-socialisme 3.4,
6.1
national-socialiste 3.4,
6.1
naturalisation 7.10
naturaliser 7.10
navette 2.3
navigateur 9.2
nazi, e 3.4, 6.1
nazisme 3.4, 6.1
négociateur, trice 5.3
négociation 5.3
négocier 5.3
newsletter 9.2
nez 7.11
noble 3.2
noblesse 3.2
noce 7.6
noces 7.6
nocif, ve 4.1
nocivité 4.1
nœud 8.2
nommer qn qc 1.2
nord 2.1
Normand, e 3.4
normand, e 3.4
Normandie 3.4
note 7.1
nouer 8.2
nouveau promu 7.7
nouvelle 7.2, 8.2
nouvelle recrue 7.7
nucléaire 4.1
nuire 4.1
nuisance 4.1
nuisible 4.1
numéro de téléphone
9.3
nuptial, e 7.6
nuptialité 7.6
O.G.M. 4.1
objectif, ve 7.2, 8.2
objectivité 7.2, 8.2
occidental, e 2.1
occupant, e 3.4
occupation 3.4
occupé, e 3.4
occuper 3.4
octet 9.1
œuvre 8.2
œuvrer 8.2

Lernen was nützlich ist

OFAJ 6.1
offrant 5.4
offre 5.4
offreur 5.4
offrir 5.4
OIF 6.3
ondes 7.2, 8.3
ONU 6.3
opéra 8.3
opérable 7.11
opération 7.11
opératoire 7.11
opérer 7.11
ophtalmologie 7.11
ophtalmologiste 7.11
opposant,e 1.3
opposé,e 1.3
opposition 1.3
option 7.1
orchestral, e 8.3
orchestre 8.3
ordinateur 9.1
ordonnance 7.11
ordure 4.1
oriental, e 2.1
originaire 7.10
origine 7.10
orthodontiste 7.11
Oscar 8.1
otage 7.4
oto-rhino-laryngologie
7.11
oto-rhino-
laryngologiste 7.11
ouest 2.1
outil 9.1
ouverture 8.3
ouvrage 8.2
ouvreuse 8.4
ouvrier, ère 5.1
ozone 4.1
ozoné, e 4.1
pacifier 3.1
pacifique 3.1
pacifisme 3.1
pacifiste 3.1
page d'accueil 9.2
paisible 3.1
paix 3.1
panne 2.3
panneau 2.3
papal, e 3.3, 7.6
papauté 3.3, 7.6
pape 3.3, 7.6
Pâques 7.6
paraître 7.2
paralyer 1.5
paralysé, e 1.5
paralysie 1.5
parapente 7.7
parapentiste 7.7
parapluie 2.1
parking 2.3
parlement 1.1
parlementaire 1.1
parler 6.3
parleur 6.3

paroisse 7.6
paroissial, e 7.6
paroissien, ne 7.6
paroles 8.3
partenaire 6.2
partenaire sociaux 5.3
partenariat 6.2
parterre 8.4
parti 1.3
particules fines 4.2
partir 7.10
partition 8.3
parution 7.2
pascal, e 7.6
passager, ère 2.3
passé 6.3
passe 7.7
passeport 7.8
passoire 7.7
pasteur 7.6
pastille écologique 4.2
pâté de maisons 2.2
patient, e 7.11
patrie 3.4, 7.10
patriote 3.4, 7.10
patriotique 3.4, 7.10
patriotisme 3.4, 7.10
patron, ne 5.1, 5.3
patronal, e 5.1, 5.3
patronat 5.1
pauvre 7.5
pauvreté 7.5
pavé numérique 9.2
pays 2.1, 6.3
pays organisateur 7.7
paysage 2.1
paysager, ère 2.1
paysagiste 2.1
PDG 5.1
péage 2.3
peccable 7.6
péché 7.6
pêche 7.7
pécher 7.6
pêcher 7.7
pêcherie 7.7
pécheur, eresse 7.6
pêcheur, euse 7.7
pédiatre 7.11
pédiatrie 7.11
peine 7.4
pèlerin 7.6
pèlerinage 7.6
pénal, e 7.4
pénalisation 7.4
pénaliser 7.4
pénalité 7.4
penalty 7.7
pension 7.9
Pentecôte 7.6
période d'essai 5.1
péripétie 8.2
périphérie 2.2
périphérique 2.2
permanence 7.1
perquisition 7.4
persécuter 7.10

persécuteur 7.10
persécution 7.10
personnage 8.2
personnaliser 8.2
personnalité 8.2
personne 8.2
personne en situation
irréguliére 7.10
personnel 5.2, 5.3
personnel, le 8.2
personnification 8.2
personnifier 8.2
pesticide 4.1
pétanque 7.7
pétard 7.3
petite/grande couronne
2.2
pétrole 4.1
pétrolier, ère 4.1
peu/très peuplé, e 2.1
peuplade 2.1
peuple 2.1, 3.2
peuplement 2.1
peupler 2.1
philosophe 3.1
philosophie 3.1
philosophique 3.1
physicien, ne 7.1
physique 7.1
picoler 7.3
picoleur, euse 7.3
pièce 8.4
pièce jointe 9.2
piété 7.6
piéton, ne 2.2
piétonnier, ière 2.2
pieux, euse 7.6
pion, ne 7.1
piqûre 7.11
piratage 9.2
pirate 9.2
piscine 7.7
piste cyclable 2.3, 7.7
plage 2.1
plain, e 2.1
plaine 2.1
plan 8.1
planète 4.3
plateau 2.1, 8.1
pleuvoir 2.1
pleuvoter 2.1
pluie 2.1
pluvial, e 2.1
pluvieux, euse 2.1
pneu 2.3
pneumonie 7.11
poème 8.2
poésie 8.2
poète 8.2
poétique 8.2
poétiser 8.2
poids 1.3
point cardinal 2.1
poison 4.1
police 7.4
policier, ère 7.4
politicien 1.2, 6.2

politique 1.2, 6.2
polluant, e 4.1, 4.2
polluer 4.1, 4.2
pollueur 4.1, 4.2
pollution 4.1, 4.2
Pologne 3.4
Polonais, e 3.4
polonais, e 3.4
polytechnicien, ne 7.1
polythéisme 7.6
polythéiste 7.6
pommade 7.11
pompe 4.2, 7.1
pomper 7.1
pompiste 4.2
ponctualité 2.3
ponctuation 8.2
ponctuel, le 2.3
pont 2.3
pop 8.3
populace 2.1
populaire 2.1, 3.2
population 2.1, 3.3
portable 9.3
portefeuille 1.1
porte-parole 7.2
poste 5.1, 5.2
poubelle 4.3
poumon 7.11
pourboire 7.3
pourcentage 2.1
poursuite 3.2
poursuivre 3.2
pouvoir 1.1, 3.1, 3.2
praticien 7.11
pratiquant, e 7.6
précaire 5.3, 7.5
précarité 5.3, 7.5
précéder 3.1
prêcher 7.6
prêchi-prêcha 7.6
précipitations 2.1
prédécesseur 1.4, 3.1
prédicateur, trice 7.6
préjugé 7.10
Premier ministre 1.2
premier/deuxième tour
1.4
première 8.4
premiers secours 7.11
préretraite 5.2, 7.9
préretraité, e 5.2, 7.9
prérogative 1.1
présentateur, trice 7.2
présenter 7.2
préservation 4.3
préserver 4.3
président 1.2
présidentiel, le 1.2
presqu'île 2.1
presse 7.2
prêtre 7.6
prêtrise 7.6
preuve 7.4
prévenir 7.3
préventif, ve 7.3, 7.11
prévention 7.3, 7.11

Apprendre l'utile

Index

prévenu, e 7.4
prier 7.6
prière 7.6
prime 5.1
prime-time 7.2
prince 3.1
princesse 3.1
princier, ère 3.1
principal, e 7.1
principauté 3.1
prise de vue 8.1
prison 3.2, 7.4
prisonnier, ère 3.2, 7.4
privatisation 5.4
privatiser 5.4
privilège 3.2
privilégié, e 3.2
privilégier 3.2
privilégiés 3.2
procédure 7.4
procès 7.4
procès-verbal 2.3
procureur 7.4
producteur, trice 5.4
productif, ve 5.4
production 5.4
productivité 5.4
produire 5.4
produit 5.4
professeur 7.1
profession 5.1
professionnel, le 5.1
professorat 7.1
profit 5.4
profitable 5.4
profiteur, euse 5.4
programme 7.2, 8.4, 9.1
progrès 7.1
progresser 7.1
projecteur 8.1
projection 8.1
projectionniste 8.1
projeter 8.1
prolongation 7.7
promotion 6.3
promouvoir 6.3
prose 8.2
prospère 5.4
prospérer 5.4
prospérité 5.4
protagoniste 8.2
protecteur, trice 4.3
protection 4.3
protéger 4.3
protestant, e 7.6
protestantisme 7.6
Protocole de Kyoto 4.3
prouver 7.4
provenance 7.10
province 1.5, 2.1
provincial, e 1.5, 2.1
proviseur 7.1
prune 2.3
public 7.2, 8.3
public, que 1.1
publication 7.2
publicitaire 7.2, 8.1

publicité 7.2, 8.1
publier 7.2
puissance 1.2
puissant, e 1.2
pulmonaire 7.11
puni, e 7.4
punir 7.4
punissable 7.4
punitif, ve 7.4
punition 7.4
pur, e 4.1
purification 4.1
purifier 4.1
qualification 5.1, 5.2
qualifié, e 5.1, 5.2
qualifier 5.2
qualité de vie 4.3
quartier 2.2
Quart-Monde 6.3, 7.5
quatrain 8.2
quatre-quatre 4.2
Québec 6.3
québécois, e 6.3
Québécois, e 6.3
question 7.1
questionnaire 7.1
questionner 7.1
questionneur, euse 7.1
quinquennat 1.2
quiproquo 8.4
quota 7.2, 8.3
quotidien 7.2
R.E.R. 2.3
rabbin 7.6
raccourci 9.1
racial, e 7.10
racine 6.3
racisme 7.10
raciste 7.10
radiation 4.1
radical, e 1.3
radicalisme 1.3
radio 7.2, 8.3
radioactif, ive 4.1
radioactivité 4.1
radiodiffuser 8.3
radiodiffusion 8.3
radioguidage 8.3
ralenti 8.1
randonnée 7.7
randonneur, euse 7.7
rang 8.1
rap 8.3
rappel 9.3
rappeler 9.3
rapports 6.1
rappport de force 6.1
rapprochement 6.1
rapprocher 6.1
rassemblement 1.3
rassembler 1.3
rationalisation 5.4
rationaliser 5.4
rattachement 6.1
rattacher 6.1
ravisseur, euse 7.4
rayonnement 6.3

rayonner 6.3
RDA 6.1
réalisateur, trice 8.1
réalisation 8.1
réaliser 8.1
reality-show 7.2
reboisement
reboiser 4.1
réception 7.2
récession 5.4
réchauffement 4.1
recherche 9.1
rechercher 9.1
récidiver 7.4
récidivisme 7.4
récidiviste 7.4
récidivité 7.4
récit 8.2
récital 8.3
récitant, e 8.2
récitation 8.2
réciter 8.2
récolte 3.2
récolter 3.2
réconciliation 6.1
reconstruction 3.3
reconstruire 3.3
reconversion 5.2
record 7.7
récréation 7.1
recrutement 5.2
recruter 5.2
recruteur 5.2
récupérable 4.3
récupérateur 4.3
récupération 4.3
récupérer 4.3
recyclable 4.3
recyclage 4.3, 5.2
recycler 4.3
rédacteur, trice 7.2
rédaction 7.2
rédactionnel, le 7.2
redevance 7.2
rediffuser 7.2
rediffusion 7.2
rédiger 7.2
référendum 1.2, 1.4
réforme 1.1
Réforme 3.1, 7.6
réformé, e 1.1
réformer 1.1
réformiste 1.1
refuge 7.10
réfugié, e 7.10
régime 1.1
région 1.5, 2.1
régional, e 1.5, 2.1
régionalisation 1.5
régionalisé, e 1.5
régionaliser 1.5
règne 3.1
régner 3.1
régresser 5.4
régressif, ve 5.4
régression 5.4
régularisation 7.10

reine 3.1
réinsérer 7.4
réinsertion 7.4
relations 6.3
relaxation 7.8
relaxé, e 7.8
relégation 7.7
religieux, euse 7.6
religion 7.6
religiosité 7.6
remboursement 7.11
rembourser 7.11
remède 7.11
remédier 7.11
remplaçant 7.7
remplaçant, e 7.1
remplacement 7.1, 7.7
remplacer 7.1, 7.7
rémunérateur, trice 5.1
rémunération 5.1
rémunérer 5.1
rencontre 6.1
rencontrer 6.1
rengaine 8.3
renommé, e 8.1
renommée 8.1
renouvelable 4.3
rentabiliser 5.4
rentabilité 5.4
rentable 5.4'
rentrée 7.1
réparations 3.3
répartir 1.5
répartition 1.5
répertoire 8.4
répétition 8.3
répondeur 9.3
répondre 9.3
réponse négative 5.2
reportage 7.2
repos 7.8
reposant, e 7.8
reposé, e 7.8
reprendre 8.3
représentant, e 5.3
représentation 5.3
représenter 5.3
répression 7.4
républicain, e 1.1
république 1.1
réseau 3.4, 9.1, 9.3
réservation 7.8
réserve 4.3
réserver 7.8
résistance 3.4
résistant, e 3.4
résolution 6.2
résoudre 6.2
respiration 4.2
respiratoire 4.2
respirer 4.2
responsabiliser 4.2
responsabilité 4.2
responsable 4.2
resquillage 2.3
resquiller 2.3
resquilleur 2.3

ressentiment *6.1*
ressortissant, e *7.10*
ressources *4.3*
ressources humaines *5.1*
restauration *3.3*
restaurer *3.3*
restructuration *5.4*
restructurer *5.4*
retard *2.3*
retardataire *2.3*
retardement *8.2*
retarder *2.3*
retour *2.3*
retraite *5.2, 7.9*
retraité, e *5.2, 7.9*
retraitement *4.3*
retraiter *4.3*
retransmettre *7.2*
retransmission *7.2*
rétroprojecteur *8.1*
réuni, e *6.1*
réunification *6.1*
réunifier *6.1*
réunion *5.1*
réunion de parents
d'élèves *7.1*
revanche *3.3*
revendicateur, trice *5.3, 6.1*
revendicatif, ve *5.3*
revendication *5.3, 6.1*
revendiquer *5.3, 6.1*
revenu *5.1, 5.2*
révolte *3.1*
révolution *3.1*
revue *7.2*
RFA *6.1*
rhénan, e *6.1*
Rhin *6.1*
rhume *7.11*
rideau *8.4*
rimailler *8.2*
rimailleur *8.2*
rime *8.2*
rimer *8.2*
rite *7.6*
rituel, le *7.6*
rival, e *6.1*
rivaliser *6.1*
rivalité *6.1*
rivière *2.1*
rocade *2.3*
rock *8.3*
roi *3.1*
rôle *8.1, 8.4*
roman *8.2*
romancier, ère *8.2*
romanesque *8.2*
romantique *8.2*
romantisme *8.2*
rond-point *2.3*
roue *2.3*
rougeole *7.11*
rouler *2.3*
route *2.3*
routeur *9.2*
routier, ère *2.3*

royal, e *3.1*
royaliste *3.1*
royaume *3.1*
royauté *3.1*
rubéole *7.11*
rubrique *7.2*
rugby *7.7*
rugbyman *7.7*
ruine *3.2*
ruiné, e *3.2*
ruiner *3.2*
ruineux, euse *3.2*
rural *2.2*
ruraux *2.2*
rythme *8.2, 8.3*
rythmé, e *8.2*
rythmique *8.3*
S.D.F. *7.5*
s'abonner *7.2*
s'abstenir *1.4*
s'acculturer *7.10*
s'agglomérer *1.5*
s'alcooliser *7.3*
s'allier *3.3*
s'assurer *7.11*
s'aventurer *8.2*
s'échauffer *7.7*
s'enfuir *2.2*
s'engager *7.7*
s'enivrer *7.3*
s'entraider *3.4, 6.3*
s'époumoner *7.11*
s'expatrier *7.10*
s'intégrer *7.10*
s'opposer *1.3*
sabbat *7.6*
sabrer *7.1*
sac *7.8*
sacquer *7.1*
sacre *3.1*
sacré, e *3.1*
sacrer *3.1*
saigner *7.11*
sain, e *7.3, 7.11*
saint, e *7.6*
sainteté *7.6*
saison *7.8, 8.4*
salaire *5.1, 5.3*
salarial, e *5.1, 5.3*
salariat *5.1, 5.3*
salarié, e *5.1, 5.3*
sanction *7.4*
sanctionner *7.4*
sang *7.11*
sanguin, e *7.11*
sans-abri *7.5*
sans-papiers *7.10*
santé *7.3, 7.11*
satire *8.2*
satirique *8.2*
sauvegarde *4.3, 9.1*
sauvegarder *4.3, 9.1*
sauver *4.3*
sauver l'honneur *7.7*
sauvetage *4.3*
sauveur *4.3*
scander *8.3*

scarlatine *7.11*
scénario *8.1*
scénariste *8.1*
scène *8.3, 8.4*
science *7.1*
scientifique *7.1*
scolaire *7.1*
scolarisable *7.1*
scolarisation *7.1*
scolariser *7.1*
scolarité *7.1*
score *1.4, 7.7*
scrutateur, trice *1.4*
scrutin *1.4*
se baigner *7.8*
se caler *7.3*
se coaliser *1.4*
se costumer *8.4*
se décontracter *7.8*
se démarquer *7.7*
se dépeupler *2.2*
se désabonner *7.2*
se détendre *7.8*
se droguer *7.3*
se fiancer *7.6*
se jeter dans *2.1*
se méfier *6.1*
se mobiliser *5.3*
se réconcilier *6.1*
se reconvertir *5.2*
se recycler *5.2*
se réfugier *7.10*
se relaxer *7.8*
se reposer *7.8*
se solidariser *5.3*
se syndiquer *5.3*
se vider *2.2*
séance *1.1, 8.1*
sec, sèche *2.1, 4.1*
sécher *2.1*
sécheresse *2.1, 4.1*
secte *7.6*
secteur *5.4*
section *7.1*
sécuriser *5.3*
sécurisant, e *5.3*
sécurité *5.3*
Sécurité sociale *7.9, 7.11*
seigneur *3.1*
seigneurie *3.1*
séjour *7.8, 7.10*
séjourner *7.8, 7.10*
semaine *7.2*
Sénat *1.1*
Sénateur, trice *1.1*
séparation *3.3*
séparé, e *3.3*
séparément *3.3*
séparer *3.3*
septentrional, e *2.1*
série *7.2*
seringue *7.3*
serment *7.4*
sermon *7.6*
sermonneur *7.6*
séropositif, ve *7.11*
serveur *9.2*

session *1.1*
seuil *1.4, 4.1*
sida *7.11*
sidéen, ne *7.11*
siècle *3.1*
siège *1.4*
siège social *5.4*
siéger *1.4*
sifflement *7.7*
siffler *7.7*
sifflet *7.7*
site *7.8*
site Web *9.2*
ski *7.7, 7.8*
skiable *7.7, 7.8*
skieur, euse *7.7, 7.8*
sms *9.3*
SNCF *2.3*
snowboard *7.7*
Socété des Nations *3.3*
social, e *7.5, 7.10*
socialisme *1.1*
socialiste *1.1*
sociétaire *5.4*
société *5.4, 7.5, 7.10*
soigner *7.11*
solaire *4.3*
soleil *4.3*
solidaire *5.3*
solidarité *5.3*
sommet *2.1, 6.3*
son *7.2, 8.1, 8.3*
sondage *1.4*
sonder *1.4*
sondeur, euse *1.4*
sonner *9.3*
sonnerie *9.3*
sonnet *8.2*
sonore *7.2, 8.1, 8.3*
sortie *7.2, 8.1, 8.3*
sortir *7.2, 8.3*
souffler *7.1, 8.4*
souffleur, euse *8.4*
souffrance *7.5, 7.11*
souffreteux, euse *7.11*
souffrir *7.5, 7.11*
soûl, e *7.3*
soûlard, e *7.3*
soûler *7.3*
soûlerie *7.3*
souris *9.1*
sous-titre *8.1*
souveraineté *6.2*
spam *9.2*
speaker *7.2*
spectacle *8.4*
spectateur, trice *8.4*
sport *7.7*
sportif, ve *7.7*
sportivité *7.7*
stabilisation *6.2*
stabiliser *6.2*
stabilité *6.2*
stable *6.2*
stage *5.2*
stagiaire *5.2*
stagnation *5.4*

Apprendre l'utile

stagner 5.4
station 2.3, 7.8
stationnement 2.3
station-service 2.3
statut 6.3
stockage 4.1
stocker 4.1
stone 7.3
strophe 8.2
stupéfiant 7.3
style 8.2
subdiviser 1.5
subdivision 1.5
subjectif, ve 8.2
subjectivité 8.2
subvention 5.4, 8.1
subventionner 5.4, 8.1
succéder 1.4, 3.1
succès 8.1
successeur 1.4, 3.1
succession 1.4, 3.1
sud 2.1
suffrage 1.4
suffragette 1.4
Suisse 6.3
suisse 6.3
suite 3.2
suivant, e 3.2
suivre 3.2
sujet 7.2, 8.2
superficie 2.1
superficiel, le 2.1
supérieur, e 5.1
supplément 7.2
supporter 7.7
sûr, e 5.3
surface de réparation 7.7
surpeuplé, e 2.2
surpopulation 2.2
surveillance 7.1
surveillant, e 7.1
surveiller 7.1
survie 7.5
survivant, e 7.5
survivre 7.5
survoler 2.3
suspect, e 7.4
suspense 8.2
syllabe 8.2
sylvestre 4.1
sylviculture 4.1
syndical, e 5.3
syndicalisation 5.3
syndicalisme 5.3
syndicat 5.3
syndicat d'initiative 7.8
syndiqué, e 5.3
T.G.V. 2.3
tabac 7.3
tabagie 7.3
tabagisme 7.3
tableau 7.1
tacle 7.7
tacler 7.7
taper 9.1
tarif 2.3, 8.1

tarifaire 2.3, 8.1
taule 7.1
taux 7.2
taxi 2.3
techno 8.3
télécarte 9.3
téléchargement 9.2
télécharger 9.2
télécommande 7.2
télécommunications 9.3
télédébat 7.2
téléphérique 7.8
téléphone 9.3
téléphoner 9.3
téléphonique 9.3
téléphoniste 9.3
télésiège 7.8
téléspectateur, trice 7.2
télévisé, e 7.2
téléviseur 7.2
télévision 7.2
témoignage 7.4
témoigner 7.4
témoin 7.4
tempéré, e 2.1
tempérer 2.1
temple 7.6
templier 7.6
temps 7.7
tennis 7.7
tension 7.11
tente 7.8
tercet 8.2
terminale 7.1
terminus 2.3
territoire 2.1, 6.3
territorial, e 2.1
tête 7.7
texte 9.3
théâtral, e 8.4
théâtre 8.4
Tiers- Monde 6.3
tiers-mondiste 6.3
tir 7.7
tirage 7.2
tirer 7.7
titre 7.2, 7.7
titulaire d'une fonction 1.4
Toile 9.2
tôle 7.1
ton 8.3
tonalité 8.3, 9.3
touche 7.7, 9.1
tour de scrutin 1.4
tourisme 7.8
touriste 7.8
touristique 7.8
tournage 8.1
tournée 8.3
tourner 8.1
tourner mal 7.4
tournoi 7.7
tour-opérateur 7.8
Toussaint 7.6
tousser 7.11
toussotement 7.11

toussoter 7.11
tout le monde 6.3
toux 7.11
toxicomane 7.3
toxicomanie 7.3
toxique 4.1
trac 8.4
tradition 7.10
traditionalisme 7.10
traditionaliste 7.10
traditionnel, le 7.10
trafic 2.3, 4.2, 7.3
trafiquant, e 7.3
trafiquer 7.3
tragédie 8.2
tragique 8.2
train 2.3
traité 3.3, 6.1
Traité de Rome 6.2
traitement 7.11, 9.1
traiter 7.11
trajet 4.2
tram 2.3
tranquillisant 7.3
transistor 7.2
transmettre 7.11
transmissible 7.11
transmission 7.11
transport en commun 2.3
travail 5.1, 5.3, 7.10
travailler 5.1, 7.10
travailleur, euse 5.1, 7.10
travelling 8.1
tri 4.3
tribunal 7.4
trier 4.3
trimestre 7.1
trois-huit 5.1
trou d'air 5.4
troubles 7.11
troupe 3.4, 8.4
trousse 7.2
trucage 8.1
truquage des élections 1.4
truqué, e 8.1
truquer 1.4, 8.1
truqueur 1.4
truquiste 8.1
tube 8.3
tué, e 3.3
tuer 3.3
tuerie 3.3
tueur 3.3
tumeur 7.11
Tunisie 7.10
Tunisien, ne 7.10
tunisien, ne 7.10
turc, turque 6.2
Turc, Turque 6.2
Turquie 6.2
TV 5 Monde 6.3
unanime 1.4
unanimité 1.4
une 7.2
une-deux 7.7

uni, e 6.1
unification 6.1
unifier un pays 6.1
uniforme 1.5
uniformisation 1.5
uniformiser qc 1.5
universitaire 7.1
université 6.1, 7.1
urbain, e 2.1, 2.2
urbanisation 2.1
urbanisé, e 2.1
urbaniser 2.1
urbanisme 2.1
urgence 4.3
urgent, e 4.3
urne 1.4
usage 6.3
usager 6.3
usine 5.1
usiner 5.1
usinier, ère 5.1
vacances 7.8
vacancier, ère 7.8
vaccin 7.11
vaccination 7.11
vacciner 7.11
vaincre 3.3, 7.7
vaincu, e 3.3, 7.7
vainqueur 3.3, 3.4, 7.7
valise 7.8
vallée 2.1
vallon 2.1
vallonné, e 2.1
varicelle 7.11
vedettariat 8.1
vedette 8.1
véhicule 2.3, 4.2
vélo 2.3, 7.7
vendable 5.4
vendeur, euse 5.4
vendre 5.4
vengeance 3.4
venger 3.4
vengeur 3.4
vent 4.3
vente 5.4
ver 9.2
verdict 7.4
vers 8.2
versification 8.2
version 8.1
veto 1.1
victime 3.4, 7.10
victoire 3.3, 7.7
victorieux, euse 3.3, 7.7
vie 7.5, 7.9
vieillard 7.9
vieille 7.9
vieillerie 7.9
vieillir 7.9
vieillisse 7.9
vieillissement 7.9
vieillot, te 7.9
vieux 7.9
village 2.2
villageois, e 2.2
ville 2.2

Lernen was nützlich ist

viol *7.4*
violateur *7.4*
violation *7.4*
violence *7.4*
violent, e *7.4*
violer *7.4*
violeur *7.4*
viral, e *9.2*
virus *9.2*
visa *6.2, 7.8*
visite *7.8*
visiter *7.8*
visiteur, euse *7.8*
vital, e *7.9*
vitalité *7.9*
vite *4.2*
vitesse *2.3, 4.2*
vivre *7.5, 7.9*
vocal, e *8.3*
vocalise *8.3*
voie *2.3*
voile *7.6, 7.7*
voilé, e *7.6*
voilier *7.7*
voiture *2.3, 4.2*
voix *1.4, 8.3*
vol *2.3, 7.4*
volant *2.3*
volcan *2.1*
volcanique *2.1*
volcanologie *2.1*
volcanologue *2.1*
voler *2.3, 7.4*
voleur, euse *7.4*
vollonnement *2.1*
votants *1.4*
vote *1.4*
voter *1.4*
voyage *2.3, 7.8*
voyager *2.3, 7.8*
voyageur, euse *2.3, 7.8*
voyagiste *2.3, 7.8*
wagon *2.3*
Wallon, ne *6.3*
wallon, ne *6.3*
Wallonie *6.3*
webcam *9.2*
wi-fi *9.2*
xénophobe *1.3, 7.10*
xénophobie *1.3, 7.10*
zapper *7.2*
zapping *7.2*
ZEP *7.1*
zone écologique *4.2*
zone industrielle *2.2*
zoom *8.1*
zoomer *8.1*